철학하는 인간

지은이 김광수 金光秀

서울대학교 철학과를 졸업하고, 미국 캘리포니아 대학교(산타바바라) 철학과에서 석사 및 박사학위를 취득하였다. 한신대학교 철학과 교수, 철학연구회 회장, 전국철학교육자 연대회의 대표, 철학문화연구소 소장, 계간『철학과현실』편집위원을 역임하였고, 교육방송에서 '철학산책'을 진행하였다. 저서로는『존재론, 현상, 그리고 심신문제』(학위논문),『논리와 비판적 사고』,『둥근 사각형의 꿈: 삶에 관한 철학적 성찰』,『마음의 철학』,『비판적 사고론』,『증명과 설명』,『탐구의 논리』,『어찌 이방이 사또를 치리오: 비판적 사고를 깨우는 논리 이야기1 기초편』,『솔로몬은 진짜 어머니를 가려냈을까: 비판적 사고를 깨우는 논리 이야기2 응용편』등이 있고, 논문으로「설명과 기술」,「세계 없는 철학, 철학 없는 세계」,「유물론과 자유」,「윤리적 이상사회에의 꿈」,「존재적 삶에 대한 철학적 고찰」,「광대적 삶에 대한 철학적 기초」,「마음의 존재론적 지위」,「실존적 가능세계에 대한 시적 명상」,「감동의 묘약」등이 있으며,「도덕성 장례식」,「붉은 빰을 찾습니다」등의 마당극을 집필·연출하기도 하였다.

철학하는 인간 *Homo Philosophicus*

초판 1쇄 인쇄 2013년 6월 5일
초판 1쇄 발행 2013년 6월 10일

지은이 김광수
펴낸이 권오상
펴낸곳 연암서가

등록 2007년 10월 8일(제396-2007-00107호)
주소 경기도 고양시 일산서구 호수로 896번지 402-1101
전화 031-907-3010
팩스 031-912-3012
이메일 yeonamseoga@naver.com

ISBN 978-89-94054-38-4 03170
값 15,000원

HOMO PHILOSOPHICUS

철학하는 인간

김광수 지음

연암서가

서문

　젊은 날의 나에게 삶은 풀 길 없는 퍼즐이었다. 생각은 많으나 옳은지 그른지 알 수 없었다. 그래서 늦은 나이에 유학길에 올랐다. 우선 '정신을 맑게 하는 것'이 목표였다. 맑은 정신으로 삶의 문제들에 대한 답을 찾고 싶었다.

　학위를 마치고 돌아오니 사람들이 물었다. 그래, 정신이 맑아졌는가? 삶의 문제들에 대한 답을 찾았는가? 인생이란 무엇인가? 삶의 의미는 무엇인가? 그러나 나는 이렇다 할 답을 할 수 없었다. 단지 '삶에 관한 물음들에 똑 부러진 답을 할 수 없다.'는 사실을 분명히 알게 되었다는 것이 전과 다른 점이었다. 사람들은 실망하였다. 마치 카잔차키스의 『그리스인 조르바』에서 주인님께 삶의 의미를 물었을 때, 주인님이 대답을 하지 못하자 조르바가 투덜대듯이.

"참 그 염병할 놈의 책들을 다 읽었는데도…… 대관절 그 책들이 무슨 소용이오? 왜 당신은 그걸 읽습니까? 그런 것도 씌어져 있지 않다면 어떤 것을 당신에게 가르쳐 준단 말이오?"

"그것들을 읽으면 인간의 낭패하고 당황한 모습을 알게 된다오. 조르바, 당신이 금방 물어본 것을 대답하지 못하는 것이 당황하는 인간의 모습이라오."

"아 제기랄 놈의 당황이로군!" 조르바는 약이 올라서 땅에다 쾅쾅 발을 구른다.

그런데 이제, 이제야, 나는 그 답을 내놓는다. 나 역시 책들을 읽고 낭패하고 당황했었다. 맑은 정신으로 아무리 생각해도 삶은 풀길 없는 퍼즐이었다. 역설이요 부조리였다. 그런데 이제 답을 말하는 것이다. 뻔뻔해질 나이도 되었지만, 내놓고 말할 이유를 찾았기 때문이다.

이 책은 진리에 대한 열정으로 삶을 앓는 구도자적 정신의 소유자를 위한 것이다. 삶을 앓지 않는 사람은 이 책을 집어 들 필요 없다. 어쩌다 집어 들었다 해도 쓰레기통에 던져 버리길 바란다. 우연히 그 쓰레기통을 뒤질 어떤 가난한 구도자가 있어 영혼의 허기를 달랠 수도 있지 않겠는가!?

이 책에서 나는 존재 각성의 삶이 최선임을 말한다. 단지 권하는 것이 아니라, 입증하고자 한다. 입증? 그렇다. 내가 철학자이며, 더구나 분석철학자이고, 『논리와 비판적 사고』(철학과현실사)의 저자임을 주목해 주기 바란다.

삶의 문제를 탐구하면서 부딪친 가장 큰 어려움은 삶을 떠받치는 형이상학적 기반의 부재였다. 현대 철학의 정치精緻한 언어 분석은 신, 진리, 자아, 이성, 본질 등 인간의 삶을 지탱해 주던 기반을 모두 해체시켜 버렸기 때문이다. 그래서 인간의 삶은, 적어도 철학적으로는, 지적 무중력 상태에 빠지게 된 것이다.

물론 나는 이러한 철학적 자해 소동을 잠재울 수 있는 꽤 단단한 논증을 가지고 있었고, 그것을 발표하기도 했다. 그러나 나는 이 문제가 철학자들만의 것이 아님을 알고 있었다. 사람들은 대부분 마치 형이상학적 기반이 없어도 좋다는 듯 살기 때문이다. 무엇보다도 삶은 기정사실이고 또 바쁘게 돌아간다. 더구나 과학의 세례를 받은 현대인에게 형이상학적 명제는 거의 미신이다. 종교가 있지 않은가!? 예나 지금이나 종교 문화는 있으나, 진정한 믿음을 만나기는 어렵다. 진정한 믿음이라는 것도 들여다보면 실상 독단의 혐의를 벗기 어렵다. 오늘날 사람들은 기껏해야 무한 경쟁의 자본주의 무대에서 삶의 의미로 받들기에는 너무나 초라한 실용성, 효율성, 성공, 행복을 좇아 동분서주한다. 그래서 우리의 삶은 시시하고, 피상적이고, 판에 박은 도로徒勞로 전락한다. 거의 사기 당한 느낌이 들기도 한다. (사기꾼은 누군가? 굳게 믿던 '잘 돌아가는 세상'이다.) 그러다가 죽음 앞에서 "내 우물쭈물하다 이럴 줄 알았다."(버나드 쇼의 묘비명)고 당황한다.

사실 소크라테스를 비롯한 철학자들이 하는 일들 중 가장 중요한 것은 이러한 삶에 의미를 부여하는 것이다. 그러나 철학자들의 견해는 철학자들끼리도 의견의 일치를 보지 못할 뿐만 아니라, 보통 사람들에게는 '뜬 구름 잡는 이야기'이다. 그리고 뜬 구름 잡는 이야기에 귀를 기울일 수 있을 만큼 사람들은 한가하지 않다. 철학이 제 구실을 못한 것이다. 그래서 나의 문제의식은 이것이었다. "어떻게 하면 '신'과 같은 어떤 형이상학적 기반을 전제하지 않고 삶의 의미를 정립시킬 수 있을까?"

신과 같은 형이상학적 기반을 전제하지 않으면, 삶의 의미는 사라지고, 따라서 아무렇게나 살아도 좋은 것이 아닐까? 도스토옙스키의 『카라마조프의 형제들』에서 둘째아들 이반은 "신이 존재하지 않는다면, 모든 것이 허용된다."고 주장한다. 이 말에 고무된 이복동생 스메르자코프는 평소에 자기를 천대하고 구박하던 아버지를 살해한다.

그러나 이반은 생각이 짧았다. 신이 존재하지 않을 경우 모든 것이 허용된다는 생각은 오로지 신만 의지하는 입장에서 옳다. 그러나 신이 존재하지 않을지라도 인간은 완전히 버려진 것이 아니다. 자신이 어떤 존재인지를 깨닫게 되면, 즉 존재 각성을 하면, 삶은 지고의 가치와 의미로 빛나게 되기 때문이다.

신이 존재하지 않는다고 해서 무엇을 해도 좋다는 생각은 잘못이다. 신이 존재하지 않음으로 인하여 인간은 신적 선택을 할 수 있는 기회를 거머쥐었고, 따라서 인간은 그만큼 고귀해질 수 있는 것이다. 신이 존재하지 않는다고 가정해도, 마치 신이 존재하는 것 같은 삶을 살 수 있다는 것, 참으로 오묘한 귀추이다.

물론 존재 각성은 쉽지 않다. 소수의 구도자들만 도달할 수 있는 경지이기 때문이다. 구도자는 누구인가? 맑은 정신으로 진리를 사모하고, 진리에 헌신하고, 진리를 구현하고자 하는 인류인이다. 이런 의미에서 구도자는 진정으로 호모 필로소피쿠스Homo Philosophicus, 즉 철학하는 인간이다.

책을 공들여 만들어 주신 연암서가의 권오상 사장님과 편집자들께 감사드린다. 나는 설레는 마음으로 이 책을 세상에 떠나보낸다. 가서 두고두고 구도자적 정신의 독자들 곁을 지킬 수 있기 바란다.

2013년 3월 26일
서해 바닷가 송도에서
늘목 김광수

차 례

1

인간,
무엇인가

나폴레옹이 괴테를 처음 만났을 때 던진 한 마디는 유명하다. "사람이 왔군!"

어떤 의미에서 나폴레옹은 이 말을 했을까? 나폴레옹이 체형을 기준으로 한 말은 아닐 것이다. 나폴레옹은 배불뚝이였던 반면 괴테는 날씬한 몸매의 소유자였기 때문이다.

겉모습에 관한 한 우리는 모두 인간으로 태어난다. 그러나 괴테의 경우에서 보는 바와 같이, 우리는 '사람의 모습을 했다고 해서 다 사람인 것은 아니다.'라는 생각을 한다. 사람의 모습은 사람이 되기 위한 여러 필요조건들 중의 하나에 불과하기 때문이다.

자, 그렇다면 '사람'이 되기 위해서는 어떤 조건을 더 갖추어야 할까? 소크라테스가 제자들에게 "너 자신을 알라."라고 권고한 지 2천 5백여 년이 흘렀지만, 인간은 아직도 자신의 존재가 어떤 것인지 알지 못하고 있다는 생각이 든다. 이 점은 실로 의아스럽지 않을 수 없다. 자신이 어떤 존재인지 모르면서, 어떻게 산다는 말인가? 마소도 아닌 인간이?

아리스토텔레스는 인간을 '두 발로 걷는 척추동물'이라고 정의하였다. '인간'이라는 이름으로 더 내세울 게 없다는 투다. 도스토옙스키의 『지하실의 수기』에서 주인공인 '나'는 한 술 더 뜬다. 인간을 '두 발 가진 은혜 모르는 동물'이라 정의한 것이다. 인간이 그렇게 비천한 존재인가? 인간, 과연 무엇인가?

세상에서 가장 신기한 것 세상에서 가장 신기한 것은 무엇일까? 아무리 생각해도 이해할 수 없는 현상, 우리의 상상력을 배반하는 사건, 불가사의한 것은 무엇일까? 대개 세계 7대 불가사의를 떠올릴 것이다. 우거진 정글 속에서 발견된 고대의 문명 도시 마야가 천 년 이상이나 번영을 계속하다가 갑자기 사라진 일이야말로 불가사의한 일이 아닐까? 항공기, 선박 등이 알 수 없는 원인으로 실종된다는 버뮤다 삼각해역도 생각해 볼 수 있을 것이다. 칠레에서 서쪽으로 약 3천 8백 km 떨어진 태평양의 고도 이스터 섬에는 작은 것은 1m, 큰 것은 10m나 되는 거대한 석상들이 해안을 따라 550개나 서 있다. 이 무인도에 언제, 누가, 무엇 때문에 이런 석상을 세웠을까?

13세 소녀 신나경 양은 한 텔레비전 프로에 출연하여 두 눈을 가린 채 손가락으로 책을 읽어내려 갔다. 호기심 많은 어른들이 물었을 때 그녀는 너무나 간단하다는 듯이 말하였다. "두터운 종이를 투명한 유리라고 상상하면서 쳐다보고 있으면 종이가 한 꺼풀씩 흐물흐물해지면서 하나하나씩 헤쳐 나갈 수 있게 되어요." 그러나 우리는 아무리 생각해도 이해할 수 없다. 보았으니 인정하지 않을 수도 없고, 참으로 황당한 일이 아닐 수 없다.

그러나 이 모든 일들은 아무것도 아니다. 세상에서 가장 불가사의한 일, 그것은 무엇이 존재한다는 것이다.

우주의 거주자 내가 존재한다. 책상 앞 의자 위에 내가 있다. 컴퓨터도 있고, 컵도 있고, 전화기도 있다. 시계도 있고, 시간도 있다. 한 마리 하루살이가 눈앞을 맴돈다. 발치의 카펫에는 내 몸에서 떨어지는 때와 비듬 부스러기를 먹고사는 진드기들이 우글거린다. 육안으로는 보이지도 않는 0.2~0.4mm 크기의 벌레들. 내가 그 14층에 살고 있는 아파트도 있고, 아파트를 떠받치고 있는 지구가 있다.

백화점에는 수많은 종류의 물건들이 있다. 하물며 지구 위에는 얼마나 많은 것들이 있을까? 무엇보다도 니체가 '지구의 질병'이라고 탄식한, 70억이 넘는 사람들이 바글거린다. 너무 타버린 검둥이, 타다 만 흰둥이, 아주 적당히 탄 노란둥이, 그리고 노스트라다무스가 지구의 종말에 나타날 현상으로 예언한 '바퀴벌레'들, 즉 자동차들이 고속도로를 달린다. 숲이 있고 사막이 있다. 화산이 폭발하고,

지진으로 땅이 갈라지고, 천둥이 치고, 허리케인이 소용돌이친다. 지구 표면의 71%나 덮고 있는 바다의 거친 파도들 밑에는 고래, 상어, 멸치, 해마, 산호, 플랑크톤 등 수없이 많은 생물들이 "나는 존재한다."를 몸으로 보여 주고 있다.

물론 이 지구는 태양계에 속해 있다. 그리고 태양계는 은하계에, 은하계는 우주의 변방에 있다. 지구는 반지름이 6,371km, 표면적이 5억 960만 km²나 되는 큰 물건이다. 초속 1km(마하 3)의 속도로 나는 미국의 전투기 록히드 SR-17을 타고 약 11시간을 달려야 한 바퀴를 돌 수 있는 크기이다. 그러나 지구는 우주 전체를 놓고 볼 때 한 알 먼지에 불과하다.

빛의 속도로 달리는 상상을 하면서, 우주의 크기를 가늠해 보자. 빛은 1초에 30만 km의 속도로 달린다. 지구의 둘레가 4만 76km니까, 빛은 1초에 지구를 일곱 바퀴 반을 도는 속도로 달린다. 이 속도로 태양까지 가보자. 8분이 걸린다. 별까지는 얼마나 걸릴까? 가장 가까운 별인 센타우르스의 프록시마까지 4년 걸린다. 밤하늘에 반짝이는 대다수의 별들은 빛의 속도로 수백 년을 달려야 도달할 수 있는 거리에 있다. (우리가 '지금' 보는 별들은 대부분 수백 년 전의 모습이다.) 그런데 이러한 별들이 지름이 10만 광년인 은하계에 3천억 개가 있고, 이 은하계와 같은 별들의 무리가 우주에 또 3천억 개가 있다고 한다.

제임스 조이스가 쓴 『젊은 예술가의 초상』에서 주인공 디덜러스는 지리 교과서에 자기 주소를 다음과 같이 써 놓고 있다.

스티븐 디덜러스

초등반

클론고즈 우드 학교

솔린즈

킬데어 주州

아일랜드

유럽

세계

우주

그렇다. 우리의 주소는 광활한 우주에서 시작한다. 우리가 산보할 때, 우리는 분명 지구 위에 난 길을 따라 걷는다. 그러나 동시에 우리는 우주를 산보한다. 우리는 우주의 거주자인 것이다.

어떻게 우주가 존재하게 되었을까? 그리고 어떻게 인간이 우주의 거주자가 되었을까? 이보다 더 신기하고 놀라운 일은 있을 수 없다.

기적적인 당첨 아주 간단한 셈법으로도 우리가 우주의 거주자가 된 것이 기적이라는 것을 알 수 있다. 성인 남자가 한 번 사정할 때 2억 마리 정도의 정자가 배출된다고 한다. 그리고 적당한 조건이 갖추어질 경우 그 중 한 마리가 난자와 결합하여 세상 구경을 할 '생명'에 당첨된다. 2억 분의 1이라는 낮은 확률이다. 2억 마리의 가능한 생명체들 중 199,999,999마리가 존재를 거부당하고, 단 한 마리가 햇빛을 보는 것이다.

그런데 이 확률은 단 한 번의 사정을 놓고 하는 말이다. 이제 우리가 생명을 얻을 수 있는 확률을 계산해 보자. 어느 아버지도 일생 동안 단 한 번 사정할 리는 없지만, 그렇게 가정하자. 그리고 한 세대를 30년으로 잡아 우리의 조상을 1,800년 정도만 거슬러 올라가기로 하자. 이 경우 조상의 수는 2^{60}, 즉 현재의 세계 인구에 가까운 64억 명이다.[1] 이 경우 우리 모두는 각자 64억×2억의 정자들 중 하나가 당첨되는 확률로 생명을 얻게 된 것이다. 조상들 중 어느 하나라도 적절한 조건에서 사정을 하지 않았다면, 나는 존재할 수 없다. '가능한 존재'에 그쳤던 무한에 가까운 조상 정자들 중 단 하나만 실제와는 달리 선두를 추월하는 일이 벌어졌더라도 나는 존재할 수 없었을 것이다. 내가 존재하게 된 것은 문자 그대로 기적이 아닐 수 없다.

인간 공학 이러한 역 피라미드의 정점에서 난자와 결합하는 데 성공하였다고 해서 이야기가 끝나는 것은 아니다. 한 개의 생식 세포가 '나'라는 사람으로 만들어지기 위한 공정이 차질 없이 이루어져야 하기 때문이다. 가능하면 생물학자들이 말하는 어려운 용어들을 다 빼고 간단히 짚어 보자.

수태된 하나의 생식 세포는, 앞으로 닥쳐올 일들을 일사불란하게 처리할 수 있게 하는, 5백 쪽짜리 백과사전 4천 권에 해당하는 정보를 담고 있는 매뉴얼, 즉 DNA를 가지고 있다. 직경이 1mm의 5분의 1 정도밖에 안 되는 크기의 세포가 어떻게 이렇게 방대한 정보를 담고 있을까? 벌어진 입이 다물어지지 않을 정도로 대단하고 신기하다. 어떻든 이 매뉴얼에 따라 하나의 생식 세포는 자기 복제를 시작한다. 자신의 것과 똑같은 정보 매뉴얼을 가진 세포들을 2배수로 만들어 가는 것이다. 그래서 대략 세포들의 수가 10조 개에 이를 때 성장을 위한 자기 복제 작업이 끝나게 된다.

여기서 우리는 생물학자가 아니더라도 몇 가지 중요한 물음을 물을 수 있다. 10조 개의 세포들은 모두 하나의 생식 세포가 자기 복제를 거듭하여 생겨난 것들이다. 그런데 왜 어떤 세포들은 발가락을 만들고, 어떤 세포들은 심장을 만드는 것일까? 어떻게 해서 똑 같은 정보를 가진 세포들로부터 대뇌도 만들어지고 손톱도 만들어지는 것일까? 어떻게 세포들은 어느 순간 분열을 멈추는 것일까? 왜 계속 분열을 거듭하여 『걸리버 여행기』의 거인 같은 사람으로 자라나지 않을까? 다른 부분이 모두 분열을 멈추었음에도 불구하고 어느 한 부분이, 예컨대 왼손이 계속 자라는 일이 왜 일어나지 않을까?

이러한 의문들에 대한 답은 간단하다. 그 모든 일들은 DNA에 프로그램 된 대로 일어나는 것이다. 얼굴의 점 하나도 DNA에 프로그램 되어 있지 않으면 생기지 않는다. 아름다운 사람은 아름다운 DNA를 가지고 있다. 심지어는 악마도 유전자이다.[2] 도킨스가 "개체적인 유기체는 사실상 유전자의 생존을 위한 외부적인 장치에 불과하다."고 말할 정도로 생명현상은 유전자에 의해 지배되는 것이다.

이렇게 해서 우리의 몸이 완성된 후에도 세포들은 몸의 건강을 유지시키기 위하여 주도면밀한 활동을 한다. 바느질을 하다가 바늘에 손가락을 찔렸다고 하자. 먼저 재빨리 피가 흘러나온다. 이 피는 바늘 끝에 묻어 있을 수 있는 독성물질을 배출시키기 위해 나오는 것이다. 일단 독성물질을 배출시킬 정도의 피가 흘러나온 다음에는, 더 이상의 출혈을 막기 위해, 트롬빈이나 피브린 같은 물질들이 나와 피를 응고시켜 상처 부위를 막는다. 이런 장치가 없었다면, 사소한 상처로도 과다 출혈로 사망할 것이며, 신체 주변에 존재하는 수많은 세균들이 쉽게 몸 안으로 침투할 수 있을 것이다.

우리가 이 우주의 특정한 시공에 존재할 수 있고 또 건강을 유지하며 살 수 있는 것은, 비록 우리가 의식하고 있지는 못해도, 깨어 있을 때나 잠들어 있을 때나 변함없이, 우리 몸을 구성하고 있는 세포들이 자신들의 방대한 '지식'을 가지고 수없이 많은 일들을 처리해 주기 때문인 것이다. 우리는 세포들에게 이러한 일들을 해 달라고 부탁한 적이 없다. 그리고 또 부탁한다고 될 일도 아니다.

그런데 이러한 정도의 생물학적 기제機制는 대부분의 생명체 안에서 발견된다. 원숭이나 침팬지는 말할 것도 없고, 사람에게 질병을 일으키는 병원체인, 생물과 무생물의 중간 존재인 바이러스의 미시 구조도 놀랍기는 마찬가지이다. 따라서 생물학적 구조와 기제만 놓고 보면, 우리 인간도 특별하다고 할 것이 없다.

그러나 인간은 다른 동물들과는 달리 특별하게 발달한 대뇌를 가진 존재이다. 뿌리에 해당하는 뇌간은 혈압과 호흡 등 생명 활동을 직접 조절하고, 소뇌는 호르몬 분비를 총지휘하며, 대뇌는 언어, 감정, 기억, 지능 등의 정신 활동을 담당한다. 대뇌는 1천억 비트, 또는 완전한 한 질의 백과사전에 포함된 정보의 5백 배를 보관할 수 있는 고성능 생체 컴퓨터이다.

우리는 대뇌의 명령에 따라 몸을 움직여 원하는 일을 한다. 그래서 편지도 쓰고, 자동차를 운전하고, 등산을 하고, '야호!' 하고 소리도 친다. 영화도 만들고, 책도 쓰고, 그림도 그리고, 핵무기도 제조한다. 뇌세포들을 포함한 10조 개의 세포들이 서로 긴밀하게 정보를 교환하고 협력하는 메커니즘의 덕으로 인간은 자연이 마련해 주지 못하는 문화와 문명을 이루어 살 수 있다. 그래서 인간은 새로운 가치를 창조하는 이성적 존재가 되는 것이다.

이성적 존재 인간도 물리적 법칙의 지배를 받는 물리적 대상임이 분명하다. 우리는 저울 위에서 쌀가마니처럼 눈금이 올라가게 할 수도 있고, '짐짝'처럼 만원 버스에 실려 갈 수도 있으며, 비탈에서 미끄러져 돌멩이들과 함께 굴러 떨어질 수도 있다. 우리의 몸은 물리적 법칙의 지배를 받지 않을 수 없고, 이 점에 있어서는 돌멩이와 다를 바 없다.

그러나 인간은 생명이 없는 돌멩이와는 달리 생명체이고, 더구나 장소를 이동하지 못하는 식물과는 달리 동물이다. 나아가 인간은 단지 본능에 따라 사는 동물이 아니라 이성적 동물이다. 다른 동물과는 달리 인간은 '이성'이라는 생물학적 기능을 하나 더 가지고 있어서, 자신의 신념과 소망에 따라 문제에 대처하고 해결해 가며 사는 존재인 것이다.

그런데 개미들의 행군을 보고 있으면, 개미들도 이성을 가지고 있을지 모른다는 생각이 든다. 개미 군단이 지나는 길에 바위가 갈라져 생긴 균열이 나타난다. 개미 몸의 몇 십 배나 되는 넓은 균열이기 때문에 개미들은 당연히 뒤돌아 설 것 같다. 그런데 그렇지 않다. 개미들은 서로 몸을 연결하여 '개미 다리'를 만들고, 그 위로 행군을 계속한다.

어떻게 개미들이 자기들의 몸을 연결하여 다리를 만드는 것일까? "우리가 목표로 하는 지점은 균열 너머에 있다. 균열을 피해서 갈 수 있는 길은 없다. 균열 부위에 다리를 놓으면 된다. 우리들의 몸을 연결하면, 다리를 만들 수 있다. 따라서 우리들의 몸을 연결하여 다리를 만들도록 해야겠다." 개미들은 이러한 판단에 따라 자신들의 몸을 연결하여 다리를 만드는 것이 아닐까? 그렇지 않다. 이건 이성을 가진 인간의 행동 방식이지 개미들의 행동 방식이 아니다. 개미들은 생각하지 않는다. 개미들은 이성적 판단이 아니라 본능에 따라 행동하는 것이다.

본능은 자연이 동물의 몸에 설계해 놓은 생존 기제이다. 인간 외의 다른 동물들은, 마치 시계태엽이 풀리면서 톱니바퀴가 돌고 시곗바늘이 움직이는 것처럼, 내장된 본능이 명하는 대로 살아간다. 그래서 동물들은 일종의 '자동 기계'이다.

그러나 인간은 자동 기계가 아니다. 이 점이 중요하다. 인간의 행위를 결정짓는 어떤 종류의 알고리즘도 존재하지 않는다. 인간도 물론 동물적 본능을 가지고 있다. 그래서 저절로 식욕도 나고 성욕도 일어난다. 그러나 인간은 본능 외에 '이성'이라는 생물학적 기능을 하나 더 가진 존재이다. 그리고 이 이성으로 인하여 인간은 합리적 행위를 할 수 있게 되는 것이다.

합리성 천재 화가 고갱의 일생을 그린 소설인 서머싯 몸의 『달과 6펜스』에서 고갱 역할을 하는 주인공 스트릭랜드는 증권거래소 중개인으로서 사회적으로나 가정적으로 성실하고 성공적인 삶을 살다가, 나이 40이 되는 해 어느 날 다시는 돌아오지 않겠다는 짤막한 편지를 남기고 사라진다. 사람들은 그가 늦바람이 나서 어떤 여자와 잠시 불륜 행각을 벌이고 있는 것으로 생각한다. 그러나 막상 그는 파리의 싸구려 여관방에서 발견된다. 여자 때문에 가출한 것이 아닌가 하고 추궁하자 그는 대답한다. "그림을 그리고 싶어서요."

어떻게 가족을 가진 40세 가장이 그림을 그리겠다고 가출할 수 있을까? 그는 무엇보다도 그림을 그리고 싶은 소망을 가지고 있었다. 그러나 감히 그 소망을 이룰 생각을 하지 못하고 있다가, 40세가 가까워 오면서 더 이상 미룰 수 없다고 생각한다. 그림을 그리고 싶으면 집에서 그리면 될 게 아닌가. 그러나 증권 중개인 노릇에 세속적 취향의 아내 눈치를 보며 그림을 그리는 것은 불가능하다. 가장 바람직한 것은 화가들의 천국인 파리로 가는 것이다. 그러나 이 경우 가정은 파탄 나고, 경제적 어려움에 봉착할 것이며, 세인의 비난을 면할 수 없을 것이다. 화가로서 성공한다는 보장도 없다. 그렇지만 그는 오직 그림을 그리고 싶었고, 그 일이 가장 중요했다. 화가로서의 성공이 아니라 그림을 그리는 삶 자체가 중요했다. 가정, 안타깝지만 그가 영구히 정박할 항구는 아니었다. 가난도 두렵지 않았다. (그는 가출할 때 재산을 빼돌리지 않았다.) 그는 그러한 가치관을 가진 사람이었던 것이다. 그가 내릴 수 있는 결론은 "가출해야 한다."였고, 그는 이 결론에 따라 행동한 것이다.

이처럼 인간의 이성은, 자신이 속한 세계가 어떤 곳인가에 관한 지식, 즉 세계관과 그 세계 속에서 어떤 것이 가치 있고 어떤 일을 하는 것이 좋은지를 가리켜 주는 가치관을 배경으로 하여, 자신이 바라는 것을 이루는 방식으로 몸을 움직이게 한다.

기계는 세계관도 가치관도 가지고 있지 않다. 몇 백 개의 어휘를 사용할 줄 아는 침팬지, 또는 겉모습의 면에서 인간과 구분이 되지 않는 미래의 인조인간도, 그들의 존재 원리가 기계적 법칙인 한, 그들은 세계관이나 가치관을 가지고 있지 않고, 따라서 인간이 아니다. 인간만이, 오직 인간만이 자유롭게 자신의 세계관과 가치관을 전제로 한 합리적 판단에 따라 행위하는 존재인 것이다.

자유의 형刑 자유는 보통 '구속되어 있지 않은 상태'를 말한다. 그래서 감옥살이를 하고 있는 수인囚人은 자유롭지 못하고, 그를 지키는 간수看守는 자유롭다고 한다. 그러나 인간이 자유로운 존재라고 할 때의 '자유'는 이러한 의미에서의 자유가 아니다. 수인조차도 감옥 안에서 스스로 판단하여 행위할 수 있는 여지가 있을 것이고, 그런 의미에서 그는 자유인인 것이다.

인간은 물론 성욕을 이기지 못하여 성폭행을 저지를 수도 있다. 그러나 인간은 "나는 참을 수 없는 성욕을 느꼈다."는 말로 자신의 행위를 정당화시킬 수 있는 존재가 아니다. 인간은 본능과 정열의 노예로 살지 않고, 오히려 이 본능과 정열까지도 이성적으로 통제하며 사는 존재이다. 인간과 개가 다른 점은 분명하다. 개는 중인환시의 길거리에서 아무렇지도 않게 짝짓기를 하고, 또 그래도 문제되지 않는다. 우리는 그들을 "부끄러운 줄도 모른다."고 비난하지 않는다. 개는 본능에 따라 살게 되어 있기 때문이다. 그러나 인간의 경우는 다르다. 성욕이 일어나는 것은 본능으로서 어쩔 수 없는 일이지만, 이 본능을 핑계 삼을 수가 없다. 인간은 그 본능에 따라 행동할 것인가 조차도 스스로 판단하여 행동하는 존재인 것이다.

그래서 인간은, 사르트르가 말한 것처럼, '자유의 형'에 처해져 있다고 할 정도로 자유로운 피조물이다. 스스로 판단하여 행위할 수 있는 자유인의 탄생! 이는 우주가 신의 창조물이든 진화의 산물이든 관계없이, 경이驚異로운 사건이 아닐 수 없다. 이성으로 인하여 인간은 자기 스스로 자신의 삶을 창조하는 존재가 되기 때문이다.

인간은 자신의 삶을 창조함으로써 동시에 문화와 역사를 창조한다. 이는 피조물로서의 인간이 부분적으로나마 창조적 역할을 할 수 있다는 것을 의미한다. 또는 물질의 진화 과정에서 우연히 발생한 인간이 자신의 운명을 더 이상 '눈먼' 우연에 맡기지 않고, 자신의 의지에 따라 이끌어 갈 수 있다는 것을 의미한다.

공원을 산책하다 보면 많은 견공犬公들을 만날 수 있다. 그런데 어떤 녀석들은 줄에 묶여서 줄의 길이가 허용하는 범위 안에서 이리 저리 허둥대는가 하면, 어떤 녀석들은 줄에 묶이지는 않았지만, 마치 줄이 있는 듯이 주인과의 거리를 일정하게 유지하면서 주인과 더불어 자유롭게 산책하는 것을 볼 수 있다. 이러한 개는 줄에 묶여 가는 개들과는 그 격이 다르다.

인간이 단지 주어진 법칙에 따라 사는 다른 존재와는 달리 스스로 판단하여 세계를 변화시킬 수 있는 존재라는 사실은 인간 존엄성의 근거가 된다. 기계도 아니요 꼭두각시도 아니요 노예도 아닌 자율적 주체主體라는 그 사실 하나만으로 인간은 존엄한 존재로 인정받을 수 있는 것이다.

이제 우리는 인간과 비인간을 구분할 수 있게 하는 중요한 준거를 확보하게 되었다. 인간은 (1) 스스로, (2) 자신의 신념(지식, 세계관)과, (3) 자신의 소망(지향심, 가치관, 꿈)으로부터, (4) 논리적으로 도출되는 결론에 따라 합리적으로 행위할 수 있는 이성적 존재인 것이다.

이 네 가지 조건 중 어느 하나라도 빠지면, 관연 인간인지 의심해 볼 수 있다. 기계, 식물, 그리고 인간 외의 다른 동물들 어느 것도 위의 조건들을 만족시키지 못한다. 인도의 원시림에서 발견된 늑대소녀도 인간이라 할 수 없다. 그녀의 이성은 퇴화해 버렸기 때문이다. 우리는 정신병 환자들을 격리 수용한다. 그들은 이성이 제 기능을 하지 못하는 사람들이고, 따라서 적어도 '정상적인 사람'은 아니기 때문이다. 뇌사 상태에 빠진 사람이나 식물인간도 아쉽지만 인간이라 할 수 없을 것이다.

이성의 파탄 과연 인간이 이성적 존재인가? 도스토옙스키의 『지하실의 수기』에서 주인공인 지하실의 거주자는 코웃음을 친다.

그는 어느 날 홍등가를 찾아가 창녀 리자를 만난다. 그러나 그는 사랑을 나누는 대신, 그녀가 창녀촌을 떠날 것을 설득시키려 한다. 그런 생활로는 사람다운 삶을 살 수 없고, 결국 가난하고 늙고 병든 신세로 세상을 저주하게 되는 비참한 말년을 맞이하게 될 것이다. 그러니 더 늦기 전에 이곳을 빠져 나와야 한다. 그리고 필요할 때는 아무 때나 찾아오라고 자기 주소까지 남긴다.

여기까지는 좋다. 그는 이성적으로 리자를 설득하려 한 것이다. 그러나 얼마 후 리자가 막상 그를 찾아 왔을 때 그의 태도는 완전히 딴판이다. 그는 전혀 다른 사람인 것처럼 불같이 화를 내면서 소리 친다.

"당신 뭣 하러 여기에 왔어? … 대답해 봐! … 내가 말해 줄까, 당신이 여기 왜 왔는지? 당신이 온 건 그때 내가 동정의 말을 해주었기 때문이야. 그래, 그래서 당신은 잔뜩 들떠 가지고 또 '동정의 말'을 들으러 온 거지. 그렇다면 미리 알아 두는 게 좋을 거야. 분명히 그때 난 당신을 비웃은 거야. 지금도 비웃는 거고. … 당신을 모욕하여 히스테리를 일으키게 한다. 그게 그때 내게 필요했던 거야! … 그때는 내 기분에 못 이겨 당신한테 내 주소를 가르쳐 주는 바보 같은 짓을 저질렀어. 그런데 나는 집에 도착하기도 전에 벌써 그 주소 건 때문에 당신을 지독히 욕하기 시작했어."

그는 이렇게 말하면서도 그녀를 덮친다. 격렬한 사랑이 끝난 후 그는 그녀에게 돈을 쥐어준다. 그러나 그녀는 돈을 침대에 남기고 떠난다. 더 이상의 모욕과 수모를 사양하듯.

어떻게 그럴 수 있는가? 창녀 생활을 청산하라고 열변을 토할 때는 언제이고, 그의 충고대로 새 삶을 살아보고자 찾아온 사람에게 꿈 깨라는 저주의 말을 퍼붓는 것은 또 무엇인가? 그의 인간관을 들어보면 의문이 풀린다.

자기 자신의 자유분방한 의욕, 설사 아무리 무모한 것이라도 자기 자신의 들뜬 기분, 때로 미친 것처럼 상승하는 자기 자신의 공상. 이것이야말로 … 가장 유리한 이익이며 … 이것 하나 때문에 모든 조직, 모든 이론이 줄곧 산산이 부서질 위기에 놓여 있는 것이다. … 인간에게 필요한 것은 오직 하나, 자기 독자적인 의욕인 것이다. 설사 그 독자성이 아무리 비싸게 먹히더라도, 그리고 어떠한 결과가 초래되든 상관없다. 애당초 의욕이란 까닭 모를 그런 것이니까. … 인간이 의식적으로 자기에게 해로운 어리석은 일을 바라는 경우도 확실히 있는 것이다. 그것도 다른 이유에서가 아니다. 자기를 위해 어리석은 일을 바랄 수 있다는 권리, 자기를 위해 현명한 일만을 바라야 하는 의무에 매이지 않아도 되는 권리, 그것을 확보하고 싶은 단순한 그 이유에서만인 것이다. … 적어도 그것이 우리에게 있어 무엇보다 소중한 것, 즉 우리들 개체와 개성을 우리에게 남겨 주기 때문이다.[3]

지하실의 거주자에게 인간은 계산하고 궁리하여 자기에게 가장 유익한 일을 하는 이성적인 존재가 아니다. 인간은 아무리 비싸게 먹히더라도, 어떠한 결과가 초래되든 상관없이, 설사 그것이 어리석고 자기에게 해로운 것일지라도, 단지 그것을 하고 싶은 단순한 이유에서 그것을 하는 존재이다. 그것만이 우리에게 무엇보다 소중한 자신의 개성 또는 정체성을 드러내 주기 때문이라는 것이다.

그러나 이 예는 인간이 이성적 존재라는 사실을 반증하는 것이 아니라 오히려 입증하는 것임을 알 수 있다. 지하실의 거주자는 자신의 특이한 개성 또는 정체성을 드러내기 위하여 리자를 모욕한 것이기 때문이다.

광란의 도살극 그럼 이 경우는 어떨까? 옛 로마 제국을 생각해 보자. 관중이 38만 5천 명이나 앉을 수 있는 거대한 콜로세움에서 거의 매일 광란의 도살극이 벌어진다. 동물들끼리 싸우게 해서 무려 1만 마리가 죽게 하는 놀이 같은 것은 매력이 없다. 5천 명의 사람들이 서로 죽이고 죽임을 당하는 경기 정도는 되어야 관중들이 열광한다. 사자들로 하여금 1천 2백 명의 죄인들을 물어뜯어 죽게 한다. 야간 경기를 할 때는 사람의 몸을 태워서 횃불로 사용하고, 죽음의 장면만으로 만족하지 못하여 젊은 여자들을 발가벗겨 황소들이 끌고 다니게 한다. 바보나 천치들이 미모의 젊은 여자들을 강간하는 장면을 연출하고, 짐승들에게 물어뜯기는 여자들의 비명소리를 들으며 전율했던 것이다.[4]

이 로마인들도 사람이 아닌가! 그들도 분명 이성적 존재이다. 그들의 이성은 마비되지도 않았고 고장 나지도 않았다. 그들은 '모든 길을 로마로 통하게 하는' 세계관과 가치관을 가지고 있었으며, 전리품으로 얻은 넘쳐나는 노예들에게 육체노동을 넘겨줌으로써 생긴 여가를 '유익하게' 보내고 싶은 소망을 가지고 콜로세움에 모여든 것이었다. 비록 콜로세움에서 벌어진 일들이 동물적 잔인성의 극치를 달리는 것이었지만, 그 역시 인간 이성의 작품이지 않은가!

히틀러의 경우도 생각해 보자. 히틀러는 인류를 문화 창조자, 문화 지지자, 문화 파괴자의 세 종류로 나누고, 문화 창조자는 독일인인 아리안 민족뿐이며, 다른 민족은 기껏해야 문화 지지자일 수는 있어도, 문화 창조의 능력은 가질 수 없다고 생각했다. 더구나 유대인은 문화 파괴자였다. 그는 그러한 세계관을 가지고 있었던 것이다. 『나의 투쟁』에서 그는 시종일관 유대인을 지나칠 정도로 매도한다. 물론 그 근본 바탕에는 히틀러의 가치관이 있었다. 그는 의회제 민주주의, 배금사상, 국제주의, 마르크스주의, 소비에트 볼셰비즘 등을 제거되어야 할 사상으로 보았으며, 이 모두가 오직 유대인의 세계 지배 음모에서 파생한 것이라고 하는 '유대인 악마설'을 받아들이고 있었다. 그래서 그는 '유대인 말살'이라는 소망을 가지게 되었고, 결국 짧은 전쟁 기간 동안 5백만 내지 6백만 명의 유대인을 죽음으로 몰아넣는 광란의 도살극을 벌였던 것이다.

로마인들과 히틀러의 예는 인간이 이성적 존재라는 사실을 반증하는 것이 아니라, 이성적 행위라고 해서 모두 바람직한 것은 아니라는 사실을 보여 준다. 잘못된 세계관이나 잘못된 가치관으로부터 논리적으로 도출되는 행위는 잘못될 수밖에 없는 것이다.

플라톤, 칸트, 헤겔과 같은 이성주의자들에 의하면, 이성은 잘못된 결과를 낳을 수 없다. 이성은 존재의 본질이기 때문이다. 이러한 형이상학적 이성관은 옳을 수 있다. 그러나 필자가 말하는 이성은 이러한 형이상학적 이성이 아니라, 인간의 생물학적 기능으로서의 이성이다. 이 인간 이성은 바람직한 세계관과 가치관이 전제되어야 바람직한 행위를 낳을 수 있는 것이다.

가능성 인간이 이성적 존재라는 것은 모든 인간이 모든 행위를 이성적으로 한다는 것이 아니다. 사실 우리가 이성적으로 할 수 있는 부분은 아주 제한되어 있다. 무엇보다도 우리 몸 안에서 일어나는 일들은 이성이 아니라 생물학적 법칙의 지배를 받는다. 단 한 개의 세포도 우리가 이성적으로 판단하여 이래라 저래라 할 수 있는 것이 아니다. 또한 우리 마음대로 안 되는 본능적 행위도 있고, 반사적 행동도 있고, 충동적 행위도 있다. 우리가 이성적으로 할 수 있는 것은 자신의 신념과 소망에 따라 몸을 움직이는 일 정도인 것이다. (그것도 몸이 말을 들어야 한다.)

그러나 '나의 신념과 소망'도 과연 나의 신념과 소망인지를 의심해 볼 수 있다. 예컨대 자유의지를 부정하는 결정론자들은 '나의 신넘과 소망' 역시 내가 어찌 해 볼 수 없는 외적인 요인들에 의해 결정된 것이기 때문에, 진정한 의미의 '나의 신념과 소망' 같은 것은 없다고 주장한다. 어린 시절에 부모를 잃고 고아원과 뒷골목을 전전하며 학교 대신 교도소를 들락거려야 했던 사람의 신념과 소망은 그러한 열악한 생존 조건에 의해 결정되고, 따라서 특별히 '나의 신념'이라든가 '나의 소망'이라고 할 수 있는 것이 없으며, 그에 따른 행위 역시 자신의 신념과 소망에 따른 이성적 행위라고 부를 수 없다는 것이다.

그러나 불우한 환경에서 자란 모든 어린이가 범죄자가 되는 것은 아니다. 브라질의 룰라 대통령은 땅콩과 오렌지를 팔고 구두를 닦는 거리의 소년이었다. 그는 글도 못 읽고, 영어도 못하고, 초등학교도 못 나왔다. 그러나 선반 노동자로 손가락을 잃어 가며 근근이 살아가던 그는 57세가 되던 2002년에 대통령에 당선된다. 그리고 "(룰라로 인해) 브라질은 아르헨티나와 같이 국가 부도 사태를 맞이할 것이다."라는 조지 소로스의 우려를 보기 좋게 불식시키고, 8년 동안의 재임 기간 중 국가 부채를 모두 해결하고 브라질을 세계 8위의 경제 대국으로 성장시켰던 것이다.

결정론자는 "룰라는 그러한 자질을 가진 사람이고, 이 자질은 결정된 것이다."라고 주장할 것이다. 그러나 이러한 결정론은 인간의 행위를 포함한 모든 것을 인과적으로 결정시키는 자연 법칙이 있다는 것을 함의한다. 예컨대 컴퓨터와 피카소의 「게르니카」를 포함한 모든 인공물들을 자연 법칙의 산물로 보는 것이다. 그러나 그런 자연 법칙은 있을 수 없다. 아무리 장구한 세월이 흐르더라도, 자연 법칙에 따라 어떤 나무에 컴퓨터가 열릴 것이라는 생각은 반직관적이다.

사실 인간의 이성은 결정된 조건 위에서 작동한다. 인간이 이성적이라 함은 '자연 법칙에 의해 결정된 조건' 위에서 '자연 법칙에 의해 결정되지 않은 한 걸음'을 스스로의 판단으로 내딛을 수 있다는 것을 말한다. 모든 것이 결정되어 있다 해도, 그 결정된 기반 위에는 인간의 이성에게 열린 공간이 있는 것이다.

따라서 인간이 이성적이라는 것은 모든 인간이 모든 면에서 이성적이라는 것이 아니라 단 0.1%에 불과할지라도 이성적인 행위를 할 수 있다는 것을 말한다. 그러나 이 0.1%의 가능성은 중요하다. 이 0.1%의 가능성으로 인하여 세계는 인간이 꿈꾸는 방향으로 변화해 가기 때문이다.

냉엄한 물리 법칙의 세계인 이 우주에 이처럼 적으나마 자유로운 가능성의 시공이 우리 인간에게 주어진 것이다! 실로 놀랍고 신비로운 일이 아닐 수 없다.

창조론 저 별들, 산과 바다, 꽃과 나비, 그리고 인간… 사랑하고, 미워하고, 시를 쓰고, 강줄기를 바꾸고, 혁명을 하고… 이처럼 삶과 역사를 창출할 수 있는 존엄한 존재 인간은 어떻게 이 우주의 거주자가 된 것일까? 라이프니츠의 물음은 심오하다. "왜 아무것도 없지 않고 어떤 것이 있는가?"

이 물음에 대한 '정답' 같은 것은 있을 수 없다. 단지 이론들이 있을 뿐이다. 그리스 신화와 같은 이야기도 있고, 플라톤의 '이데아설'과 같은 형이상학도 있다. 그러나 우리 현대인들의 마음을 차지하고 있는 것은 아무래도 창조론과 진화론일 것이다. 창조론이 어떻게 진화론과 겨룰 수 있는가? 이렇게 의문을 제기하는 독자가 있을 수 있다. 그러나 진화론은 과학적 이론이고 창조론은 종교적 신념일 뿐이라 생각하는 것은 잘못이다. 더구나 두 이론은 양립할 뿐만 아니라 상보적일 수 있다는 견해도 있다. 이제 이 두 이론을 비교해 보자.

구약성서 「창세기」는 말 그대로 세계 창조에 관한 기록이다. 그 1장은 다음과 같이 시작한다.

> 태초에 하나님이 천지를 창조하시니라. 땅이 혼돈하고 공허하며 흑암이 깊음 위에 있고 하나님의 신은 수면에 운행하시니라. 하나님이 가라사대 빛이 있으라 하시매 빛이 있었고 그 빛이 하나님의 보시기에 좋았더라. 하나님이 빛과 어두움을 나누사 빛을 낮이라 칭하시고 어두움을 밤이라 칭하시니라. 저녁이 되며 아침이 되니 이는 첫째 날이니라.(「창세기」, 1:1~5)

하나님이 존재한다는 것을 어떻게 아는가? 더구나 하나님이 맨 처음 창조한 것은 빛인데, 적어도 위의 문맥으로 보아, 하나님이 빛을 창조하기 전에 흙과 물이 먼저 존재한 것이 아닌가? 이러한 물음들은 접어두자. 중요한 것은 우주 삼라만상의 존재 원인이 '하나님의 말씀'이었다는 점이다. 하나님은 위와 같이 '있으라'라는 말씀을 통해 6일 동안 밤과 낮, 하늘과 땅, 식물과 동물, 인간 등 존재하는 모든 것을 창조한다. 어떤 동물의 이름이 빠졌다는 것을 신경 쓸 필요는 없다. 어떻든 창조론에 의하면, 세상 만물은 하나님의 말씀에 따라 존재하게 된 것이다.

하나님의 말씀에 따라 세상 만물이 창조되었다는 것이 무엇을 뜻하는지 생각해 볼 필요가 있다. 중요한 것 세 가지만 짚어 보자. 첫째, 하나님은 디자이너이다. 하나님은 컴퓨터 과학자들이 컴퓨터를 디자인하여 만들어 내듯이 삼라만상을 디자인하였다. 아무리 하나님이라고 하지만, 어떻게 그 모든 것을 디자인할 수 있단 말인가? 이렇게 묻는 것은 하나님의 능력을 모르는 소치이다. 하나님은 전능全能하기 때문이다.

둘째, 창조론은 종種의 본질주의를 함의한다. 예컨대 '인간'이라는 종은 창조의 순간이나 지금이나 또 먼 훗날에도 변하지 않는다. 인간은 하나님이 부여한 본질에 따라 존재하기 때문이다. 하나님이 이 본질을 변경시키지 않는 한 어떤 종도 변할 수 없다.

셋째, 창조론에 의하면 존재하는 모든 것은 필연적으로 존재한다. 다시 말해서 피조물은 존재할 수도 있고 존재하지 않을 수 있는 개연성 속에서 우연히 존재하게 된 것이 아니라, 하나님의 의도에 따라 필연적으로 존재하게 된 것이다.

과연 「창세기」 1장에 적힌 대로 하나님이 세상을 창조한 것일까? 우리는 창조론을 놓고 벌어진 많은 논쟁들을 검토하지 않을 것이다. 그러나 한 가지만은 분명히 해 둘 필요가 있다. 그것은 창조론이 참이라는 것을 보여 주는 결정적인 이유도 없고, 창조론이 거짓이라는 것을 보여 주는 결정적인 이유도 없다는 것이다. 즉, 창조론의 참 거짓 여부를 논리적으로 증명할 길이 없는 것이다. 창조론은, 다른 형이상학적 이론들처럼, 존재를 설명하기 위한 가설이기 때문이다.

그렇다면 뭔가? 창조론은 우리들에게 아무것도 알려주지 않는 무의미한 견해인가? 그렇지 않다. 창조론은 여전히 이론적 가치를 가지고 있기 때문이다. 즉 창조론은 우주 발생에 관한 다른 어떤 '결정적인' 견해가 제시되기 전까지는 적어도 참일 가능성을 보유한 이론으로 인정될 수 있는 것이다.

진화론 여기서 독자들은 창조론을 잠재울 수 있는 결정적 이론으로 진화론을 떠올릴 것이다. 사실 진화론은 18세기 이래 가장 과격하게 우리의 세계관을 바꾸게 한 '역사적 충격'으로 우리에게 다가왔고, 초기의 조심스럽고 유보적인 모습에서 벗어나, 지금은 거의 '정설'로 인정되고 있는 이론이다.

진화론은, 적어도 전통적인 진화론은, 삼라만상이 모두 물질로부터 발생하여 진화해 왔다고 하는 전형적인 유물론이다. 물론 초기의 진화론은 생명체의 진화에 초점을 맞춘 것이었다. 이러한 의미에서 초기의 진화론은 미완이었다. 우주 생성의 원인에 대해서는 침묵하였기 때문이다. 오늘날 우리는 소위 '대폭발(빅뱅) 이론'으로 알려진 물리학의 우주론이 진화론을 뒷받침하고 있다는 것을 알고 있다. 대폭발 이론은 신의 명령 대신 대폭발로부터 우주가 생성되기 시작했다고 하기 때문이다.

현대 우주론의 표준 모형에 따르면, 지금부터 약 150억 년 전에 모든 것은 10^{-33}cm, 즉 깨알 크기의 1억 분의 1의 1억 분의 1의 1억 분의 1의 1억 분의 1 정도도 안 되는 작은 크기에 모여 있었다. 그 점의 온도는 극히 높았으며, 밀도는 거의 무한대였다. 그런데 어떤 이유에서인지 그 점은 폭발하였고 시간과 공간이 탄생하였다.

대폭발에서 비롯된 우주는 시간이 경과함에 따라 빠른 속도로 팽창하면서 식어갔다. 팽창되어 가는 공간 속에서는 쿼크들이나 전자나 중성미자와 같은 아주 가벼운 입자들이 각각의 반입자들과 함께 쌍둥이로 태어났다가, 다시 입자-반입자 쌍소멸의 과정을 통해 죽곤 하는 과정이 반복되고 있었다.

대폭발로부터 약 3분이 지났을 무렵에는 수소 원자핵이나 헬륨 원자핵이나 중수소 원자핵 등의 가벼운 원자핵이 만들어졌다. 그러나 아직은 우주가 너무 뜨거워서 원자핵이 전자를 붙잡아 둘 수가 없었다. 이로부터 30만 년쯤이 지난 뒤에야 비로소 이 원자핵이 우주 속을 여기저기 떠다니던 전자와 같은 가벼운 입자들을 끌어당겨 원자들이 만들어졌다. 이 중성의 원자들은 서로가 서로를 끌어당겨 결국 가스 구름을 형성하기 시작했다. 이렇게 모인 가스 구름들은 서로 상대방을 중심으로 서서히 돌고 있었는데, 이것이 오랜 세월에 걸쳐 나중에는 별로 진화하게 된다. 계속 우주가 팽창함에 따라 별들은 서로 모여 어린 은하를 이루었다. 우주가 현재 크기의 반쯤이 되었을 때, 별 내부에서 핵융합 반응이 활발하게 이루어져 무거운 원소를 만들어 내었다. 태양을 포함한 별들이 만들어지고 지구와 같은 행성들이 모양을 갖춘 것은 대략 45억 년 전이었다.

지금까지의 이야기는 대폭발로부터 무생물인 물질이 만들어졌다는 것이었다. 문제는 어떻게 무생물을 이루고 있는 무기물질들로부터 유기물질이 만들어지고, 나아가 인간과 같은 정신적인 존재가 만들어졌는가이다.

생명체를 이루는 대표적인 분자인 단백질 하나만 예로 들어 생각해 보자. 단백질 분자는 수천 개의 원자들이 일정한 방식으로 배열된 자신만의 특이하고도 복잡한 3차원적 구조를 이루고 있다. 이러한 구조는 하나 또는 여러 개의 폴리펩티드 사슬이 꼬여서 형성되는데, 이 폴리펩티드 사슬을 구성하고 있는 것은 아미노산이다. 이 아미노산들이 정확한 순서로 배열되어 있어야 생명체의 본질인

DNA 복제를 할 수 있게 된다. 그런데 진화론에 의하면 이 '배열'이 우연히 일어난 일이라는 것이다. 과연 얼마나 가능한 일일까?

과학자들의 계산에 의하면, 어떤 특정한 아미노산 배열이 우연하게 일어날 수 있는 확률은 적어도 $1/10^{260}$이다. 즉 1 다음에 260개의 0이 따르는 수 중 하나 꼴로 일어날 수 있는 확률이다. 이것은 "사실상 현재 우주의 존재 기간 동안 십억 마리의 원숭이들이 십억 대의 타자기로 우연히 'Shakespeare'라는 단어를 정확히 칠 수 있는 희망"[5] 또는 무망無望에 비유될 수 있다. 그런데 이 단백질은 세포를 이루어야 하고, 이 세포들 10조 개가 모여 그 배열과 역할을 정확하게 이루어야 '사람'이라고 부르는 생명체를 만들 수 있는 것이다. 물론 이 모든 복잡한 일들은 어떤 초자연적인 의도도 개입되지 않은 상태에서 우연히 이루어진다.

어떻게 이 모든 일들이 0에 가까운 확률로 우연히 발생할 수 있다는 말인가? 이렇게 묻고 진화론을 젖혀놓는 것은 성급한 일이다. 적어도 세 가지 이유에서이다. 첫째, 0에 가까운 확률로 발생할 수 있는 사건도 바로 발생할 수 있다. 주사위를 던져 6이 나올 확률은 6분의 1이지만, 첫 번째 던졌을 때 6이 나올 수도 있는 것이다. 둘째, 화석 등 많은 증거들이 진화론을 뒷받침한다. 셋째, 진화론의 핵심 개념들인 '돌연변이'와 '자연선택'이 생물 현상뿐만 아니라 사회 현상에도 잘 적용된다. 이 점에 대해서 좀 더 생각해 보자.

진화론을 접할 때 우리를 거북스럽게 하는 것은, 이 이론이 진화의 '방향'을 인정하고 있다는 것이다. 어떻게 '눈먼' 자연이 어떤 특별한 방향으로 진화해 가는가? 이 물음에 대한 답은 '돌연변이'와 '자연선택'의 개념들로 주어진다. 다윈 자신이 든 예를 생각해 보자. 양계장 주인은 알을 잘 낳지 못하는 닭들을 도태시킨다. 사료만 축내기 때문이다. 그 결과 알을 잘 낳는 닭들만 생존하여 알 잘 낳는 후손을 보게 된다. 마찬가지로 환경에 적응하지 못하는 생명체는 도태된다. 오직 환경에 잘 적응하는 생명체만 살아남아 번성한다. 물론 어떤 종 전체가 환경에 적응하지 못하는 일이 벌어질 수 있다. 이 경우 그 종은 멸종한다. 공룡의 멸종이 그 예이다. 그런데 생물이 후손을 복제하는 과정에서 돌연변이가 발생할 수 있다. 그리고 이 변종이 환경에 잘 적응하여 새로운 종으로 정착할 수 있다. 오늘날 지상에 생존하는 모든 생명체는 모두 이러한 과정에서 최종적으로 선택된 종들이라는 것이다.

이러한 진화론이 어떤 점에서 창조론과 다른지는 분명하다. 창조론에 의하면, 모든 생명체는 각각 창조의 순간에 온전한 개체로 창조되었다. 예를 들어 사람은 처음부터 완성된 사람으로 창조되었고, 코끼리는 처음부터 완성된 코끼리로 만들어졌다. 그러나 진화론에 의하면, '완성된 사람' 같은 것은 없다. 모든 생명체는 물질로부터 우연히 발생하여, 자연도태와 적자생존의 과정을 무수히 거친 끝에 오늘 우리가 볼 수 있는 생명체들로 진화하게 된 것이다.

진화론이 함의하는 것을 좀 더 음미해 보자. 진화론이 옳다면, 인간은 존재하지 않을 수도 있었다. 진화의 과정이 조금만 달랐더라면, 인간과는 전혀 다른 모습의 생명체가 문화를 이루고 살 수도 있었다. 나아가 수십억 년이 지난 먼 훗날에는 지금의 인간과는 상당히 다른 모습의 '인간'이 캥거루의 종노릇을 하며 살고 있을 수 있다. 공해가 심해짐에 따라, 대부분의 인간은 사멸하고, 돌연변이에 의해 공해 물질을 소화시키는 특별한 기관을 갖게 된 소수의 인간 변종이 겨우 목숨을 부지하고 살아남아 있을 수 있다. 반면 공해가 심하지 않은 초목 지대에서 산 캥거루들이 돌연변이에 의해 이성을 갖게 되고, 인간의 도시를 점령하여 인간을 종으로 부리며 살 수도 있다.

이처럼 상극을 이루고 있는 두 이론 중 어느 것이 옳은가? 여기서 우리는 수많은 논객들이 벌인 논쟁을 검토하는 수고를 아끼기로 한다. 대신 이 논쟁의 '현주소'를 확인하는 것으로 만족하기로 한다.

진화론은 현대 과학의 뒷받침을 받고 있어서 창조론보다 분명히 유리하다. 그러나 대폭발을 일으킨 최초의 고밀도 질점이 왜 존재하는지에 대한 설명을 하지 못한다. 또한 진화론은 무수한 자연 법칙들이 존재한다는 것을 전제하고 있는데, 왜 이 자연 법칙들이 존재하는지에 대한 설명도 결하고 있다. 즉 진화론은 '궁극적인 설명'을 제공하지 못한다. 그리고 설사 돌연변이와 자연선택이 새로운 종을 만들어간다는 것을 받아들일지라도, 그것은 진화가 아니라 역

진화 또는 퇴화일 수 있다. 어떤 특정한 조건 속에서 우량종은 적응하지 못하고 열등종이 적응하여 살아남을 수 있기 때문이다. 또한 진화론은 이른바 '잃어버린 고리'를 적절하게 설명하는 보완가설을 가지고 있지 않다. 인간이 원숭이로부터 진화했다면, 인간과 원숭이의 중간쯤 되는 종이 있어야 하는데, 화석으로도 발견되지 않고, 아프리카 정글에서도 발견되지 않고 있는 것이다.

더욱 중요한 것은 진화론이 인간 사회를 설명하는 원리가 되지 못한다는 것이다. 일찍이 트라시마코스는 소크라테스에게 "정의는 강자의 이익이다."라고 도전하였다. 인간 세상도 진화론의 원리가 지배한다는 주장이다. 19세기 허버트 스펜서는 다윈의 진화론을 받아들이는 데 그치지 않고 사회 진화론을 제창하였다. 자연선택과 적자생존의 원리를 사회에 적용하여 약자의 도태를 당연한 것으로 여기고, 성차별, 인종 차별, 제국주의 등을 정당화시키는 데 앞장섰다.

그러나 인간이 꼭 그렇게 사는가? '동물의 왕국'과 같은 자연 다큐멘터리를 보면 놀라운 장면을 목격하게 된다. 여러 암사자들을 거느리고 위세 등등하던 수사자도 부상을 당하는 순간 무리로부터 버려져 홀로 죽어 가는 것이 아닌가! 잔인하지만 이렇게 자연은 적자생존의 원리에 따라 강자를 선택하고 약자는 도태시키는 방향으로 진화한다고 할 수 있다. 그러나 인간 세상은 다르다. 인간 세상은 오히려 약자를 선택하는 방향으로 진화해 왔기 때문이다. 어느 사회든 사회적 약자를 배려하는 복지 정책의 수준을 보면, 그 사회의 수준을 알 수 있다. 선진국일수록 장애인을 끔찍이 돌보고, 가난한 병자를 무료로 치료해 주고, 고령자, 실직자, 가난한 자, 결손 가정 등을 경제적으로 지원하는 복지 정책을 편다. 인간 세상은 '자연선택'이 아닌 '인간선택'이 강화됨으로써 발전하고 진화하는 것이다.[6]

진화론은 물론 자연 현상을 설명하기 위한 이론이다. 그러나 인간의 진화를 생물학적 측면에서만 보면 인간 현상에 대한 완전한 설명이라 할 수 없다. 인간이 원숭이로부터 진화했다는 가설은 기실 인간도 별 거 아니라는 것을 시사한다. 그러나 인간은 그렇게 시시한 존재가 아니다. 적어도 인간선택을 할 수 있는 존재인 것이다.

진화론은 인간선택에 대하여는 할 말이 없다. 그러나 창조론은 인간선택을 중요시 한다. 더구나 창조론은 진화론이 하지 못하는 궁극적인 설명을 제공한다. '하나님'이라는 전지전능의 절대자가 모든 존재의 정점을 차지하고 있기 때문이다. 그렇다면 창조론과 진화론이 서로 보완하도록 하면 어떨까? 이 견해가 진화적 창조론(유신 진화론)이다.

로마 교황청은 애초에 가졌던 반 진화론의 입장을 철회하고 진화론을 수용한다고 발표하였다.[7] 물론 로마 교황청이 창조론을 포기했다고 생각하는 것은 잘못이다. 신이 자연을 진화론이 말하는 방식으로 진화하도록 창조하였다는 것이기 때문이다. 진화적 창조론에 따르면, 자연은 신의 뜻과 능력으로 충만해 있으며, 진화의 모든 과정은 궁극적으로 인류의 창조를 위해 신이 계획한 것이다. 비록 겉으로는 돌연변이의 적자생존과 자연선택의 과정으로 보이지만, 그 안에는 신의 오묘한 계획이 숨어 있다는 것이다.[8]

존재의 신비 우주는, 그리고 인간은, 어떻게 존재하게 되었는가? 창조론인가 진화론인가? 사실 우리는 이 물음을 물을 필요가 없다. 이 이론들의 운명과는 관계없이 이 이론들로부터 중요한 사실을 도출해낼 수 있기 때문이다.

조금만 생각해 보면 창조론이 옳던 진화론이 옳던 상관없다는 것을 알 수 있다. 존재가 무한히 신비로운 현상이라는 사실 자체에는 변함이 없기 때문이다. 마종기 시인이 깨꽃에 빗대어 존재의 신비를 노래하는 솜씨를 보자.

헤어져 살던 깨알들이 땅에 묻혀 자면서 향긋한 깻잎을 만들어 내고, 많은 깻잎 속에 언제 작고 예쁜 흰 깨꽃을 안개같이 뽀얗게 피워 놓고, 그 깨꽃 다 보기도 전에 녹녹한 깨알을 한 움큼씩 만들어 달아 주는 땅이여. 깨씨가 무슨 흥정을 했기에 당신은 이렇게 농밀하고 풍성한 몸을 주는가.

그런가 하면, 흐려지는 내 눈에는 잘 보이지도 않는 꽃씨가, 어떻게 이 뒤뜰에 눈빛 환해지는 붉은 꽃, 보라색 꽃의 연하고 가는 피부를 만드는가. 땅의 염료 공장은 어디쯤에 있고 봉제 공장은 어디쯤에 있고 향료 공장은 또 어디쯤에 있기에, 흰 바탕에 분홍 띠 엷게 두른 이 작은 꽃이 피어 여기서 웃고 있는가.

나이 들수록 남들이 다 당연하다며 지나치는 일들이 내게는 점점 더 당연하지 않게 보이는 것은 내 분별력이 흐려져 가기 때문인가. 아무려나, 흐려져 가는 분별력 위에 선 신비한 땅이여, 우리가 언제 당신 옆에 가면 그때부터는 당신의 알뜰한 솜씨를 다 알아볼 수 있겠는가. 흙이 꽃이 되고 흙이 깨가 되는 그 흥겨운 요술을 매일 보며 즐길 수 있겠는가.

늘어만 가던 궁금증이 하나씩 해결되는 깨알 같은 눈뜸이여, 나는 오늘도 깨꽃 앞에 앉아 아른거리는 그 말을 기다리느니, 어느 날 내 몸도 깨꽃이 되면 당신은 내 말과 글이 드디어 향기를 가지게 된 것을 알 수 있겠는가. 부르고 싶었던 노래를 찾아 헤매던 날들은 지나고 드디어 신선한 목숨이 된 나를 알아볼 수 있겠는가.[9]

어찌 깨꽃뿐이랴!? 밤하늘의 별, 벌새, 인간, 비, 바람, 꽃, 바다… 모든 것이 신비 그 자체이다. 이처럼 신비로운 존재 현상을 창조론으로 설명한다는 것은, 우리가 상상할 수 없는 무한한 능력과 헤아릴 수 없는 의도를 가지고 신이 세상과 인간을 창조하였다고 하는 것이다. 반면에 이 신비로운 존재 현상을 진화론으로 설명한다는 것은 신이 할 수 있는 모든 것이 물질이 한 일이라는 것이다. 진화론은 신의 자리에 신비화된 물질을 옹립하였을 뿐이다. 진화론에서 물질은 곧 신이다. 따라서 어떤 이론이 옳은가를 알지 못하더라도 변함없는 사실이 있으니, 그것은 곧 '존재의 신비'인 것이다.

삶의 소중함 사실 창조론이 옳든 진화론이 옳든, 인간의 삶은 소중할 수밖에 없다. 만일 창조론이 옳다면, 우리는 신의 피조물이다. 우리는 우연히 우주 한 구석에 던져진, 있어도 좋고 없어도 좋은 하찮은 존재가 아니라, 신의 계획에 따라 당당하게 우주 속의 한 좌표를 부여받았기 때문이다.

다른 한편 진화론이 옳다 해도 우리의 삶은 소중할 수밖에 없다. 우리가 존재할 수 있는 확률은 0에 가까웠다. 다시 말하자면, 물질의 성질을 놓고 볼 때, 우리가 존재하지 않는 것이 훨씬 자연스럽다. 그럼에도 불구하고 우리는 존재하게 된 것이다. 로또 복권에 당첨되는 것은 대단히 어려운 일이다. 그러나 우리가 삶에 당첨되는 것은 로또 복권에 당첨되는 것에 비할 수 없이 어려운 일이다. 그런데 우리는 삶에 당첨되었다. 이 점이 중요하다. 우리는, 그 이유는 알 수 없을지라도, 존재하지 않는 것이 너무나 당연한 조건들 속에서 존재하게 된 것이다.

물론 이 결론은 단지 우리 인간에게만 적용되는 것이 아니다. 모든 존재가 같은 의미에서 소중하다는 결론을 내릴 수 있다. 바퀴벌레의 존재도 소중하고, 억새풀의 존재도 소중하다. 물론 로캉탱[10]으로 하여금 구토를 일으키게 하였던 조약돌의 존재도 소중한 것은 마찬가지이다.

그런데 인간은 다른 존재와는 달리 이성을 가진 자유로운 존재이다. 단지 존재하는 것이 아니라, 존재의 의미를 묻고, 스스로의 판단과 결단으로 가치를 창조하며 사는 존엄한 존재인 것이다. "비록 자신을 표현할 만한 것이 살과 뼈밖에 없을 때조차도, 우리는 우리가 경험하는 기쁨보다 더 우월한 존재"인 것이다.[11]

소우주 더구나 인간은 누구나 소우주小宇宙이다. 객관적 시각에서 보면 나는 너무나 미미한 존재이다. 내가 꼭 세상에 태어나야 할 이유도 없고, 계속 살아야 할 이유도 없는 것 같다. 거대한 세상에 비해 나는 너무 작고 무력한 존재이다. 기름을 칠한 듯 잘잘 돌아가는 세상에서 나는 별 볼 일 없는 국외자 같다. 내 말에 귀를 기울이는 사람은 거의 없다. 나는 별로 중요하지도 않는 일로 하루하루를 보내며, 중요한 일이라고 해야 가족을 부양하는 일인 듯싶다.

내가 어느 순간 불의의 사고로 죽게 되더라도 세상은 잘도 굴러 갈 것이다. 몇몇 친척들과 지인들이 나의 주검 앞에서 돌연한 이별을 슬퍼하며 눈물을 흘릴 것이다. 그러나 그것도 잠시. 그들은 그들의 일상으로 돌아가 아무 일 없었다는 듯 살아갈 것이다. 내가 하던 일은 어떤 젊은 녀석이 물려받아 더 잘 처리할 것이고, 그를 채용한 사장은 만족할 것이다. 내가 죽어 주어서 잘 되었다는 듯한 표정을 굳이 감출 것도 없다. 그래서 객관적 시각에서 보면 나는 아무것도 아닌 듯싶다. 실제로 길바닥에서 병든 개처럼 허리를 꺾고 자는 사람들이 얼마나 많은가! 죽어도 울어 줄 사람이 없는 사람은 또 얼마나 많을까?

그러나 주관적 시각에서 보면 우리는 누구나 세계 자체이다. 내가 존재하지 않는 세계를 상상하는 것은 묘한 기분을 자아낸다. 내가 처음부터 존재하지 않았던 세계를 한 번 상상해 보자. 그 세계가 무슨 의미를 갖는가? 그 세계가 천국이면 어떻고 지옥이면 어떤가? 내가 없는 세계는 존재하지 않는 것과 같다. 놀랍게도 세계의 존재는 나의 존재에 의존적이라는 것을 알 수 있다. 객관적 시각에서 본 내가 별 볼 일 없게 보이는 것도 내가 존재한다는 것을 전제해야 한다. 세상이 대단해 보이는 것도 내가 살고 있는 한에서이다. 비트겐슈타인의 말 대로, "나의 한계는 세계의 한계"인 것이다.[12]

유일자 주관적 시각에서 본 우리의 존재는 이처럼 절대적이다. 그런데 사실 객관적 시각에서 봐도 우리의 존재가 절대적이라고 할 이유가 있다. 우리는 누구나 유일자唯一者이기 때문이다. 우주의 역사가 아무리 장구해도 나와 똑같은 존재는 없다. 나의 체세포에서 분리해낸 유전자로 나의 '복제 인간'을 만들어 낼 수는 있을 것이다. 그러나 그가 나는 아니다. 여전히 나는 단독자單獨者인 것이다.

인간은 누구나 대체 불가능한 유일한 주체이다. 한 생명을 구하기 위해서 벌어지는 소동들을 보라. 지하 갱도에 갇힌 광부를 구하기 위해, 해적에 납치된 선원을 구출하기 위해, 백혈병으로 죽어 가는 소녀를 살리기 위해… 그렇게들 애쓴다. "바퀴 달린 널빤지 위에 뽕짝이 흘러나오는 녹음기와 집게발만 남은 몸을 얹은 채 파행파행"[13] 길바닥을 밀고 가는 사내를 보면, 차라리 죽는 게 낫지 않을까 하는 생각이 드는 때가 있다. 그러나 이 생각은 터무니없다. 그 역시 대체 불가능한 유일자이기 때문이다.

객관적 시각에서 본 이 유일자에게 우주의 나이는 의미가 없다. 우주가 앞으로 몇 백 억 살을 더 먹든, 아니면 100년 후에 종말을 맞이하든 상관없다. 유일자에게 의미 있고 중요한 시간은 그가 존재하고 있는 동안이다. 그가 사는 몇 십 년이 모든 시간이다. 영겁의 세월은 100년도 안 되는 유일자의 생애로 응축된다.

생명의 값 걸핏하면 자살을 한다. 참으로 안타까운 일이다. 수석을 놓쳤다고, 친구들에게 따돌림 당한다고, 부도가 났다고, 심지어 장난감을 사주지 않는다고 자살한다. 그럼 얼마 정도면 아깝지 않을까? 얼마 정도면 나의 생명을 내놓을 수 있을까?

우선 우리 몸을 만드는 원료 자체의 값은 1천 원 정도밖에 되지 않는다. 이 원료를 이용하여 물건을 만든다 해도 몸값은 크게 비싸

지지 않는다.**14** 유괴범들이 요구하는 몸값도 단돈 몇 천만 원 정도이다. 신체 포기 각서는 불과 몇 백만 원의 사채를 빌리며 쓴다. 비행기 사고 등으로 사망할 경우의 보상금은 이에 비하면 비싸지만 억대에 머문다. 셰익스피어의 『베니스의 상인』에서, 안토니오가 생명을 잃는 결과를 초래할 게 빤한 약속, 즉 심장에 가까운 근육 1파운드를 샤일록이 베어 갈 수 있게 한 것도 금화 3천 냥 정도의 빚에 대한 대가였다. 심청의 몸값은 공양미 3백 석이었다.

이처럼 우리의 몸값 또는 목 값은 일정하지 않다. 자, 그럼 생각해 보자. 가장 비싸게 쳐서 얼마면 목을 내놓겠는가? 목숨이라도 팔아서 가족을 부양해야 하는 것과 같은 절박한 상태는 제외하자. 전쟁터에서 조국을 위해 목숨을 바쳐야 하는 경우도 제외하자. 특별한 사정이 전제되지 않는 상태에서 거래를 한다고 하자. 마치 메피스토펠레스가 파우스트의 영혼을 사듯이, 누군가 나의 목숨을 사려 한다고 가정하자. 얼마면 팔 것인가? 세상 모두를 줘도 팔 수 없다는 결론이 나온다. 왜냐? 내가 존재하지 않으면 세상 모든 것이 아무런 의미가 없기 때문이다.

모든 것이 공짜 그런데 이 모든 것이 공짜이다. 도대체 나로 인한 것이 무엇인가? 주위를 돌아보자. 놀라지 않을 수 없다. 세상을 가든 채우고 있는 것들 중에 나로 인한 것이 아무것도 없기 때문이다. 입고 있는 옷도 내가 만든 것이 아니요, 구두도 내가 만든 것이 아니다. 볼펜, 종이, 돈, 주민등록증, 가방, 책, 컴퓨터, 자동차, 감기약, 법정, 병원 … 산, 바다, 하늘, 감자, 꿀 … 자유, 평등, 인권, 민주주의 … 어느 것도 나로 인한 것이 아니다.

그뿐인가? 이러한 객체客體들을 보며 놀라고 있는 '나'라는 주체도 내가 만든 것이 아니다! 내가 시궁창의 쥐나 한 여름의 풀벌레로 태어나지 않고 이성적 존재로 태어나는 데 내가 기여한 일은 전혀 없다. 지금 이 순간에도 나를 이루는 10조 개의 세포들은 단 한 순간도 쉬지 않고 일하고 있다. 심장을 뛰게 하고, 먹은 음식을 소화시키고, 영양분을 섭취하여 새로운 세포들을 만들어 내고, 침입한 병균들을 퇴치하는 등 내가 시키지도 않은 일들을 열심히 하고 있다.

참으로 신기한 일이다. 내가 한 일은 없는데 이 모든 것들이 나에게 공짜로 주어진 것이다. 물론 잘 생각해 보면 나로 인한 것이 전혀 없지는 않다. 발자국도 만들었고, 어딘가에 낙서를 했으며, 늦은 귀가 길에 대로에서 방뇨한 적도 있으니 말이다. 그러나 그뿐이다. 나는 모든 면에서 빚진 자인 것이다.

유한한 삶 우리는 모두 죽는다. 한 사람의 예외도 없이 누구나 생애의 마지막 날을 맞이해야 한다. 누구에게나 숨이 끊어지고, 심장이 멈추고, 의식이 꺼지는 마지막 순간이 찾아온다. 그것으로 그만이다.

영생을 믿는 사람들이 있다. 환생을 믿기도 한다. 윤회한다고도 하고 영겁회귀永劫回歸한다고도 한다. 그러나 모두 그럴싸한 가설일 뿐이다.

물론 육체의 죽음 후에도 영혼은 살아남을 수 있다. 그러나 설사 그런 일이 벌어진다 할지라도, 사후의 삶은 지금 내가 관여할 바가 아니다. 지금 나에게는 '이 삶'이 다.

이 삶의 불꽃이 꺼지면, 깜깜하다. 그것으로 끝이다. 내가 죽을 때 세계는 사라진다. 나를 기쁘게도 하고 슬프게도 하였던 무대는 막을 내린다. 한 사람이 죽을 때마다 진행 중이던 전쟁이 끝나고, 계획된 음모가 수포로 돌아가고, 오케스트라를 지휘하던 손은 허공에 멈추고, 음악은 무대와 청중 사이에서 얼어붙는다. 한 사람이 죽을 때마다 세계는 어둠과 적막 속으로 사라진다.

다음은 그리스의 어떤 무명인이 쓴 「개를 위한 묘비명」이다.

이 무덤을 보고

길손이여 웃지 마시오

비록 그것이 개의 무덤일지라도

내가 죽었을 때 내 주인께서 울었고

손수 자신의 손으로 나를 흙 속에 묻고서

이 묘비명을 썼다오

한 마리의 개가 죽는 것도 이렇다. 다른 많은 개들이 있겠지만,

주인에게는 모두 무의미하다. 죽은 개, 그것은 절대적이고 유일한 우주의 시간을 살고 영원히 사라져 버린, 그래서 주인으로 하여금 이러한 묘비명을 쓰게 한, 참을 수 없이 무거운 존재였던 것이다.

존재 각성 중학교 교사인 한 후배의 이야기는 충격적이다 못해 황당하였다. 한 학생이 수업 시간에 잠을 자고 있었다. 조는 학생들이 더러 있지만 졸지 않은 척하는 게 보통인데, 이 학생은 아예 책상에 머리를 올려놓고 자고 있었다. 가서 깨웠다. "수업 시간에 자면 되니?" 부스스 깨어난 학생은 이 말을 듣고 대답했다.

"냅두세요. 이러다 그냥 죽을래요…."

후배 교사는 그 순간처럼 아득한 때는 없었다고 고백했다. 아무 말도 할 수 없었다. 아무 말도 생각나지 않았다. 학생은, 이유야 알 수 없지만, 무력감에 빠져 있음에 분명하다. 그를 채찍질 할 욕망도 꿈도 없는 것이다. 안타까운 일이다. 어떤 삶인데!

모든 존재는 신비 그 자체이다. 그런데 자연의 냉엄한 법칙이 지배하는 세계 속에서 우리 인간만이 자신의 신념과 소망으로 삶과 역사를 창조하는 존재이다. 그리고 창조론이 옳든 진화론이 옳든 나의 삶은 한없이 소중하다. 나는 소우주이며, 유한한 시간을 사는 대체 불가능한 유일자이다. 그리고 모든 것을 무상으로 받은 빚진 자이다. 인간, 그런 존재이다.

이처럼 우리 자신이 어떤 존재인가를 깨닫는 것, 즉 존재 각성은 어떤 형이상학적 가정 하에 이루어진 것이 아니다. 창조론이 옳든 진화론이 옳든 관계없이, 또는 어떤 이론이 무어라고 말하든 관계없이, 우리 자신에 관한 사실들을 놓고 철학적 성찰을 한 결과 도달한 깨달음인 것이다.

이제 "너 자신을 알라."라는 소크라테스의 말을 음미해 보자. 첫째, 소크라테스는 "세상을 알라."라고 말하지 않았다. 살기 위해서 인간은 세상에 대하여 많은 것을 알아야 한다. 그러나 소크라테스는 어떤 앎보다도 자아의 정체성에 대한 앎이 가장 중요하다고 가르치고 있는 것이다.

둘째, 인간은 자신이 어떤 존재임을 알지 못하고서는 제대로 살 수 없다. 그렇다. 인간 외의 어떤 존재도 자신이 어떤 존재라는 것을 알지도 못하고, 또 알 필요도 없다. 그냥 존재하면 되는 것이다. 그러나 인간은 살기 위해서 자신이 어떤 존재임을 알아야 한다. 자신이 어떤 존재인 줄 모르고 사는 것은 금보다도 더 비싼 자단목紫檀木을 땔감으로 사용하는 것과 같다.

셋째, 인간은 자신에 대하여 아는 정도만큼의 삶을 살게 마련이다. 자신을 쓰레기 취급하는 사람이 귀공자처럼 살 수는 없을 것이다. 자신에 대한 자긍심이 높은 사람이 파락호처럼 사는 일은 없을 것이다.

넷째, "너 자신을 알라."라는 소크라테스의 가르침은 존재 각성을 통한 자아 인식을 통해서 완성된다. 존재 각성은 인간의 가치를 극대화시키는 깨달음이기 때문이다.

존재 각성으로 인하여 우리는 눈부신 빛 속으로 들어간다. 자신이 우주적 신비의 한 조각임을 깨닫는가? 비록 유한하지만, 한 바탕 의미 있게 살아 볼 수 있는 천재일우千載一遇의 기회를 움켜쥐었다는 사실에 숨을 멈추는가? 그렇다면 존재 각성을 한 것이다. 그러면 됐다. 제대로 살 준비가 된 것이다. 존재 각성을 하지 못하는가? 그렇다면, 살아도 헛사는 것이다. 그것은 거의 죽음이다.

그런데 보자. 존재 각성을 하지 못하고 존재 망각의 상태에서 사는 사람들이 많다. 우주의 무한한 시공을 응축한 단일한 사건으로서의 삶의 무게를 느끼지 못하고 그저 산다. 그냥 산다. 심지어는 산다는 것 자체를 의식하지 못하고 살 때도 있다. 삶이 더 없이 소중하고 대단한 선물이라는 것, 아니 선물이라는 것 자체를 깨닫지 못한다. 그래서 생일 선물에는 고마워하면서도, 삶은 고마워할 줄 모른다. 삶이 무상無償으로 주어진 신비롭고 소중한 보물이라는 것을 모르고 아무렇게나 산다. 흘러가는 대로 산다. 하찮은 일들에 매달려 하루하루를 보낸다. 그날이 그날이다. 오늘은 어제와 같고, 내일이라고 해서 새로울 것도 없다. '새털같이 많은 날들'이 지루하게 생각될 때도 있다.

어느 날 나는 집에 돌아와 눈앞에 어른거리는 하루살이 한 마리를 무심코 손으로 낚아채었다. 녀석은 순식간에 손바닥 위 한 점 얼룩으로 변해 있었다. 세상은 그만큼 적막해졌다. 나는 그것을 온 몸으로 느꼈다.

2

어떻게
살아야 하는가?

시인 천상병千祥炳은 서울대 상과대학에 입학하여 졸업만 하면 은행 취직이 보장되어 있었는데, 한 학기를 남기고 졸업을 포기한다. 1967년에는 동백림 간첩단 사건에 연루되어 체포된다. 갖은 고문을 받으며 약 6개월 간 옥고를 치른다. 독일에 유학 갔다 온 대학 동창에게서 막걸리 값으로 오백 원, 천 원을 얻어 쓴 것이 화근이었다. 1971년 고문 후유증과 심한 음주로 인한 영양실조로 거리에서 쓰러졌는데, 행려병자로 오인되어 서울 시립 정신병원에 입원된다.

"제기라알! … 세상이 이렇게 삭막하단 말가? … 이렇게 쓸쓸해도 되는 걸까? 참말?"

이렇게 한숨처럼 내뱉는 천 시인에게 친구 천승세 작가가 위로한다.

"다 그런 게 아니냐?"

"… 네 말이 틀려, 요 문둥아! 세상은 아름다운 거야!"[1]

그는 의정부 의료원에서 만성간경화증으로 63년의 생애를 마감한다. 평생 돈벌이 한 번 못 해보고 선후배 문인들에게 뜯은 돈으로 하루 한 병의 막걸리를 마시며 살았던 그에게, "내 살과 뼈는 알고 있다. / 진실과 고통 / 그 어느 쪽이 강자인가를…."[2]이라고 남몰래 이를 악물어야 했던 천 시인에게, 어떻게 세상이 아름다울 수 있었을까? 어떻게 "나 하늘로 돌아가리라 / 아름다운 이 세상 소풍 끝나는 날 / 가서 아름다웠더라고 말하리라."[3]라고 노래할 수 있었을까? 그저 해본 말이 아니다. 자신의 '한심스러운' 삶을 자조적으로 미화하는 말은 더욱 아니다.

현대 철학의 영원한 '영감의 원천'이라 할 수 있는 비트겐슈타인이 남긴 마지막 말은 "나는 멋진 삶을 살았다."였다.[4] 그의 세 형은 모두 자살하였다. 그리고 그 자신도 수없이 자살 충동에 시달렸다. 그는 세상에 절망하였고, 이해되지 못하였고, 고독하였고, 우울증에 시달렸다. 그럼에도 불구하고 사신死神이 그를 찾을 때까지 스스로 삶을 내치지 않았을 뿐만 아니라, '멋진 삶'을 살았다는 말로 삶을 마감한 것이다. 어떻게 그럴 수 있을까?

철학자로서 성공적인 삶을 살았다는 사실을 두고 한 말이 아니다. 마지막 순간까지 놓지 못한 자존심 때문은 더욱 아니다.

우리가 평균 80세를 산다고 할 때, 하루를 수표 한 장으로 생각하면 3만 장정도의 수표를 선물로 받은 셈이다. 우리는 이 수표를 하루에 한 장씩 쓰게 되어 있다. 그런데 이 수표는 신기하다. 쓰지 않으면 그 날로 무효가 되기 때문이다.

이 수표는 다른 면에서 또한 신기하다. 백지수표이기 때문이다. 수표의 액면가는 내가 하루를 어떻게 보내는가에 따라 결정되게 되어 있다. 그래서 어떤 사람은 그 수표를 단돈 만 원짜리로도 쓰지 못하고, 어떤 사람은 몇 억짜리로 쓰기도 한다.

자, 그럼 우리들에게 공짜 선물로 주어진 '삶'이라는 백지수표를 어떻게 사용해야 할까? 주어진 시간 속에 어떤 일들을 채워 넣는 것이 좋을까? 어떻게 살아야 "멋진 삶을 살았다."고 할 수 있을까?

운명론 "어떻게 살아야 하는가?" 이렇게 묻는 사람은 망망대해에 떠 있는 '인생'이라는 배의 선장과 같다. 그는 높은 파도와 비바람에 난파당하지 않고 안전하게 항구에 도달해야 한다. 어떻게 해야 하는가? 어느 방향으로 가야 하는가? 그는 그렇게 묻지 않을 수 없는 것이다.

그러나 그렇게 물을 필요가 없다고도 한다. 배가 갈 길은 선장이 아니라 운명이 정하기 때문이라는 것이다. 소포클레스의 비극 『오이디푸스 왕』은 운명론이 어떤 것인지 잘 말해 주고 있다. 테베의 왕 라이오스는 아들 오이디푸스가 "아비를 죽이고 어미를 범한다." 는 신탁을 받고, 갓난아기의 복사뼈에 쇠못을 박아 죽이라 명한다. 그러나 명을 받은 하인은 아이를 들판에 버린다. 아이는 코린토스의 목동이 주워 코린토스의 왕자로 자란다. 청년이 된 오이디푸스는 자기의 운명을 알아보고자 신탁을 받았는데, "아비를 죽이고 어미를 범한다."는 것이었다. 그는 이 저주스러운 운명을 피해 방랑길에 오른다. 도중 좁은 길에서 어떤 노인 일행과 마주쳐 시비를 벌인 끝에 노인을 살해한다. 노인은 아버지였다. 마침 테베는 수수께끼를 풀지 못하는 사람을 잡아먹는 스핑크스로 인하여 혼란스러웠는데, 오이디푸스가 그 수수께끼를 풀어 스핑크스가 자결하게 한다.[5] 그 보상으로 오이디푸스는 왕위에 오르고 여왕을 왕비로 삼는다. 어머니 이오카스테였다. 아무리 발버둥쳐도 운명을 피할 수는 없었다. 저주스러운 운명으로부터 벗어나려는 오이디푸스의 노력 자체가 자신의 운명을 실현시키는 수레였던 것이다.

오늘날 이러한 운명론을 받아들이는 사람이 있을까? 놀랍게도 있다. 인도의 카스트 제도에 의하면, 인간은 태어나면서부터 정해진 운명이 있다. 어떤 사람은 브라만으로 태어나서 힌두교의 신들에게 기도하고 제사를 지내거나 학자로서 사회 교육을 담당한다. 또 어떤 사람은 크샤트리아로 태어나서 국가를 통치하고 보위하는 왕족, 귀족, 무사, 장교, 경찰관의 길을 간다. 이들은 전체 인구의 10% 정도밖에 되지 않는 소수의 특권 지배층이다. 다음 계급인 바이샤는 농민, 상인, 수공업자, 하급 공무원, 연예인 등 생산과 경제 활동에 종사하고 납세의 의무를 진다. 바이샤는 숙련된 기술이나 기능을 가진 반면, 네 번째 계급인 수드라는 숙련된 기술이나 기능을 가지고 있지 않아 잡역부, 하인, 청소부가 되어 고된 육체노동을 해야 한다. 이 네 계급 중 하나로 태어나면 그나마 다행이다. 불가촉천민(파리아, 하리잔)으로 태어나면, 아예 사람 취급을 받지 못하고, 더 이상 타락할 수 없는 악마나 악귀로 경멸받는다. 그들은 가죽 일을 하고, 시체를 다루고, 변을 처리하는 등의 더러운 일에 종사해야 한다.

이들 계급은 자자손손 세습되고, 계급 간의 이동은 불가능하며, 계급 간의 결혼도 안 된다. 당연히 위 계급은 아래 계급을 차별한다. 예컨대 불가촉천민은 사회적으로뿐만 아니라 모든 면에서 격리된다. 사는 지역도 격리되고, 심지어는 그들이 사용하는 우물조차 격리된다. 불가촉천민이 다른 계급과 신체적 접촉만 해도(심지어는 최하위 계급인 수드라와 신체적으로 접촉해도) 큰 죄가 되어 죽임을 당할 수 있다.

오늘날 이러한 인도의 카스트 제도는 서서히 무너지고 있다. 영국으로부터 독립한 후 인도는 사회주의 경제 체제를 택했었는데, 1991년 자유 시장 경제 체제로 전환 후 경제가 급속히 발전하면서, 불가촉천민을 포함해 하층계급 출신자 중 기업가 정신과 자질을 가진 사람들이 성공 신화를 만들어 내면서 신분제가 흔들리고 있는 것이다.

그러나 카스트 제도는 인도를 3천 년이나 지배해 왔으며, 지금도 대다수 인도인의 운명을 걸머쥐고 있다. 어떻게 그럴 수 있다는 말인가? 그것은 인도인이 이 제도에 감사하는 마음으로 순응하기 때문이다. 인도인 대다수는 힌두교 신자이다. 그런데 힌두교의 경전인 베다, 우파니샤드 등이 도덕적·종교적·사회적 이념의 원천으로서 이 계급 제도를 규정하고 있기 때문이다.

인간의 운명은 이처럼 결정되어 있는 것일까? 로마 제국의 황금기 20년 동안 황제를 지냈던 아우렐리우스는 『명상록』에서 다음과 같이 말하고 있다.

> 우주의 질서는 신의 섭리攝理에 따라 움직인다. 전혀 엉뚱하게 보이는 것조차도 자연의 법칙에 따라 이미 예정되어 있던 것이며, 모든 것이 신의 섭리임을 명심하라. 신의 섭리는 만물의 근원이며, 우주의 원리도 신의 섭리에 의한 것이다. 인간은 우주의 한 부분이며, 그 밖의 모든 것 역시 자연의 일부분이다.[6]

인간을 포함한 모든 존재는 정해진 운명의 궤도(신이 의지하는 바)를 따라 살게 되어 있다. 인간이 자신을 자율적인 존재라고 선포하고, 자신의 운명을 스스로 결정하려고 발버둥쳐 봐야 소용없다. 그러한 노력 자체가 이미 운명에 따라 이루어지는 것이기 때문이다.

중세까지만 해도 절대적인 진리로 받아들여졌던 이 운명론적 세계관의 뿌리는 세계를 목적론적으로 설명하는 본질주의의 세계관과 맥을 같이 하고 있다. 아리스토텔레스에 의하면, 존재하는 모든 것은 어떤 본질을 가지고 있으며, 운동과 변화는 이 본질이 발현되어 가는 과정에 나타나는 현상이다. 이러한 본질은 인간을 포함한 모든 존재에게 주어진 숙명이다. 한 알의 도토리가 큰 참나무로 자라는 것은, 도토리를 참나무로 자라게 하는 본질 때문이다. 이 본질이 도토리를 감나무나 원숭이가 아닌 참나무가 되게 하는 것이다. 인간이 인간다운 삶을 산다는 것은 무엇인가? 그것은 인간에게 부여된 본질로서의 목적을 실현하는 것이다. 세계는 이미 마련된 틀로 다양한 제품을 찍어내는 거대한 공장 같은 곳이다.

본질주의적 세계관에 따르면, 인간은 비록 자신의 신념과 소망에 따라 행동한다고 할지라도, 그것은 보다 거시적인 목적의 실현을 위한 수단으로 예비된 것일 뿐이다. 따라서 만일 본질주의적 세계관이 옳다면, 인간은 참다운 의미에서의 자율성을 박탈당하게 된다. 인간은 자기가 선택하지 않는 목적을 실현시키는 꼭두각시이며, 자기가 하는 일들이 자기의 결단에 따라 이루어지는 것으로 보는 것은 착각일 뿐이다.

물리적 결정론 종교적 맥락이 아니라면, 이러한 운명론 또는 본질주의적 세계관을 액면 그대로 받아들이는 현대인은 없을 것이다. 현대인은 과학의 세례를 받았기 때문이다. 그러나 문제는 간단치 않다. 과학적 세계관은 '신'의 자리를 '인과법칙'으로 대치한 것으로서, 과거 신이 하던 역할을 이 인과법칙이 떠맡게 되었기 때문이다.

우리는 우주의 현재 상태를 그 전 상태의 결과이면서 다음에 올 상태의 원인이라고 생각해야 한다. 자연을 지배하는 모든 힘들과 어떤 순간에 자연을 구성하는 모든 대상들의 상태를 아는 지적인 존재가 있다고 가정해 보자. 그러면 이 지적인 존재에게는 불확실한 것은 아무것도 없을 것이다. 과거처럼 미래도 그의 눈에는 현전現前할 것이다.[7]

이러한 결정론적인 세계관은 특히 지나간 일들을 생각해 볼 때 부정할 수 없는 진리로 느껴진다. 교통사고를 당한 사람을 생각해 보자. 중앙선을 침범한 차와 정면충돌하는 사고를 당해 병원에 누워 생각한다. 조금만 늦게 또는 빠르게 그 사고 현장에 도착했더라면 사고를 면했을 거라는 생각이 든다. 왜 서둘러 길을 나섰던가? 왜 차 한 잔 하고 가라는 친구의 말을 듣지 않았던가? 식당에서 카운터 아가씨가 거스름돈만 빨리 내주었더라면… 도중에 신호를 정확히 지켜 단 일 초만 늦게 그 지점에 도착했더라면…. 이렇게 되돌아보면, 모든 일들이 '인과적으로 결정된 프로그램'에 따라 착착 진행되어, 두 대의 차가 바로 그 시각 그 장소에서 충돌하게 되어 있었던 것 같다.

이러한 생각은 특히 인간에 관한 과학적 연구가 급진전하면서 강화되고 있다. 일란성 쌍둥이 오스카와 잭은 유대계의 아버지와 독일계 어머니 사이에서 태어났다. 그들은 서인도제도의 트리니다

드에서 태어난 직후에 분리되어 살게 되었다. 어머니를 따라 독일로 간 오스카는 할머니 밑에서 가톨릭 신자와 나치 당원으로 키워졌다. 잭은 아버지에게 남아서 유대인으로 키워졌다. 그들은 47세가 되어서 처음으로 만나게 되었는데, 두 사람 모두 콧수염을 기르고 있었고, 금테 안경을 쓰고 있었다. 그들의 버릇과 기질도 비슷했다. 그들은 싸한 음식과 단 알코올음료를 좋아했고, 멍한 경향이 있었고, 변기를 사용하기 전에 물로 닦았으며, 커피와 함께 버터를 듬뿍 바른 빵을 좋아하였다. 오스카는 자기 부인에게 큰 소리를 지르는 경향이 있고, 잭 또한 부인과 이혼하기 전에는 그러하였다.[8]

결정론의 문제 사실 곰곰이 생각해 보면 모든 것이 결정되어 있는 듯싶다. 얼굴, 키, 시력, 피부색 등은 물론 지능과 성격도 유전자에 의해 결정된다고 한다. 내가 다니는 학교는 무엇보다도 나의 지능과 게으름을 피우는 나의 성격, 그리고 내가 선택하지 않은 환경 요인들이 작용하여 결정된다. 이처럼 앞으로 전개될 나의 인생행로 역시 나와 나의 환경을 이루고 있는 현재의 조건들에 의해 결정되는 것이 아닐까?

1950년대 초 미국에서 형무소를 들락거리던 자식들이 부모를 고발하는 사건이 벌어졌다. 마약 중독자, 살인범, 강간범, 유괴범 등의 '화려한' 역할을 하던 형제자매들이 어느 날 회합을 하였다. 그리고 왜 그들 모두가 범죄자가 되었는지를 분석해 보았다. 결론은 그들의 부모로부터 신경성 질환을 물려받았기 때문이라는 것이었다.[9] 유전자 결정론을 전제로 한 판단이었던 것이다.

자, 그럼 운명론이나 결정론은 옳은가? 다섯 가지 측면에서 생각해 볼 수 있다. 첫째, 이 견해들은 모두 세계를 설명하고자 하는 가설들일 뿐이다. 다시 말해서 이 견해들은 사실을 말하고 있는 것이 아니라, 사실의 세계를 설명하는 하나의 방식일 따름이다. 더구나 비본질주의나 탈근대주의 등의 경쟁 가설들이 있고, 물리적 결정론은 과학계 내부에서도 의심되고 있다. 그럼에도 불구하고 이 견해들을 사실로 여기는 것은 '가설과 사실을 혼동하는 오류'이다.

둘째, 이 견해들은 제한된 범위에서나마 인간이 자유의지를 가지고 행위한다는 경험적 사실과 배치된다. 경험적 사실을 이론으로 부정하는 것은 '가정망각의 오류'에 해당한다.

셋째, "내가 어찌 해볼 수 없는 나의 유전자와 나의 환경이 나의 운명을 결정한다."는 말의 의미를 정확하게 이해할 필요가 있다. 이 말은 "나의 운명은 아무리 해도 변경되지 않는다."는 것을 함의하지 않는다. 현대 의학은 난치병을 유전자 조작으로 치료하기에 이르렀다. 그리고 유전자를 변경시키지 않더라도, 나의 환경은 어느 정도 바꿀 수 있다. 내가 백만장자 집안의 장자가 되는 것을 선택할 수는 없지만, 어떤 친구를 사귀는가는 어느 정도 내가 선택할 수 있다. 나의 능력에 한계가 있다고 해도, 나의 환경이 나에게 유리하게 작용하도록 노력하는 것은 어느 정도 나의 몫이다. 쌍둥이 형제 오스카와 잭은 유전적으로 동일인이지만, 교육 환경의 차이 때문에 오스카는 나치 당원이 되었고 잭은 유대인이 되었다는 점을 유의할 필요가 있다. 더구나 내가 변경시킬 수 없는 환경도 제도로 바꿀 수 있다. 그리고 그 바뀐 환경 속에서 나는 전혀 다른 삶을 살 수 있는 것이다.

넷째, 설사 운명론을 받아들이더라도, 자유로운 판단으로 열심히 사는 삶의 태도를 바꿀 이유가 없다. 예를 들어 운명론은 우리가 '운명'을 극복하기 위해 노력할 경우 그 노력 자체도 운명에 의해 정해진 것이라고 말한다. 즉, 우리가 적극적으로 살든 소극적으로 살든 모두 운명의 장난이라는 것이다. 따라서 우리는 운명론의 주술에 신경 쓸 것 없이 적극적인 삶을 살면 된다. 그러면 운명론은 그렇게 사는 삶을 우리의 운명이라고 할 것이기 때문이다.

다섯째, 운명론을 받아들이지 않고 사는 것이 보다 합리적 선택이다. 운명론이 참이라고 믿으면, 체념하고 팔자타령하고 자신보다는 조상을 탓하는 등 소극적이고 무력하게 살게 마련이다. 반면에 운명론을 받아들이지 않으면, 스스로 운명을 개척하기 위해 최선을 다해 살 것이고, 이 경우 적어도 후회 없는 삶을 살았다고 할 수 있을 것이기 때문이다.

로마의 콜로세움에서 벌어지는 광란의 축제에 대하여 항의하는 한 사나이가 있었다. 철학자 세네카였다. 그는 그 구역질 날 것 같은 처참한 광경을 보고 도저히 참을 수가 없어서 황제가 있는 귀빈석에서 일어나 급히 집으로 돌아와 자기의 말을 서기에게 받아 적도록 하였다.

낮에는 우연히 경기장에 들렀다. 피비린내 나는 짐승끼리의 싸움 다음에 즐거운 것을 보여 주리라 생각하였다. 그런데 어떤가. 잔인한 살인이 행해진 것이다. 아무 방패도 없는 사람들끼리 칼싸움을 시켰다. 관중은 그것을 보고 기뻐하고 있다. 관중은 상대를 죽인 자를 찬양한다. 그러나 그는 다음에는 다른 상대에게 죽을지도 모른다. 항상 기다리고 있는 것은 죽음뿐이다. 도적이나 살인자에게도 정식으로 형을 내리는 방법이 있을 것이다. 그런데도 어째서 이런 구경을 하며 기뻐하고 있을까. 로마인들이여, 당신들은 이와 같은 악행을 하는 자에게 반드시 보복이 있다는 것을 모르는가.

그는 구술을 멈추고 생각에 잠긴다. 로마인에게 호소해서 무엇이 해결되겠는가? 짐승과 같은 그들에게 "적을 용서하라," "노예를 불쌍히 여겨라." 하고 설교한다 한들 잠꼬대에 지나지 않을 것이다. "어떻게 하면 좋을까? 이 세상을 개조하려 해도 헛수고일 것이다. 운명은 인간의 의지를 초월하고 있다. 아무리 빌어도 운명을 바꿀 수는 없다. 운명은 슬픔이나 애수 같은 것을 느끼지 않는다. 밤하늘의 별도, 지상의 인간도 그 운명에 따르고 자연의 법칙에 따르지 않으면 안 된다." 그러다가 세네카는 결국 다음과 같은 결론에 도달한다. "인간은 용기를 다하여 인간에게 부과된 운명을 의연하게 참고 견디어야 한다."[10]

세네카는 운명론적인 세계관을 가지고 있었다. 그래서 그는 자유로운 존재로서의 인간이 해야 할 일을 할 수 없었다. 그가 할 수 있는 것은 '순종'이었다. 네로 황제가 그에게 사약을 내렸을 때 그는 죽기 위해 얼마나 애써야 했던가.[11] 그는 '운명'에 순응함으로써, 자유로운 존재로서의 자긍심을 내동댕이쳤다. 그래서 우리는 '세네카'로부터 사람다운 삶을 살 수 있는 자유인의 에너지를 얻을 수 없는 것이다.

종교 운명론을 거부할 경우 어떻게 살아야 할까? 종교를 가지고 있을 경우 이 물음은 어렵지 않게 풀린다. 종교가 답해 주기 때문이다. 예컨대 테이야르 드 샤르뎅에 의하면 기독교 신자는 자신의 삶을 '위대한 힘'과 연결시키는 문제의식을 가지고 살 수 있다.

모든 피조물에서 시작하여 그리스도의 완성과 충만에 이르자면 그리스도가 인간의 협력을 불러 일으켜야 한다. 우리는 창조가 이미 오래 전에 완성된 것으로 생각할지 모른다. 그러나 이러한 생각은 매우 잘못이다. 창조는 지금도 더욱 거창하게 진행되고 있으며, 특히 지성계에 있어서 그러하다. 그러므로 우리는 비록 미약한 활동을 통해서나마 창조의 완성에 이바지하고 있다. 이렇게 될 때 비로소 인간의 활동은 의미와 가치가 있는 것이다. 물질, 영혼, 그리스도 간의 상호 관계 때문에 인간은 어떤 활동을 하든지 "신이 바라는 존재의 일부분"을 신에게 되돌려 주고 있다. 인간의 활동은 무엇이나—각각 분리된 것이지만—현실적으로 플레로마pleroma 건설에 이바지하고 있다. 즉 인간은 조금씩 조금씩 그리스도를 완성해 가고 있다는 말이다.[12]

문제투성이의 세계 속에서 사람은 어떻게 살아야 할까? 그러한 세상이 전혀 문제되지 않는다는 듯이 사는 사람들이 있을 것이다. 그런가 하면 있는 그대로의 세상은 견딜 수 없다고 생각하고, 그 세상을 '뒤집어엎어야' 한다는 문제의식을 가지고 혁명을 도모하는 사람들도 있을 것이다. 그럼 그리스도인은 어떻게 살아야 할까? 테이야르 드 샤르뎅에 의하면, 신은 불완전한 세계를 완전하게 만들고자 하는 창조 작업을 진행 중에 있으며, 그리스도인은 이 신의 창조 작업을 돕는 협력자이다. 그리스도인은 큰 자부심을 가지고 살 수 있을 것이다. 그들의 삶은 "그리스도를 완성해 가"고자 하는 일이기 때문이다.

사실 자신의 삶이 신의 협력자로서 세계를 완성하는 데 기여하는 방식으로 산다는 느낌은 대단할 것이다. 인간 세계뿐만 아니라 자연 세계에서 일어나는 일들 모두를 종교적 신념의 틀로 이해하고 살아가는 자세는 심오한 느낌을 준다. 그러나 문제는 종교적 신념이 참이라는 것을 어떻게 아는가 하는 것이다. 종교적 신념은 논리적 증명이 불가능한 형이상학적 신념이기 때문이다.

사실 신앙을 갖는다는 것은 비이성적 태도다. 믿을 만한 이유가 있어서가 아니라 믿을 만한 이유가 없음에도 불구하고 믿는 것이 신앙이기 때문이다. 그런데 파스칼은 이성적으로도 신앙 생활을 할 수 있다고 논변한다.

> '신이 있는가, 없는가'를 말해 보자. … 당신은 어느 쪽에 걸 생각인가? 이성으로서는 어느 쪽에도 걸 수 없다. … 그러나 도박을 전혀 안 할 수는 없다. … 신이 있다는 앞면을 취하여 손득을 계산해 보자. 두 가지 경우를 생각해 보자. 만일 당신이 이기게 된다면, 당신은 모든 것을 얻게 될 것이다. 진다고 해도 아무것도 잃지는 않는다. 주저 말고 신이 있다는 편에 걸어라.[13]

파스칼은 이성적으로는 신의 존재 여부를 판단할 수 없을지라도, 이성적 계산에 의해 신의 존재를 받아들일 수 있다고 말하고 있다.[14] 우리는 어떻든 신이 존재한다는 입장이나 존재하지 않는다는 입장 중 하나를 택해야 한다. 그런데 신이 존재한다는 입장을 취하고 성실하게 살 경우, 실제로 신이 존재하면 모든 것을 얻고, 신이 존재하지 않는다고 해도 잃을 게 없다. 그런데 신이 존재하지 않는다는 입장을 취하여 아무렇게나 살 경우, 실제로 신이 존재하면 모든 것을 잃고, 신이 존재하지 않는다고 해서 얻을 것도 없다. 따라서 신이 존재한다는 편에 걸어서 성실하게 사는 것이 합리적 선택이라는 것이다. 이 파스칼의 논증이 신앙을 갖는 데 얼마나 도움이 될지는 의문이다. 신앙은 이성적으로는 접근 불가능한 초월적 존재에게 무조건적으로 올인하는 태도이기 때문이다.

그러나 비록 종교적 신념이 비이성적이라고 해도 진정한 종교인은 이성적이어야 한다. 그래서 자신의 종교적 신념이 증명 불가능한 형이상학적 신념이라는 사실을 인정할 수 있어야 한다. 믿는다는 것이 어떤 것인지에 대한 깊은 성찰을 통하여 자신의 믿음도 의심의 여지가 있다는 사실에 마음을 열어야 한다. 그렇지 않으면, 신앙은 독단으로 전락하기 때문이다. 타 종교를 이단시하고, 계율을 문자적으로 받아들이고, 오로지 '흔들림 없는 확신'에 집착하는 독단적 태도는 어리석고 위험하다. 독단적 신앙은 강하면 강할수록 자신도 죽이고 사회도 파괴하는 독이 될 수 있다. 그래서 역설적으로 독단적 신앙보다는 어정쩡한 (그래서 비독단적인) 신앙이 세계의 평화를 위해서는 더 나을 수도 있는 것이다.[15]

과연 신앙으로부터 독단의 뇌관을 제거할 수 있을까? 어려울 것이다. 그러나 터놓고 생각해 보자. 신앙의 대상이 어떤 존재여야 하는가? 유대교의 하나님인가, 기독교가 말하는 하나님인가? 알라인가, 브라흐마인가, 부처인가? 남아공의 성공회 주교이자 행동주의자인 데스몬드 투투의 통찰에 귀 기울일 필요가 있다.

신은 분명 크리스천이 아니다. 그의 관심은 그의 자식들 모두를 위한 것이다. 유대인들의 이야기에 이런 것이 있다. 홍해에서 이집트인들이 수장水葬되는 사건이 있은 직후에 이스라엘 사람들은 축제를 벌이고 있었다. 그때 신이 그들에게 다가가 엄중히 물었다. "나의 자식들이 물에 빠져 죽었는데 어찌 너희들은 기뻐할 수 있는가?"…

신이 전적으로 기독교인들을 위한 존재라고 주장하는 것은 신을 지나치게 왜소하게 만드는 것이고 참다운 의미에서 신성모독이다. 신은 기독교보다 크고 기독교인들만이 아니라 보다 많은 사람들을 사랑하신다. 세계 무대에 기독교인들이 상당히 늦게 도착했다는 단순한 이유만 생각해 봐도 신은 그래야 한다. 신은 심지어 창조 이전부터 존재해 왔으며 그건 대단히 오랜 시간이다.[16]

신은 우주의 창조자로서 창조 이전부터 존재해 왔다. 그런데 종교들은 불과 몇 천 년 전에 생겨났다. 신은 기독교인도 아니고 무슬림도 아니다. 신은 특정 종교의 신도들만 아니라 종교나 종파를 초월하여 인류 전체를 위한 신이다. 이 점을 깨닫지 못한 독단적 신앙은 유치하고 어리석고 위험할 뿐이다.

종교는 궁극적으로 원초적 신을 지향해야 한다. 그래야 독단적 계율에서 자유로운 진짜 종교가 될 수 있다. 이 경우 신앙인의 삶은 비신앙인의 삶에 비해 바람직하다고 할 수 있을 것이다. 적어도 그들은 초월적 존재의 편에서 세상을 위해 중요한 일을 한다는 '의미의 충일감' 속에서 살 수 있고, 세속적 유혹, 회의주의, 허무주의에 굴하지 않는 '심리적 안정감' 속에서 삶의 애환을 잘 견디며 적극적이고 긍정적인 삶을 살 수 있을 것이기 때문이다.

행복 신앙인은 그렇다 치고, 비신앙인은 어떻게 살아야 할까? 카잔차키스의 소설 『그리스인 조르바』에서 조르바가 말한다.

하느님은 재미를 찾습니다. 살인도 하고 부정도 하고 성교도 하고 일도 하고, 불가능한 일을 하려고 드는 짓이 나와 똑 같습죠. 그는 제가 먹고 싶은 것을 먹으며 제가 고른 여자를 갖습니다. 만약 당신이 여과한 물처럼 신선하고 아름다운 여자가 곁을 지나는 것을 보았다면, 당신의 심장이 펄떡 뛸 겁니다. 갑자기 땅이 꺼지고 그녀는 사라집니다. 어디로 갔을까요? 누가 그녀를 잡아갔을까요? 만약 그 여자가 착한 여자였다면 그들은 이렇게 말할 것입니다. '악마가 여자를 업어갔어.' 하지만 주인님, 내가 일전에도 한 말을 또 되풀이하지만 하느님과 악마는 일심동체 같은 거라오![17]

"어떻게 살아야 하는가?"에 대한 조르바의 답은 "재미 보며 살아야 한다."이다. 그는 먹고 마시고 즐긴다. 그의 낙원은 "벽에 신나는 빛깔의 드레스가 걸린 향수 냄새가 나는 작은 방, 향료가 든 비누가 있고 스프링이 좋은 큰 침대가 있고 내 곁에는 여자라는 족속이 있는 바로 그곳"이다. 그는 '산다는 것'을 '말썽을 찾아 나서는 것'이라 여기고, 강도질과 살인을 하고, 거짓말도 하고, 숱한 여자와 자고, '십계명을 모조리 어기는 사람'이다.[18] 하나님도 재미를 찾는데, 사람이 십계명 때문에 재미를 보지 못해서야 되겠는가?

조르바의 견해는 일종의 쾌락주의이다. 쾌락주의는 "쾌락이 진정한 선善이요, 그 밖의 모든 것은 적어도 가치가 있다면 쾌락을 산출함에 있어서의 그 효용 때문에 가치가 있다."고 하는 입장을 말한다. 고대 철학자 에피쿠로스가 제창한 이래 오늘날까지 많은 추종자를 낳은 사상이다.

'쾌락주의'라는 말은 뭔가 은밀하고 부정한 일을 함축한다. 바이런은 「돈 후안」에서 "쾌락은 죄다. 그리고 때때로 죄는 쾌락이다."라고 노래하였다. 그러나 쾌락이 나쁜 것일까? 우선 우리는 쾌락을 탐닉하는 인간의 심성이 고통을 회피하고자 하는 심성과 함께 최고의 생존 기제라는 사실을 인정해야 한다. 인간이 가진 쾌락과 고통에 대한 느낌은 마치 자석처럼 삶을 일정한 방향으로 이끈다. 흄은 인간이 쾌락도 고통도 느낄 수 없다면, 어떤 일도 할 동기를 찾을 수 없었을 것이라고 말하고 있다. 그러나 흄은 더 분명하게 말할수도 있었을 것이다. 인간이 쾌락을 모르는 존재라면, 인간은 아마 오래 전에 멸종했을 것이라고. 무엇보다도 후손이 생겨나지 않았을 것이기 때문에 말이다.

따라서 우리는 일단 쾌락 자체가 나쁜 것이라는 생각을 접어둘 필요가 있다. 그러나 문제는 지금부터이다. 같은 값이면 즐겁게 사는 것이 좋지 않은가! 부평초 같은 인생, 무엇 때문에 이맛살을 찌푸리고 산다는 말인가? "노세 노세 젊어서 노세, 늙어지면 못 노나니!" 이렇게 살면 왜 안 되는가?

안 된다. 가끔 그렇게 살 수는 있어도, 항상 그렇게 살 수는 없다. 그렇게 살다간 쪽박을 차기 십상이고, 돈 걱정이 없다 할지라도 불원간 지루하고 시시해지게 마련이다. 더구나 그렇게 사는 동안 더 큰 진짜 재미를 놓치게 된다.

사실 '즐거운 인생'의 자세는 진정한 쾌락주의가 아니다. 인생살이의 모든 일이 덧없고 어리석고 헛되다고 거듭 외쳤던 솔로몬 왕이 젊은이들에게 권고하는 것을 놓고 생각해 보자.

너는 가서 기쁨으로 음식을 먹고 즐거운 마음으로 포도주를 마셔라. 하나님은 네가 하는 일을 이미 인정하셨다. 너는 항상 깨끗한 옷을 입고 머리를 단정하게 손질하여라. 이 세상에서 하나님이 너에게 주신 덧없는 삶을 사는 동안 너는 네가 사랑하는 아내와 인생을 즐겨라. 이것은 이 세상에서 네가 수고한 것에 대한 보상이다.[19]

여기서 솔로몬은 '이 세상에서 수고한 것에 대한 보상'으로서 "사랑하는 아내와 인생을 즐겨라."라고 권하고 있다. 쾌락은 무상으로가 아니라 수고의 대가로 주어지는 것이다. 따라서 수고하지도 않고 쾌락을 기대할 수는 없다. 적어도 솔로몬에 의하면, 수고하지 않고 얻는 쾌락은 떳떳하지 못한 것이 된다. (바로 이러한 종류의 쾌락으로 인하여 일반적으로 쾌락이 매도당한다고 볼 수 있다.)

그러나 조르바 식 쾌락주의에 답하기 위해 우리는 솔로몬의 견해를 좀 더 음미해 볼 필요가 있다. 우리는 아무리 힘이 들어도 원하는 것을 성취하면 기쁨을 얻는다. 이러한 생각은 다음과 같은 에피쿠로스의 행복 공식에 잘 표현되고 있다.

$$\text{행복} = \frac{\text{성취}}{\text{소망}}$$

이 공식에 의하면 행복은 소망의 성취를 통해서 얻어진다. 다시 말해서 행복은 소망을 성취하기 위한 수고의 부산물인 것이다.

이 공식을 놓고 우리는 세 가지 점을 생각해 볼 수 있다. 첫째, 육체적 쾌락은 이 공식을 통해서 얻는 행복과는 다르다. 육체적 쾌락은 일을 통해서 얻는 것이 아니라, 쾌감을 일으키는 말초신경을 자극함으로써 발생하는 것이기 때문이다. 이러한 육체적 쾌락은 원초적이다. 그래서 이를 죄악시하거나 부끄러워할 일은 아니다. 그러나 동시에 이를 특별히 자랑할 것도 못된다. 육체적 쾌락은 동물적인 것으로서, 인간 아닌 다른 동물도 다 누릴 수 있는 것이기 때문이다. 조르바 식 즐거운 인생도 마찬가지이다. 소망을 성취하기 위해서는 힘들게 일해야 하고 고통스러운 일도 감당해야 한다. 그런데 이러한 수고와 고통 없이 즐기려고만 하는 것은 성취를 통한 진정한 행복을 놓치는 어리석음이다.

둘째, 이 공식을 이용하여 행복 지수를 높일 수 있는 두 가지 길이 있다는 것을 알 수 있다. 분자를 높이든지 분모를 낮추면 된다. 즉, 일단 어떤 소망을 가지면 열심히 일하여 성취해야 한다. 또는 성취를 높일 자신이 없을 경우 소망을 줄이면 된다.[20] 에피쿠로스 자신은 제자들에게 후자의 방법을 권했다. 사회적 여건이 많은 소망을 성취하기에는 너무 열악했기 때문이기도 하였지만, 끝없이 솟아나는 소망을 다 채우는 것이 원칙적으로 불가능하기 때문이었다.

마지막으로 이 공식을 통해서 생각해 볼 수 있는 것은 '세네카의 퍼즐'이라고 할 수 있는 쾌락(행복)의 중립성이다.

쾌락이라는 것은 악에 있어서나 선에 있어서 간에 똑같이 존재하며, 또 명예 있는 사람들이 그 뛰어난 행위를 즐거워하는 것 못지않게, 비천한 사람들이 그 부끄러운 행동을 기뻐하는 것은 도대체 어떠한 까닭에서 오는 것일까?[21]

히틀러는 유대인을 학살하면서 즐거움을 얻고, 쉰들러는 유대인을 구하면서 즐거움을 얻는다. 원수에게 위해를 가함으로써 행복해 하는 사람이 있는가 하면, 원수를 오히려 사랑함으로써 행복해 하는 사람도 있다. 사소한 꿈을 이룸으로써 행복해 할 수도 있고, 위대한 꿈을 성취시킴으로써 행복해 할 수도 있는 것이다.

쾌락의 중립성은 쾌락이나 행복 자체를 궁극적 목적으로 여기는 어떤 견해도 경솔하다는 것을 알게 해준다. 쾌락 자체는 선하거나 악한 것이 아니다. 따라서 인생을 즐기는 것이 중요한 것이 아니라, 무엇을 하며 즐기는가가 중요하다는 것을 알 수 있다. 어떤 일을 함으로써 행복하고자 하는가가 중요한 것이다.

돈돈돈 모 텔레비전 방송의 인기 프로 중에 '고향에서 온 편지'가 있다. 할머니 할아버지들이 도시에 나간 자식들에게 안부를 전하는데, 흔히 "돈 많이 벌어라."라는 당부를 한다. "돈이 최고여!"라는 '지혜'를 전하기도 한다. 일반적으로 우리는 가능한 한 많은 돈을 벌어야 한다고 생각한다. 돈이 없으면 고통스럽고, 돈이 있으면 행복하기 때문이다.

19세기 후반 미국에서 가장 재산이 많은 여성이었던 헤티 그린은 참으로 기이한 인생을 살았다. 그녀는 서른의 나이에 아버지로부터 100만 달러를 유산으로 상속받아 그것을 주식에 투자해 나중에는 거의 1억 달러에 이르는 재산을 모았다. 그러나 그 많은 재산을 놔두고도 그녀는 걸인처럼 살았다.

그녀는 사무실 임대료를 아끼려고 돈을 맡긴 은행 한 구석에 책상을 빌려 사무를 보았고, 음식은 늘 주머니에 넣고 나온 먼지 묻은

햄 샌드위치로 때웠다. 의복은 단 한 가지 검은색 드레스였고, 그것도 비누 값을 아끼려 땅에 닿는 부분만 세탁을 했다. 심지어는 아들 니드가 무릎을 다쳤을 때에도 돈을 아끼기 위해 일반 병원이 아닌 자선 병원에 데리고 갈 정도였다. 물론 병원에서는 백만장자인 그녀를 알아보고 무료 치료를 거절했다. 그래서 그녀는 아들을 집에서 직접 치료했고, 결국 그 후유증으로 2년 뒤 아들의 한쪽 다리를 잘라야만 했다.

그녀에겐 죽음도 돈이 원인이 되어 찾아왔다. 81세가 되던 해인 1916년, 그녀는 사소한 우윳값 때문에 심한 말다툼을 벌이다가 뇌졸중으로 쓰러져서 얼마 뒤에 죽고 말았다. 그녀는 한 푼의 재산도 사회에 내어놓지 않았다. 그럼 그녀의 재산은 어떻게 되었는가? 얼마 가지 않아 아들 니드가 요트, 보석, 파티 등 사치스런 생활로 모두 탕진해 버렸다.

헤티 그린이 가진 돈은 은행 이자만으로도 하루에 1만 4천 달러 정도를 쓸 수 있는 것이었다. 그녀는 그 돈으로 많은 사람을 행복하게 해 주는 기쁨을 누릴 수 있었다. 만일 그녀가 매일 1만 달러를 사회의 그늘진 곳을 위해 썼더라면 그녀는 당대에도 존경을 받았겠지만 역사 속에서 전설적인 인물로 길이 기억될 수 있었을 것이다. 그러나 그녀는 그 돈을 전혀 쓰지 않았다. 그녀는 마치 그 돈이 존재하지 않는 것처럼 살았다. 그녀는 자신을 위해서도 사회를 위해서도 돈을 쓰지 않았다. 왜 그랬을까? 그녀는 무엇 때문에 돈을 모았고 무엇 때문에 그 돈을 움켜쥐고 있었을까? 만일 그녀가 바보가 아니었다면, 그녀는 돈을 모으는 것 자체만을 지고의 목적으로 여기는 삶을 살았다고밖에 말할 수 없을 것 같다.

조지 오웰은 자신의 소설 『엽란 키우기』에서 주인공의 입을 빌려 배금주의 풍조를 날카롭게 풍자하고 있다.

내가 사람의 방언을 하고 천사의 말을 한다고 해도, 돈이 없으면 울리는 징이나 요란한 꽹과리와 다를 바 없다. 내가 하느님의 말씀을 받아 전할 수 있다 해도, 또 온갖 신비를 환히 꿰뚫어보고 모든 지식을 가졌다 해도, 돈이 없으면 아무것도 아니다. … 그러므로 믿음과 소망과 돈 이 세 가지는 항상 있어야 하는데, 그 가운데 가장 위대한 것은 돈이다.

사실 오웰의 풍자는 진실을 담고 있다. 실제로 돈이 없으면 아무것도 할 수 없기 때문이다. 그러나 이 사실로부터 "따라서 사람은 모름지기 돈을 모으기 위해 살아야 한다."는 결론이 나오는 것은 아니다. 그럼에도 불구하고 현대인은 마치 돈을 버는 것이 삶의 목표나 되는 것처럼 살고 있고, 오웰은 바로 이 어리석음을 지적하고 있는 것이다. 헤티 그린은 어리석게 살았다. 그러나 그녀의 어리석음은 그녀만의 것이 아니다. 우리도 상당 부분 오웰의 풍자로부터 자유로울 수 없기 때문이다. 돈을 모으는 일 자체가 잘못은 아니다. 그러나 돈을 모으는 것도 행복하고 의미 있는 삶을 살기 위한 수단이어야 하는 것이다.

자아실현과 꿈 자, 그렇다면 어떤 일을 함으로써 행복하고 의미 있는 삶을 살 수 있을까? 개인적 차원에서 생각해 볼 때 이 물음에 대한 답은 간단하다. 자아실현을 하면 된다. 즉, 자신의 꿈을 이루어 가는 삶을 살면 되는 것이다. 자식을 일류 대학에 합격시키는 것이 꿈일 수 있다. 셋방살이를 면하고 국민주택 20평짜리를 내 집으로 마련하는 것이 꿈일 수도 있다. 배가 터져 죽어도 좋으니 고깃국에 쌀밥을 마음껏 먹는 것이 소원인 사람들도 많다. 그런가 하면 제법 큰 꿈을 꾸기도 한다. 그래서 대기업의 CEO가 되기도 하고, 의사가 되고, 법조인이 되고, 국회의원이 되고, 교수가 되고, 장군이 될 수 있다. 이른바 성공적인 삶이다.

키르케고르의 말처럼, 꿈이 없는 절망은 죽음에 이르는 병이다. 꿈은 그렇게 중요한 것이다. 이러한 생각을 임어당은 그의 『생활의 발견』에서 다음과 같은 재미있는 등식으로 말해 주고 있다.

현실 – 꿈 = 동물

현실 + 꿈 = 이상주의

현실 + 유머 = 현실주의(보수주의)

꿈 + 유머 = 환상

꿈 - 유머 = 광신

현실 + 꿈 + 유머 = 지혜

이 등식들은 꿈의 중요성을 잘 말해 주고 있다. 꿈이 없고 현실만 있는 삶은 동물적 삶이다. 현실 속에서 꿈같은 삶을 살고자 하는 사람은 이상주의자이다. 현실을 유쾌하게 사는 사람은 현실주의자이다. 꿈만 가지고 유쾌하게 사는 삶은 환상이다. 정색하고 꿈만 꾸면 광신이다. 열악한 현실 속에서도 즐거운 마음으로 꿈을 실현해 가는 삶은 지혜로운 삶이다.

그러나 문제는 무슨 꿈을 꾸는가에 있다. 수많은 사람들이 감옥에 갇혀 있다.[22] 그 중에는 억울한 사람도 있을 것이고, 감옥이 아니라 정신병원에 수용되어야 할 사람도 있을 것이다. 그런데 감옥에 갇히는 것이 꿈인 사람이 있을까? 그런 꿈을 가진 사람은 없을 것 같다. 그러나 있다.

이혼에 관한 상담을 하러 찾아온 어떤 수감자가 있었는데, 그는 비정상적인 범죄 기록을 갖고 있었다. 30대의 나이에 그는 어떤 남자를 도와 여러 곳에서 차를 훔쳐 타고 무장 강도짓을 했는데 훔친 돈의 절반을 받기를 거절했다. 그는 부인에게 자신의 범죄 사실과 자수 의사를 밝히면서 무척 흥분된 상태로 집을 나왔다. 그는 경찰서로 가서 자백하고 자신의 유죄를 주장했다. 그는 죄가 인정되어 15년형을 선

고받았다. 그는 나에게 자신의 아내가 재혼할 수 있도록 이혼하기를 원한다고 말했다.[23]

상담자는 이 수감자가 왜 그런 비정상적인 범죄를 저질렀는지 이해할 수 없었다. 수감자 자신도 자기가 왜 그렇게 행동했는지를 알지 못했다. 그래서 상담자는 수감자의 동의를 얻어 최면을 걸었다. 최면 상태에서 수감자는 "나는 감옥에 갇히는 것을 원하였다." 고 말하였다.

이 예는 극단적인 것이다. 그러나 상식적으로는 도저히 이해가 안 되는 꿈도 많이 있다는 사실은 분명하다. 따라서 우리는 자아실현을 위해서 꿈을 가져야 하지만, 어떤 꿈을 갖는가가 더욱 중요하다는 것을 알 수 있다.

좋은 문제의식 어떤 꿈이 좋은 꿈인가? 한 마디로 답하기는 어렵다. 그러나 분명한 것은 좋은 꿈은 좋은 문제의식에 뿌리를 내리고 있다는 사실이다. 좋은 문제의식이 없이 좋은 꿈을 가지기는 어렵다. 따라서 우리는 "제발 나의 소원이 성취되기를!" 하고 비는 대신, "제발 나의 문제가 좋은 문제이기를!" 하고 빌 필요가 있다. 좋은 문제는 훌륭한 삶의 씨앗이기 때문이다. '위대한 사람'이란 누군가? 그는 다름 아닌 '위대한 문제의식을 가진 사람'이다.

베토벤은 운명의 신으로부터 결코 총애만 받은 것은 아니었다.

작곡가로서 한참 뻗어 가야 할 서른의 나이에 청각 장애라는 시련이 찾아왔기 때문이다. 음악에 뜻을 둔 그에게 청각 장애는 사형선고나 다름없는 것이었다. 그래서 그는 한때 자살을 결심하기까지 했다. 그러나 그는 불같은 창작의 열정으로 그 모든 시련을 견뎌내었다. 그는 말년에 이렇게 회고하고 있다. "잘못하였으면 난 내 목숨을 끊을 뻔하였다. 나를 지탱한 것은 오로지 예술이었다. 난 내가 작곡하도록 운명 지어진 그 곡들을 다 써 놓기까지 이 세상을 떠날 수가 없을 것처럼 느꼈고, 그 때문에 이 비참한 삶을 견뎌 온 것이다." 그는 그의 영혼을 사로잡고 있는 선율을 토해 놓아야 한다는 문제의식을 가지고 있었던 것이다.

로마 교황 같은 사람은 왜 사제가 되었는가? 요한 바오로 2세는 9살에 어머니를 잃고 21살에 아버지를 잃는다. 그리고 하나밖에 없는 형이 성홍열로 숨지는 것을 지켜봐야 했다. 그래서 그는 생명의 존엄성과 가족의 중요성에 대한 문제의식을 갖게 되었다. 나아가 그는 아우슈비츠와 카틴 대학살 및 '공산주의'라는 이름의 전체주의 체제로 이어지는 20세기 폴란드의 현대사를 경험하면서, 새로운 문제의식에 눈을 뜨게 된다. 한때 유망한 연극배우였던 그는 나치 점령기에 "모든 형태의 전체주의에 반대하고 인권과 인간의 존엄성을 지키기 위한 투쟁에 헌신하라."라는 소명을 받고 사제의 길에 들어선 것이다.[24]

성聖 테레사는 "사랑의 결핍은 하나의 커다란 죄악이다. 온갖 착

취와 부정부패도 사회를 어둡게 하는 요인이다. 가난과 질병으로 위협당하며 길가에 쓰러져 있는 버림받은 이웃에 대해 외면하는 것도 '무관심'이라는 커다란 죄악이다."라는 문제의식을 가지고 있었다. 그래서 그녀는 예수의 협력자로서의 삶이 최선이라는 판단을 하였다. 단순히 봉사자나 사회 사업가가 아니라, '하나님을 위하여 아름다운 행위를 실천하는 꿈'을 가지고, "누구든지 내 이름으로 이 미소한 자 중의 하나를 대접함이 곧 나를 대접하는 것이다."라는 예수의 말씀에 따라, 1952년 '영생의 집'을 열어, 길가에 버려져 죽어가는 사람들, 심지어 길가에 쓰러져 쥐와 개들에게 반쯤 뜯어 먹힌 자들을 보살피고, 뼈만 앙상하게 남은 노인들을 쓰다듬어 주고 문드러진 상처투성이의 나환자와 쓰레기통에 버려진 아기를 보살피는 활동을 하였던 것이다.

스필버그 감독의 흑백영화 「쉰들러 리스트」가 주는 감동은 특별하다. 쉰들러는 히틀러의 명에 따라 아우슈비츠로 끌려가 죽을 운명에 처한 수많은 유대인들의 목숨을 전 재산을 털어 구출한다. 그는 마더 테레사처럼 신앙을 가진 사람도 아니었고, 히틀러의 정치 노선에 맞서 투쟁하는 레지스탕스도 아니었다. 그는 전쟁의 한 복판에서도 아무 거리낌 없이 여자와 놀아나고, 오히려 전쟁의 소용돌이 속에서 한 밑천 잡고자 전선에 뛰어든 사업가에 불과하였다. 그러나 그의 내면 깊숙이 감추어져 있던 영혼은 죽음의 열차에 실려 가는 유대인들을 외면할 수 없다는 문제의식을 가지고 있었던 것이다.

철학자 비트겐슈타인은 제1차 세계대전에서 귀향했을 때 벼락부자가 되어 있었다. 전쟁 중 사망한 아버지로부터 엄청난 유산이 상속되었던 것이다. 뿐만 아니라 전쟁 중 참호 속에서 쓴 『논리·철학 논고』라는 책이 당시 철학계를 강타한 논리실증주의 운동의 '바이블'로 사용될 정도였기 때문에 원하기만 하면 영국 케임브리지 대학의 교수가 되는 길까지 열려 있었다. 그러나 그는 전 재산을 가족과 친지들에게 나누어 주었다. 브람스, 말러, 바그너 같은 음악가들, 시인 릴케, 작가이자 철학자인 달라고, 작가 하퍼 등 수많은 문인들과 예술가들이 그의 신세를 졌다고 한다. 그리고 그는 대학교수가 되는 길을 가지 않고 초등학교 교사가 되는 길을 택한다. 소위 '정상적인' 사람들의 기준에 의하면 정신 나간 사람이 아닐 수 없다.

왜 그랬을까? 그에게 재산을 보유하는 것은 "평원에서 살기 위해 산에 오르는 것을 포기하는 일"이었다. 재산이 주는 안락함과 안전함 속에서 폭풍을 피하는 것은 그가 전쟁 중 죽음의 위험을 무릅쓰고 얻은 모든 것을 희생시키는 결과를 빚을 것으로 생각하였던 것이다.[25] 그의 문제의식은 '진리'에 있었으며, 그 외에 어떤 것도 그의 관심을 끌지 못했다. "세계 속에 가치는 없다."는 자신의 말을 입증할 마음이라도 먹은 듯이, 그는 결혼도 하지 않았으며 어떤 가난뱅이보다도 가난하게 살았다.

도스토옙스키는 27세이던 1849년 4월 23일 혁명적 사상을 품은 어떤 비밀 단체의 조직원들과 함께 체포되었다. 그는 공산주의의 평등사상이나 테러 행위를 지지하지는 않았지만 농노제도에 강한 불만을 가지고 있어서 그 단체에 가입했었다. 그리고 감옥 생활 8개월째이던 12월 22일, 그를 포함한 죄수들은 세미오노프스키 광장으로 끌려갔다. 광장은 사형 집행 준비가 완료되어 있었다. 총격수들이 도열해 있는 앞에서, 사형 집행을 위한 마지막 의식이 진행되고 있었다. 그런데 지휘관의 사격 명령이 막 떨어지려는 순간 전령이 도착하여 황제의 사면 소식을 전하였다.

이 소동은 죄인들을 단단히 혼내 주기 위해 연출된 촌극이었다. 물론 연출가가 의도한 이상으로 이 연극의 효과는 대단했다. 한 사람은 현장에서 정신이상자가 되었고, 다른 사람은 『죄와 벌』의 작가가 되었던 것이다.

후일 도스토옙스키는 그의 작품들을 통해서 그 때의 끔찍했던 경험을 토로하고 있다. 사형 집행을 기다리는 몇 분 동안 도스토옙스키는 정말 죽는 것으로 생각했다. 짧은 생애였지만, 살아 온 날들이 빠른 속도로 눈앞을 스쳐 지나갔다. 그리고 그는 삶에 관한 많은 통찰에 이를 수 있었다. 그는 삶이 더할 수 없는 선물임을 깨달았다. 당시 지식인 사회를 지배하던 결정론적이고 유물론적인 사상과는 대조적으로, 자유, 성실성, 그리고 개인의 책임이 중요하다는 것을 확신하였다. 이러한 통찰과 확신은 그의 세계관과 가치관의 틀을 이루었고, 그래서 평생 이러한 문제의식을 바탕으로 집필 활동을 하였던 것이다.

존재 각성의 삶 그럼 어떻게 해야 좋은 문제의식을 가질 수 있을까? 우리는 이미 그 답을 알고 있다. 제1장에서 도달한 결론을 상기해 보자. 존재 각성, 바로 이것이다. 존재 각성은 어떤 형이상학도 전제하지 않은 상태에서 오직 철학적 성찰만을 통해 도달하는 깨달음의 경지이다. 아무것도 전제되지 않은 지점에서 생각한다. 왜 무엇이 존재하는가? 이 모든 것의 존재 의미는 무엇인가? 삶이 이렇게 밑도 끝도 없는 것일 수는 없지 않은가!? 형이상학적 가상假象이 아닌 무엇이 우리의 삶을 힘차게 추동시킬 수 있는가? 고요한 마음으로 밤하늘의 별들 사이를 아득히 소요한다. 그리고 논리 이전의 원초적 사실들을 발견하게 된다. 존재는 신비롭고, 삶은 더 없이 소중하며, 인간은 누구나 존엄한 존재라는 사실을 깨닫는 것이다.

　존재 각성을 하게 되면, 존재 각성에 걸맞은 삶을 살고자 하는 문제의식이 생긴다. 존재 각성에 걸맞지 않은 삶을 승인할 수 없게 된다. 존재 각성에 걸맞지 않은 삶은 자아의 정체성을 훼손하기 때문이다. 한없이 신비롭고 소중한 존재인 내가 먹는 것으로 비료를 만드는 일에 일생을 바칠 수는 없지 않은가!? 삶이 우연한 역사의 격랑에 속절없이 떠내려가게 내버려 둘 수는 없다. 이렇게 생각하며 그는 자신이 승인할 수 있는 삶을 모색한다.

존재 각성은 삶을 신비로운 광체로 재조명한다. 인간은 무엇을 위하여 사는가? 무엇을 해도 좋다. 자신이 귀한 존재인데, 귀한 뜻을 품지 않을 수 있겠는가? 도시의 부속품으로 판에 박힌 일에 종사할지라도, 비록 그가 하는 일이 먹고 살기 위해서 어쩔 수 없이 해야 하는 일이라 해도, 그 일은 신비로운 광체를 띤다. 존재 각성을 한 사람은 도둑질을 하더라도 의적이 된다. 어시장에서 생선을 팔지라도, 번 돈을 가난한 사람들에게 희사한다. 마치 앞선 실착을 승착이 되게 하는 바둑의 고수처럼, 존재 각성을 한 사람은 신고간난 辛苦艱難의 세월마저도 생명으로 넘치게 한다.

존재를 망각한 사람, 즉 존재의 신비에 눈 뜨지도 못하고 인간의 존엄성과 삶의 소중함도 깨닫지 못한 존재 망각인에게 세상은 마침표 또는 기정사실이며, 심지어 감탄부호이다. 그러나 존재 각성인에게 세상은 커다란 의문부호이다. 전자에게 세상은 '이게 다'인 반면, 후자에게 세상은 '이게 다일 수 없다'이다. 그는 세상 사람들이 추구하는 목적들에 공감할 수 없고, 그들과 함께 무대내적 의미와 가치로 일희일비 할 수 없다.

존재 각성인의 문제의식은 '어떻게 하면 존재의 신비가 가리키는 더 높고 고귀한 존재 차원으로 상승할 수 있는가'이다. 즉, 그는 벌써 높고 고귀한 존재에 대한 관념을 가지게 되었으며, 그 존재를 자신의 삶의 기반으로 받아들이기를 원한다. "고독으로, 가난으로 소화불량으로, 불면으로, 구토로, 막걸리로, 해학으로, 유머로, 영원에의 향수鄕愁로, 당대에 대한 연민으로, 광기 넘치는 상상력으로 ··· 인류 보편적인 오래된 물음들"과 맞선다.[26] 그래서 감동을 창출하는 삶을 산다. 아니 그 자체로 감동인 삶을 산다.

인류인, 인류 연대 진나라의 제31대 왕이며, 중국 최초의 황제였던 시황제는 불로장생하기를 원한 왕으로 유명하다. 그러나 그의 소망은 이루어질 수 없었다. 우선 불로장생약을 구할 수 없었고, 더구나 분서갱유焚書坑儒 사건을 저지르는 우愚를 범했기 때문이다. 그는 역사와 의술, 농경 등에 관한 책 이외의 모든 책들을 태워 버리고 학자들을 탄압하였다. "가장 유서 깊은 민족이 신화건 사실이건, 자신의 과거 기억을 저버리려는 기도企圖는 그냥 지나쳐 버릴 만한 것이 아니다."[27]

어느 날 잿빛 복장의 사나이가 모차르트를 찾아와 진혼곡鎭魂曲을 작곡해 달라고 의뢰했다.[28] 병들어 쇠약할 대로 쇠약해진 상태여서, 자신의 죽음을 예견하게 하는 곡의 의뢰였지만, 궁핍한 살림에 거절할 수 없었다. 그래서 그 유명한 「레퀴엠Requiem」[29]이 작곡되게 된다.

그런데 이 곡은 사실 미완의 작품이었다. 모차르트가 완성한 부분은 도입부와 키리에 등에 그쳤고, 많은 부분이 부분적으로, 특히 라크리모사는 여덟째 마디까지만 작곡되어 있었다. 다행히 임종 몇 시간 전에 모차르트는 제자 쥐스마이어에게 나머지 부분에 대한 스케치를 알려주었고, 쥐스마이어는 그것에 근거하며 뒤쪽의 절반을 완성시킬 수 있었다. 그러나 이 곡은 지금도 현대 작곡가들에 의해 계속 수정·보완되고 있다. 그래서 다양한 보완 판본이 있는 것이다.

모차르트는 35세라는 짧은 인생을 마감하고 성 마르크스 공동묘지에 다른 시신들과 함께 매장되었다. 그러나 그는 지금도 살아 있다. 그의 영혼의 소리인 「레퀴엠」을 비롯한 불멸의 곡들이 인류의 가슴속에 울려 퍼지고 있는 것이다.

모차르트처럼 죽어도 죽지 않는 사람들이 있다. 존재 각성에 걸맞은 삶을 산 사람들이 그들이다. 예수, 석가, 공자, 맹자, 소크라테스, 아리스토텔레스, 아퀴나스, 에라스뮈스, 루터, 데카르트, 흄, 칸트, 윌리엄 제임스, 비트겐슈타인, 유클리드, 구텐베르크, 코페르니쿠스, 뉴턴, 에디슨, 아인슈타인, 다윈, 멘델, 테이야르 드 샤르뎅, 성 테레사, 간디, 워싱턴, 링컨, 괴테, 셰익스피어, 릴케, 헤세, 체호프, 톨스토이, 도스토옙스키, 타고르, 생텍쥐페리, 소로, 바흐, 베토벤, 미켈란젤로, 피카소, 샤갈…. 그들은 인류의 오래된 문제의식과 꿈을 공유한 삶, 개인이 아닌 인류의 삶을 산 인류인人類人들인 것이다.

그들은 존재와 삶의 문제들에 답해 주는 영원불변의 진리, 또는 인류가 영원히 물어야 하고 또 물어 온, 아주 오래된 물음들을 묻고, 그에 대한 답을 그리워함으로써, 존재의 신비와 삶의 소중함에 걸맞은 삶을 추구한다. 그들은 삶과 죽음, 시간과 공간을 넘어서서 물음을 나누고, 답을 나누고, 새로운 시도에 함께 가슴 조이고, 패배와 고독과 고뇌와 슬픔까지 나눈다. 그들의 가슴은 그곳을 향해 뛴다. 그곳, 그러니까 그들 연대가 함께 돌아가야 할 고향, 감동의 산맥이 달리고 또 달려 도달하고야 말 존재의 근원.

'세계'라는 삶의 공간은 자연과 인간의 합작품이다. 자연은 가능성의 보고寶庫를 제공했고, 인간은 그 보고에서 꿈을 캐내었다. 수많은 인류의 조상들이 시행착오를 거듭하였다. 그리고 그 꿈과 땀의 결실이 '문화文化'라는 이름으로 역사의 지평을 가로질러 오늘의 우리에게 주어져 있으며, 우리는 그걸 '공짜'로 즐기고 있는 것이다.

그런데 우리는 누구나 존엄한 인간으로서의 자긍심을 가진 이성적 존재이다. 따라서 우리는 거창한 형이상학적 입장을 취하지 않더라도, 적어도 우리로 인하여 병들어 있는 우리 자신의 존재 기반, 즉 자연과 사회에 대하여 최소한의 소박한 문제의식을 갖는 데 인색할 수 없을 것이다. 그래서 역설적이지만, 존재 각성인은 비록 신의 존재를 받아들이지 않더라도, 마치 신이 존재하는 것처럼 사는 사람인 것이다.

천상병은 존재 각성을 한 사람이었다. 그래서 그는 가난하고 고통스러운 삶을 살면서도 삶을 아름답게 보고 시를 쓸 수 있었다. 비트겐슈타인 역시 존재 각성을 한 사람이었다. 그래서 그는 부유하고 명예로운 삶을 마다하고 깡마른 몸뚱이에서 마지막 체액 한 방울까지 짜내듯 처절한 구도자의 삶을 살았던 것이다.

어떻게 살아야 하는가? 이제 답해 보자. 존재 각성을 하였는가? 그럼 어떻게 살아도 좋다. 하고 싶은 어떤 일을 해도 좋다. 존재 각성을 못했는가? 그럼 한 트럭의 진주로 도로포장을 하게 될 것이다. 보도寶刀로 장작을 패게 될 것이다.

3

자아의
나무

**자아의
나무**

미국 서부의 사막지대를 달리다 보면 가끔 기이한 장면을 만난다. 회갈색의 황량한 벌판과 언덕들 너머 저만큼에 산들이 웅크리고 있다. 나무 한 그루 없이 회색의 사막성 잡초들로 덮여 있는 민둥산들이다. 그런데 가끔 산 정상 부근에 진한 초록색 크레파스로 꾹꾹 눌러 그려 놓은 듯한 나무가 서 있음을 발견할 수 있다. 그것은 아무리 보아도 범주 오류만 같다는 느낌을 준다.

어떻게 그런 일이 있을 수 있을까? 어떻게 저 나무는 산 정상에서 저토록 푸르게 살 수 있을까? 한 그루의 큰 참나무는 한 해의 성장철에 2만 8천 갤런의 물을 필요로 한다. 그런데 겨울철 일 주일간의 우기 외에는 전혀 비가 오지 않는 메마른 땅, 그것도 저 높은 산 위에서 어떻게 저 나무가 살아 있을 수 있을까?

그 나무는 그 자체로 감동이다. 보는 것만으로 풍요로워진다. 그리고 '나'라는 자아의 나무를 떠올린다.

자아의 정원사 생텍쥐페리는 그의 소설 『인간의 대지』를 다음과 같은 말로 맺는다.

　나는 어떤 부부의 맞은편에 앉았다. 남자와 여자 사이에 어린애가 그럭저럭 오목한 자리를 하나 만들어서 자고 있었다. 그러나 자다가 몸을 돌리는 바람에 그의 얼굴이 철야등 밑의 내 눈앞에 드러났다. 아! 얼마나 귀여운 얼굴이냐! 그 부부에게서 일종의 황금 과실이 열린 것이었다. 그 둔중한 옷 속에서 아담하고 매력 있는 결과가 나온 것이다. 나는 그 반들반들한 이마와 귀엽게 쑥 내민 입술을 바싹 들여다보며 생각했다. 이것은 음악가의 얼굴이다. 어린 모차르트다. 이것은 생명의 아름다운 약속이다. 동화에 나오는 어린 왕자들도 그와 다를 바 없었던 것이다. 보호해 주고 위해 주고 발전시켜 주면 이 애도 무엇인들 되지 않겠는가! 돌연변이로 정원에 새 품종의 장미가 나면 모든 정원사들이 감격하지 않는가? 장미를 따로 옮겨 심어서 가꾸어 주고 우대해 주고 한다. 그러나 사람들을 위해서는 그런 정원사가 없다. 어린 모차르트도 다른 어린이들과 마찬가지로 판 찍는 기계에 찍히고 말 것이다. 모차르트는 야비한 음악의 악취 속에서 썩은 음악을 가지고 자기의 최고의 기쁨을 삼을 것이다. 모차르트는 소용이 없게 되고 말았다. … 여기서 상처를 입은 피해자는 개인이 아니고 인류라고나 할 그 무엇이다. … 지금 나를 괴롭히는 것은 정원사의 관점이다. 나를 괴롭히는 것은 결코 이 비참이 아니다. 비참 속에서라면 인간은, 나태 속에서 그러듯이, 그 속에 안주해 버릴 수도 있다. … 다만 그 한 사람 한 사람 안에서 모차르트가 살해당했다는 사실이 나를 약간 괴롭히는 것이다.

오직 '정신'만이 홀로 진흙 위를 불면 '인간'을 창조하는 것이다.[1]

생텍쥐페리는 모차르트가 될 수도 있는 어린 아이가 '판 찍는 기계'에 찍혀 살해당하고, 그로 인해 인류가 피해자가 되는 상황을 안타까워하고 있다. 그리고 오직 어린 아이를 모차르트로 만들고자 하는 정원사의 "'정신'만이 홀로 진흙 위를 불면 '인간'을 창조하는 것이다."라고 호소하고 있다.

과연 그렇다. 교육은 그만큼 중요한 것이다. 그러나 교육의 주체에 대한 생텍쥐페리의 생각이 옳은지는 짚어 볼 필요가 있다. 그는 정원사가 장미를 가꾸듯 어린 아이도 정원사가 가꾸어 주어야 하는 것으로 생각하고 있다. 그리고 이러한 생각이 보편적인 교육관일 것이다. 학생들은 교육의 객체요 수요자인 것이다.

학생들이 교육자가 아닌 것은 분명하다. 그러나 학생들이 일방적인 교육의 수혜자라는 생각은 잘못이다. 비록 미숙할지라도 학생들 역시 이성적 존재이다. 그래서 다른 모든 일에서와 마찬가지로 학생들은 스스로 판단하여 자기에게 필요한 지식을 습득한다. 자신이 자신을 가꾸는 정원사인 것이다. 이러한 발상의 전환은 대단히 중요하다. 그래야 교육 효과도 높아지고 참다운 의미의 교육이 이루어질 수 있기 때문이다.

다음은 이성선 시인의 시「사랑하는 별 하나」의 일부이다.

나도 별과 같은 사람이

될 수 있을까

외로워 쳐다보면

눈 마주쳐 마음 비쳐 주는

그런 사람이 될 수 있을까

나도 꽃이 될 수 있을까

세상일이 괴로워 쓸쓸히 밖으로 나서는 날에

가슴에 화안이 안기어

눈물짓듯 웃어 주는

하얀 들꽃이 될 수 있을까

군이 시인이 아니더라도 정상적인 사람이라면, '별과 같은 사람,' '외로워 쳐다보면 눈 마주쳐 마음 비쳐 주는' 사람, 하얀 들꽃과 같은 사람이 되고 싶어 할 것이다. 그리고 생존 본능과 자기 보호 본능에 따라 스스로 자기 살 도리를 할 것이다. 공동체 안에서 대접받고 존경 받는 사람이 되기 위해 열심히 공부하고 몸과 마음을 닦는다. 시키지 않아도 지혜로운 사람들이 갔던 길을 간다. 그들은 마치 자전거 위에서 균형을 잃지 않고 달릴 수 있기 위해 그러듯이, 자기 교정을 해가며 산다. 늘 자신 안에서 문제를 찾고 타인의 충고에 귀 기울이는 것이다.

어느 화장품 광고에 이런 것이 있다. 아름다운 정원에 한 도인과 모델(한가인)이 앉아 있다. 도인이 붓을 들어 "성공하고 싶으냐?"라는 물음과 함께 모델의 이마에 '成功(성공)'이라는 한자를 쓴다. 글자를 쓰자마자 이마가 환하게 밝아진다. 또, "연애하고 싶으냐?"라는 물음과 함께 모델의 눈 밑에 '戀愛(연애)'라는 한자를 쓴다. 그러자 또, 눈 밑이 환하게 맑아진다. '얼굴빛이 여자를 바꾼다, 다나한'이라는 메시지와 함께 모델의 얼굴이 환하게 밝아지고. 청초한 모델의 얼굴이 시선을 끄는 가운데 "참, 단아한 상이다."라는 내레이

션이 메아리처럼 들린다.

이 광고를 보고 다나한 화장품을 살 수 있다. 그러나 그 화장품을 써서 얼굴이 환해지면 성공도 하고 연애도 할 수 있다고 생각하면 낭패이다. 중요한 것은 얼굴색이 아니라 그 안에 들어 있는 것이기 때문이다. 사랑받기 위해서는 눈 밑을 밝혀야 하는 것이 아니라, 사랑을 받을 수 있는 사람이 되어야 한다. 성공하기 위해서도 이마를 밝힐 일이 아니라, 성공할 수밖에 없도록 자신의 능력을 향상시켜야 한다. (열렬한 사랑 끝에 결혼했는데, 얼마 지나지 않아 실망한다. 서로 "사랑이 식었다."고 원망한다. 그러나 이 원망은 방향 착오일 수 있다. 상대의 사랑이 식은 것이 아니라, 자신의 사랑은행 잔고가 바닥난 것이 원인일 수 있는 것이다.)

시키지도 않았는데 스스로 자아의 정원사가 되어 자신을 가꾸어 가는 아이들이 있다. 그러나 대다수의 아이들은 그렇지 못하다. 그래서 부모가 해야 할 가장 중요한 일은 자녀가 자신의 정원사가 되도록 돕는 것이다. 가장 본질적인 방법은 자녀로 하여금 자신이 귀한 존재임을 깨닫게 하는 것이다. 자신이 확률 0의 가능성 속에서 신비로운 우주의 거주자로 당첨되었고, 그것도 자신의 삶을 스스로의 판단으로 자유롭게 창조할 수 있는 이성적 존재로 당첨된 것이며, 대체 불가능한 유일자라는 사실을 일깨워 준다. 이렇게 존재 각성이 이루어지면, 자녀는 내버려 두어도 된다. 자녀는 스스로 자기 자신을 훌륭하게 만들어 갈 이유를 알게 되었기 때문이다. 자녀는 닦달하지 않아도 자신이 '별과 같은 사람'으로 대접 받을 수 있도록 노력할 것이다.

만일 존재 각성이 이루어지지 않으면? 이 경우 실용주의적 방법이 효과를 거둘 수 있다. 예컨대 공부에 대하여 생각해 보자. 대다수의 학생들은 공부하기를 싫어한다. 부모는 "공부하라!"고 사정하고 강요하고 협박하지만, 자식은 말을 듣지 않는다. 학원에 보내어 보충학습을 시켜도 별무효과이다. 어떻게 해야 할까? 자녀들 스스로의 합리적 판단에 의해 열심히 공부할 수 있게 하면 된다. 그러면 하지 말라고 말려도 스스로 공부하게 된다. 필자는 어느 날 머리도 괜찮고 마음씨도 좋은 한 학생이 공부를 열심히 하지 않는 것을 보고 안타까워하던 끝에 다음과 같은 취지의 말을 해주었다.

너는 사회에 발을 내딛는 순간 평가의 대상이 된다. 너는 '연봉 5천만 원짜리'로 평가받을 수도 있고, '연봉 2천만 원짜리'로 평가받을 수도 있다. 경우에 따라서는 아무도 너를 사려고 하지 않을 수도 있다. 당연히 너는 높은 평가를 받고 싶어 할 것이다. 그러나 사람들은 네가 가지고 있는 능력 이상으로 평가해 주지 않는다. (사람들은 손해 보는 일은 하지 않는다.) 그러니 높은 평가를 받고 싶으면 열심히 공부해야 한다. 공부는 너의 상품 가치를 높이기 위한 가장 효과적인 활동이기 때문이다.

다행히 그 학생은 말귀를 알아들었다. 그리고 그 이후 현격히 달라졌다. 그는 아주 열심히 공부하였고, 7급 공무원 시험에 합격하였고, 몇 년 후 3급 외무고시에 합격하였다. 필자가 한 것은 그의 '엔진'이 스스로 돌아가게 한 것뿐이다. 일단 발동이 걸리자 그는 왕성한 식욕으로 필요한 지식과 능력을 자기 것으로 만들었던 것이다.

교육의 주체는 자기 자신이다. 나를 가꾸는 정원사는 나의 밖에 있지 않고 내 안에 있다. 나는 나의 정원사인 것이다. 가정과 학교와 사회가 제공하는 교육은 기회일 뿐이다. 그러한 기회를 통해 나는 나를 가꾸어 간다. 내가 훌륭한 정원사이면, 나는 아름다운 정원이 될 것이다. 내가 미숙한 정원사이면, 나는 잡초만 무성한 황무지가 될 것이다.

존재 각성을 하거나 자아의 정원사로서의 동기 부여가 되면, 자녀는 내버려 두어도 된다. 자석이 쇠붙이를 끌어당기듯이, 또는 우리의 몸이 필요한 영양소를 섭취하듯이, 경험과 교육의 다양한 기회를 통하여 자신의 성장에 도움이 되는 지식과 지혜를 자신의 것으로 만들어 가기 때문이다.

원시인 모든 인간은 원시인으로 태어난다. 현대 문명의 한 가운데에서도 태어날 때는 원시인이다. 인간은 동물들처럼 이미 발현된 기능들을 가지고 태어나는 것이 아니라, 적절한 교육과 경험의 자양분이 제공될 경우 비로소 여러 가지 놀라운 능력이 발현될 수 있는 '말랑말랑한' 가능성의 보고寶庫로서 태어난다.

원시인으로 태어난 인간은 자라면서 어떤 종류의 인간으로 '진화'해 간다. 이 진화의 기회를 놓치면, 20세기에 태어난 아이도 원시인으로 굳어질 수밖에 없다. 반면에 원시인일지라도 진화의 기회를 움켜쥐면, 「운명」이라는 교향곡을 작곡할 수도 있고, 『파우스트』라는 작품을 쓸 수도 있으며, 신적 경지에 들어선 성자가 될 수도 있는 것이다.

여기서 필자가 말하는 '진화'는 물론 생물학적인 것이 아니다. 생물학적인 의미에서 우리는 누구나 다 같은 인간으로 태어난다. 그러나 태어난 그대로의 인간은 정신적으로 원시인이다. 이 원시인이 인간 사회 속에서 사람 구실을 할 수 있는 인간이 되기 위해서는 정신의 진화를 거쳐야 하는 것이다.

정신의 진화 『그리스인 조르바』에서 사람들의 눈을 뜨게 해야 한다는 주인님께 조르바가 말한다.

"이제 가서 그들에게 여자도 남자와 같은 권리를 가지고 있다고 가르치고, 당신 앞에서 신음하고 있는 아직 어린 돼지의 살 한 점을 뜯어먹는 노릇이야말로 잔인하다고 일러줘요. 그리고 하느님은 모든 것을 가지고 있는데 당신은 굶어 죽어 가면서도 하느님께 감사드린다는 것은 오직 미친놈 놀음이라고 말해 줘요! … 저 아나그노스티

부인은 거기서 뭣을 배울까요? 기름 덩어리를 불 속에 집어넣는 격이지요. … 암탉이 수탉 노릇을 하려고 들 것이고 한바탕 털이 뜯겨 휘날리는 큰 부부 싸움이 벌어지겠지! 주인님, 사람들일랑 그대로 놔둬요. 그들의 눈을 뜨게 하질 말아요. … 그들에게 계속 꿈을 꾸도록 해줘요!"[2]

'아는 게 병'이라는 말처럼 알면 오히려 화를 부르는 경우도 많다. 그러나 그러기 때문에 사람들이 무지에 머물러 있도록 해야 한다는 생각은 잘못이다. 화를 부르는 일은, 그 자체로는 바람직하지 않지만, 긴 안목으로 보아서는 전화위복의 결과를 가져올 수 있기 때문이다. 인간의 역사는 미개에서 문명으로, 밀림에서 도시로, 노예로부터 주인으로, 불평등에서 평등으로 나아가기 위한 문제 제기와 투쟁으로 점철되어 있고, 이 과정에 수반되는 고통과 위험은 역사 발전을 위해 지불해야 하는 대가이다. 이러한 대가를 지불하지 않으면, 카스트 제도 하의 '운명'을 벗어날 수 없다.

정신의 진화는 원시 시대부터 오늘에 이르기까지 인류의 위대한 조상들이 쌓아 올린 지혜의 사다리를 오르는 일이다. 우리가 사는 세계가 어떤 곳이고, 인간이 어떤 존재이며, 끊임없이 닥쳐오는 고통과 시련을 극복하기 위해서 무슨 일을 해야 하고, 개인적으로나 공동체의 일원으로서 보람되고 의미 있는 삶을 살기 위해서는 어떻게 해야 하는지를 배우고, 생각하고, 깨닫는 일이다. 이렇게 정신적 진화의 사다리를 오름으로써 원시인은, 위대한 조상들이 평생을 바쳐 거둔 수확을 몇 년 안에 자신의 것으로 만들 수도 있는 것이다.

이 진화의 사다리를 오르지 않으면, 태어난 그대로의 원시인으로 남는다. 오른다 해도 진화가 중세에 머무는 사람도 있다. 불과 십수 년 만에 수천 년 동안 축적된 지혜의 정점에 이른 사람들도 더러 있다. 그 정점에서 새로운 지혜를 창출함으로써 인류의 정신적 진화를 선도하는 사람들도 있다. 그래서 그의 정신 안에는 위대한 조상들의 정신이 살아 숨 쉬게 되고, 그는 한 개인이 아니라 인류인으로서의 삶을 살 수도 있는 것이다.

그러니 사람이라고 해서 다 같은 사람인 것은 아니다. 짐승 같은 사람도 있고, 신적 경지에 오른 사람도 있다. 같은 시대를 산다고 해서 다 같은 시대를 사는 것도 아니다. 어떤 사람은 중세에 살고, 어떤 사람은 현대를 넘어 미래에 산다. 그래서 나의 세계는 너의 세계와 전혀 다른 것일 수 있다. 따라서 소통도 안 되고, 걸핏하면 의견 충돌이 일어날 수 있다. ('성격 차이'라는 이혼 사유는 기실 '정신적 진화 수준의 차이'일 수 있다.) 이런 점들에 비추어 볼 때, 인간 사회의 크고 작은 갈등은 헌팅턴이 말하는 '문명 충돌'보다는 '정신적 진화 충돌'로 더 잘 설명될 수 있을 것이다.

인생 면허증 우리는 모두 면허증을 가지고 있다. 그것은 매우 특별한 면허증이다. 태어나면서부터 우리에게 주어진 것이기 때문이다.

우리는 아침에 일어나 저녁에 잠들 때까지 우리 몸을 운전하고 다닌다. 눈뜨자마자 화장실로 끌고 가고, 식사 때에는 식탁으로 끌고 가며, 버스로, 직장으로, 회담장으로, 시장으로 끌고 다닌다. 소수는 자신의 몸을 청와대로 끌고 간다. 물론 청와대를 거쳐 감옥으로 끌고 가는 사람도 있다. 이처럼 우리는 일생 동안 우리 자신을 어디론가 끌고 다닌다. 우리는 우리의 몸을 운전하는 '인생 면허증'을 소지하고 있는 것이다.

'면허증'의 비유는 우리가 어떻게 자아의 나무를 가꿀 것인가에 대해 시사하는 바가 많다. 자동차 운전 면허증을 따자면 자동차 운전 기술을 익혀야 할 뿐만 아니라, 도로교통법을 알고 있어야 하며, 법으로 규정하고 있지는 않지만 다양한 상황 속에서 스스로 판단하여 적절하게 대응할 수 있는 능력을 가지고 있어야 한다. 이러한 능력을 가지고 운전자는 단순히 자동차를 조작하는 것이 아니라 어떤 목표를 향해 간다. 가는 동안에 차가 고장 날 수도 있고, 다른 운전자의 실수로 사고가 날 수도 있으며, 차가 밀려 옴짝달싹 못하고 갇혀 있을 수도 있다. 이러한 상황 속에서도 교통 위반을 하거나 사고를 내지 않고, 원하는 시간 안에 목적지에 도착할 수 있으면 운전을 잘 했다고 할 수 있을 것이다.

인생 운전도 그렇다. 운전 기술은 우리의 몸을 적절하게 움직이는 기술에 해당한다. 젓가락질을 하고, 망치로 못을 박고, 계단을 오르내리고, 악수를 하고, 진창을 피해 걷고, 파리를 잡고, 징검다리를 건너고, 초인종을 누르고…. 이러한 일을 하기 위해서 우리는 우리 몸을 적절하게 움직일 수 있어야 한다. 예절, 에티켓 등도 이 기술에 포함된다. 우리는 누구나 이러한 기술을 배워야 한다. 그렇지 않으면 '미숙한 운전자'가 되기 때문이다. 피아니스트, 축구 선수, 선반 기술자, 속기사 등은 오랜 수련 끝에 어떤 특별한 방식으로 뛰어나게 몸을 움직일 수 있게 된 사람들이다. 소설을 쓰고, 법정에서 변론을 하고, 대기업을 운영하는 일도 마찬가지이다. 우리는 각자 어떤 직업에 종사할 수 있는 기능 또는 능력을 길러야 한다. 그렇지 않으면 성공적인 삶은 고사하고 우리의 몸이 계속 살아 있도록 유지하기도 어렵기 때문이다.

도로교통법은 각종 법과 제도에 해당한다. 도로 상에서 차들이 사고를 내지 않고 질서 있게 움직여 다들 원하는 목적지에 도달할 수 있게 하기 위해서 도로교통법이 있는 것처럼, 법과 제도는 우리가 타인들과 함께 살면서 서로 충돌하지 않고 협력하면서 평화롭게 자신의 목적을 추구할 수 있게 하기 위해 있는 것이다. 그래서 우리는 이 법과 제도에 따라 사는 법을 배워야 한다. 법을 지키지 않으면 범법자가 되어 '면허 정지'를 당해 감옥에 갇힐 수도 있고, 심한 경우에는 인생 면허증 자체를 몰수당해 공동묘지에 묻힐 수 있기 때문이다. 물론 도로 표지가 잘못되어 사고가 날 수 있는 것처럼, 법이나 제도가 잘못되면 우리 삶도 문제에 부딪칠 수 있다.

법과 제도가 우리가 해야 할 모든 일을 규정하고 안내하는 것은 아니다. 따라서 우리는 법과 제도가 말하고 있지 않은 영역에서 적절하게 우리 몸을 운전할 줄 알아야 한다. 차선도 없고, 신호등도 없는 시골길을 운전할 경우에 어떻게 하는가? 우리는 마치 차선이 있는 것처럼, 신호등이 있는 것처럼 운전해야 한다. 그렇지 않으면 사고가 나기 때문이다. 마찬가지로 우리는 법과 제도가 미치지 않은 영역에서 마치 법과 제도 있는 것처럼 행동해야 한다. 도덕성을 발휘해야 하는 것이다. 그렇지 않으면 역시 사고가 나기 때문이다.

이러한 능력들을 갖춘 우리 인생 운전자들은 어딘가로 우리 자신을 운전해 간다. 목표가 다르고, 기질과 성격이 다른 운전자들이 한꺼번에 차를 몰고 나와 '도로'라는 삶의 현장에서 만난다. 차가 고장 나듯 몸이 건강을 잃을 수도 있고, 미숙한 운전자로 인해 사고를 당하듯이 미숙한 인생 운전자로 인해 봉변을 당하든가 곤경에 처할 수 있다. 어떻든 미숙한 운전 솜씨로는 '인생'이라는 긴 여정을 무사히 달리기가 쉽지 않다. 더구나 원대한 목표에 도달하기 위해서는 여러 면에서 운전 솜씨가 좋아야 하는 것이다.

이러한 비유를 통해서 우리가 알 수 있는 것은 교육이란 우리 몸을 적절하게 움직일 수 있도록 하는 '운전 교습'과 같다는 점이다. 한 직업인으로서의 적절한 기능을 습득하는 것은 개인적인 차원에서 매우 중요하다. 자기 생활을 자신의 힘으로 영위할 수 있게 하는 능력을 가져야 하기 때문이다. 그러나 더욱 중요한 것은 '사회'라는 공적인 공간에서 사고를 내지 않을 뿐 아니라, 삶의 가치를 높이고 삶의 조건을 개선하는 방식으로 적절하게 자기 몸을 운전할 수 있는 능력이다. 사람다운 삶은 바로 이러한 능력에 따라 결정되기 때문이다.

소질과 능력 사람은 누구나 노력만 하면 교육을 통해서 유능한 인생 운전자가 될 수 있지 않을까? 왓슨은 그렇게 생각한다. "나에게 정상적인 아이 12명과 그들을 기를 나 자신의 특수한 세계를 준다면, 나는 그 중의 누구든지 무작위로 선택해서 내가 원하는 어떠한 전문가로도 훈련시킬 수 있다고 보증한다. 그들의 재능이나 기호, 성향, 능력, 적성, 그 조상의 인종 따위에 관계없이 의사, 변호사, 예술가, 상업, 경영주 그리고 심지어 거지나 도둑까지도 만들 수 있다."

그러나 이 견해는 우리의 경험적 사실에 반한다. 좋은 환경에도 불구하고 낙오자로 전락한 사람들도 많다. 특히 적성에 맞지 않은 분야를 택하여 아무리 노력해도 뜻을 이루지 못하는 경우도 많다. 더구나 이상적인 조건이 주어진다 해도 아인슈타인 같은 과학자가 원하는 만큼 나올 수는 없을 것이다. 타고난 능력의 한계가 있기 때문이다.

일본 속담에 "열 살에 신동, 열다섯 살에 재주꾼, 스물이 넘으면 평범한 사람"이라는 것이 있다. 자식의 성장과 부모의 기대가 반비례하는 경우는 흔히 볼 수 있는 일이다. 우리는 흔히 "하면 된다."고도 하고, "노력만 하면 무슨 일이든지 할 수 있다."고도 하면서 자식들을 닦달한다. 그러나 "노력해도 안 된다."는 것이 보다 사실에 가까울 것이다. 무엇보다도 소질과 능력 문제 때문이다.

할 능력이 없는 일은 하늘이 두 쪽 난다 해도 못한다. 또한 하고 싶은 일은 못하고 하고 싶지 않은 일을 해야 하는 상황은 최악이다. 따라서 자신의 소망과 능력을 잘 알 필요가 있다. 자신이 '하고 싶고 할 수 있는 일'을 하는 것이 최선인 것이다.

강렬한 소망 그러나 문제는 '하고 싶고 할 수 있는 일'을 조기에 발견하기가 쉽지 않다는 것이다. 필자는 어느 날 모 대학에서 화학공학을 전공하고 있는 한 학생으로부터 편지를 받았다. 물리학으로 전공을 바꾸어 유학을 가고 싶은데, 국내 물리학계의 인력이 적체되어 있는 등의 사정 때문에 결단을 내리지 못하고 있다면서 나의 조언을 구하는 편지였다. 필자는 다음과 같은 내용의 답장을 하였다.

하고 싶은 일이면서도 할 수 있는 일을 하는 것이 좋습니다. 그 일이 우리 모두를 위해서 꼭 해야 할 일이면 더욱 좋을 것입니다. 하고 싶지만 능력에 부치는 일을 고집할 경우 삶을 망칠 수도 있습니다. 사법고시에 도전하다가 폐인이 된 사람들이 많지요. 하고 싶지 않은 일을 하면서 일생을 늘 허전하게 사는 사람들도 많이 있습니다. 소망과 능력이 맞아 떨어져야 만족스럽게 살 수 있습니다.

그러나 문제는 어떤 일을 할 능력이 있는지가 모호한 경우가 있습니다. 이 경우 '실패해도 좋다.'고 생각할 정도로 소망이 강하면, 그 일을 하는 것이 좋습니다. '실패해도 좋다. 적어도 내 능력이 모자란다는 것을 확인하고, 깨끗이 미련을 버릴 수 있을 것이다.' 이렇게 생각한다면, 과감하게 그 일에 올인 해도 좋습니다.

'실패할 경우에는 낭패다.'는 생각이 들면 현실적인 계산을 할 수밖에 없습니다. 가장 안전한 선택을 하도록 해야겠지요. 적어도 선택의 시점에서는 말입니다. 물론 이 경우에도 미래가 보장되는 것은 아닐 것입니다.

나는 소망과 능력 중에서 소망 쪽에 더 비중을 둡니다. 현재의 시점에서 능력은 미지수이지만, 소망은 현실적입니다. 그리고 어떤 일을 강력히 원할 경우, 그 일을 할 능력이 잠재해 있을 가능성이 높습니다. 자신의 문제의식이 어디에 있는지 스스로를 깊이 생각해 보기 바랍니다. 그러면 대개 답이 나옵니다. 사람은 자신이 제기하는 문제를 풀어가는 삶을 살게 마련입니다.[3]

사실 무엇을 하고자 하는 강렬한 소망을 가지고 있을 경우 그 소망을 외면하기는 어렵다. 그리고 위의 편지에서 밝힌 대로 강렬한 소망 또는 문제의식을 가지고 있을 경우 그 방면으로 소질과 능력이 있을 가능성이 높다는 것이 필자의 생각이다. 좋아하는 일은 할 수 있는 일일 가능성이 높다. 따라서 강렬한 소망이나 문제의식을 가지고 최선을 다할 경우 능력에 대해서는 염려할 필요가 없다. 설사 능력이 부족하여 목표를 달성하지 못한다 하더라도, 자신이 원하는 것을 최선을 다해 시도해 보았다는 사실 하나만으로도 만족할 수 있을 것이기 때문이다.

강렬한 소망이나 문제의식을 가진 사람은 어떤 의미 있는 일을 하게 될 가능성이 높다. 자신을 사로잡고 있는 문제를 풀어 가는 과정에서 흔히 역사를 발전시키고 인간의 생존 조건을 개선시키는 일이 일어나기 때문이다. 위대한 사상가, 문인, 예술가, 과학자, 정치 지도자, 사업가 등이 우연하게 나타나는 것은 아니다. 그들은 결코 외면할 수 없는 문제의식과 열망을 품고 사소한 즐거움과 이익을 희생하면서 노력한 끝에 마침내 자아실현을 한 인류인들로서, 그들의 업적은 개인의 자랑에 머물지 않고 인류 문화를 살찌우고 향상시키는 '보편적 자양분'이 된다. 따라서 사회 발전의 맥락에서 보면 좋은 문제의식을 가진 젊은이들이 많이 나올 필요가 있다. 그들은 인류 문화의 중심에 서서 인간으로서 이룰 수 있는 최고의 가치와 감동을 창출하는 사람들이 될 가능성이 있기 때문이다.

천재 부모의 입장에서는 강렬한 소망을 가진 자녀는 두통거리일 수 있다. 천재들의 예에서 볼 수 있는 것처럼 그런 자녀는 자신도 주체할 수 없는 열정의 포로가 되어 비현실적으로 사는 경향이 있기 때문이다. 미국의 애플 컴퓨터사는 다음과 같은 재미있는 광고를 냈었다.

미치광이들.

사회부적응자들.

모반꾼들.

문제아들.

그야말로 세상의 삐딱이들….

그러나 보통 사람들과는 뭔가 다르게 생각한 사람들.

그들은 규율을 싫어합니다.

그리고 그들은 현상을 존중하지도 않습니다.

당신은 그들을 칭찬할 수도, 그들과 의견을 달리할 수도,

그들을 인용할 수도, 그들을 불신할 수도 있으며, 그들을 찬양할

수도

혹은 그들을 중상 모략할 수도 있습니다.

그러나 그들에 대해 당신이 할 수 없는 유일한 것은

그들을 무시하는 것입니다.

왜냐하면 그들은 세상을 변화시키는 사람들이기 때문입니다.

그들은 발명하고, 상상하고, 치유하고, 탐험하고, 창조하고,

사람들을 감동시킵니다.

인류를 진보시킵니다.

어쩌면 그들은 미쳐야만 했을지 모릅니다.

도대체 어떻게 아무것도 없는 빈 캔버스 위에서

위대한 그림을 볼 수 있으며,

아무것도 들리지 않는 고요 속에서

한 번도 써진 적 없는 곡을 들을 수 있는지,

혹은 화성을 바라보며 그 위를 굴러다니는

실험차를 생각할 수 있는지….

보통 사람이라면 도대체 가능이나 했을까요?

우리(애플)는 이런 사람들을 위한 도구를 만듭니다.

어떤 사람들은 그들을 미치광이로 보지만

우리는 그들을 천재로 보기 때문입니다.

왜냐하면 그들은 세상을 변화시킬 수 있다고 생각할 만큼

미쳐 있고 또한 세상을 실제로 변화시키는 사람들이기 때문입니

다.⁴

이 광고 내용을 뒷받침하는 예는 많이 있다. 예컨대 네덜란드 태생의 화가 반 고흐는 목사의 아들로서 탄광 전도사 일을 하다가 스물일곱 살 때 화가가 되겠다고 결심한다. 6년 후 파리로 나가 독자적인 화풍을 일으켰으나, 일생 동안 단 한 점의 그림밖에 팔지 못한 채 가난하게 살았다. 결국 그는 창부에게 귀를 잘라 보내는 등의 정신 발작 증세를 보이다가 서른일곱의 나이에 권총 자살을 한다. 1987년 그의 「해바라기」라는 그림이 경매사상 최고의 가격인 3천 9백만 달러에 팔린 사실은 천재적 삶의 아이러니가 아닐 수 없다. 영화 「아마데우스」를 본 사람은 '모차르트'라는 위대한 천재가 병들고 가난한 몸으로 자신의 진혼곡을 쓰면서 죽어 가는 모습에 가슴 아파 했을 것이다. 천재 철학자 비트겐슈타인은 오스트리아의 철강왕이었던 아버지로부터 큰 재산을 물려받는다. 그러나 그는 그 많은 재산을 친척, 문인, 예술가들에게 모두 나누어 주고 빈털터리로 일생을 산다. 그러나 어쩔 수 없다. 일반적으로 강렬하고 위대한 꿈에 사로잡힌 천재들은 범인의 눈으로 보면 거의 광인狂人처럼 살기 때문이다.

이러한 천재들의 가난은 부모들에게 반면교사의 역할을 한다. 죽고 나서 유명해지면 무슨 소용이 있는가? 훗날 그림이 천만금에 팔린들 무슨 소용이 있는가? 부모들은 고생을 해보았고, 가난이 무엇인지 안다. "인간은 궁전에서 살 때와 오두막에서 살 때 서로 다른 생각을 한다. 만일 굶주림과 가난 때문에 당신의 뱃속이 텅 비어 있다면, 도덕에 관한 한 당신의 두뇌, 즉 당신의 가슴과 마음도 텅 비어 있을 것이다."라는 포이어바흐의 말처럼, 가난하면 사람 노릇 자체가 어렵게 된다. 그래서 부모는 자식이 현실 속에서 성공하기를 바란다. 사실 돈과 명예 등의 '현금 가치'를 중요시하는 것을 나무랄 수는 없다.

그럼에도 불구하고 부모는 자식의 소망과 소질을 소중하게 여기고 존중할 줄 알아야 한다. 오늘날에도 가난한 천재들이 많이 있겠지만, 옛날과는 사정이 많이 달라졌다는 점을 유의할 필요가 있다. 적어도 굶어 죽는 일은 없을 것이기 때문이다. 무슨 일을 해도 먹고 살 수는 있고, 이도 저도 안 되면 노동을 하거나 구청의 복지 프로그램에 들어가면 된다. 알아주는 사람도 없고 돈벌이가 되는 것도 아니지만, 일생 동안 장인정신으로 한 가지 일에 매진하여, 마침내 어떤 경지에 이른 사람들의 삶이 어떤 유명인의 성공 못지않게 훌륭하고 가치 있다는 신념을 부모와 자식이 공유할 필요가 있다. 그래서 부모는 자식이 무엇을 하고 싶어 하는지, 어떤 일에 소질이 있는지 면밀하게 관찰하여, 가능하면 자식의 꿈이 이루어지도록 도와주는 것이 최선이다. 비참한 삶은 가난한 삶이 아니라 꿈이 없는 삶인 것이다.

인재 육성 미국 오바마 대통령은 "한국 아이들이 교실에서 많은 시간을 보낸다면, 우리도 그렇게 할 수 있다."고 말하며, 수차례에 걸쳐 미국 공교육 개혁의 필요성을 강조하였다. 한국의 공교육이 모범적 사례라는 것이었다. 그러나 그의 말을 듣는 우리는 마음이 편하지 않다. 우리 공교육의 실상은 자랑할 것이 없을 뿐만 아니라, 오히려 심히 부끄러운 점들이 많기 때문이다.

무엇보다도 대다수 학생들이 아무 문제의식 없이 무조건 인기 있는 전공을 좇아 몰려다닌다. 천재들이 수학이나 물리학이나 철학을 하려는 모습은 보기 힘들다. 부모들은 가능한 한 자식이 의사나 법조인이나 컴퓨터 전문가가 되기 바란다. 의사가 누군가? 의학 기술로 환자를 치료하는 기능인이다. 법조인은 누군가? 법을 적용하여 시시비비를 가리는 기능인이다. 컴퓨터 전문가 역시 컴퓨터를 만들거나 조작하는 기능인이다. 현재 우리의 교육 풍토는 위대한 인물이 될 수 있는 학생들의 잠재력을 사장시키고 일종의 '기능인'만을 양산하는 것이다. 소로가 그의 일기에서 말한 것처럼, 우리 "현실의 교육은 자유롭게 굽이치는 시내를 밋밋한 도랑으로 만드는 작업"인 것이다.

더구나 인재 육성에 관한 한 우리의 교육 풍토는 거의 절망적이다. 필자는 얼마 전 미국의 한 유명 대학 철학 교수가 된 후배를 만났는데, 그는 귀국할 뜻을 비치며 필자의 의견을 물었다. 나는 한국 대학 사회의 풍토를 말해 주고, 스스로 판단하도록 하였다. 우리 대학들은 인재 육성에 대하여는 거의 관심이 없다. 외국에서 학위를 마치고 갓 돌아온 신임 교수는 얼마간 반짝반짝 한다. 그러나 예외

없이 3년 내에 망가지고 만다. 노교수들이 젊은 교수들에게 연구할 여건을 마련해 주는 대신 여러 강좌를 맡기고, 무엇보다도 온갖 잡무를 떠넘기기 때문이다. "그러니 3년 내에 망가져도 좋다면 귀국하고, 철학자로서 남고 싶으면 귀국하지 않는 것이 좋을 거야. 미국의 경우 대학은 장래가 유망한 젊은 교수들에게 강의 부담을 덜어 주고 연구비까지 주면서 연구를 독려하지 않는가!" 그 후배는 아직 귀국하지 않고 있다.

우리나라의 경제 수준은 세계 정상급에 접근하고 있다. 그러나 기초과학과 인문학의 수준은 하위권을 맴돌고 있다. 노벨상은 평화상 외에는 받은 게 없다. 능력이 없어서가 아니라 인재가 나올 수 없는 풍토이기 때문이다. 미국의 프린스턴 고등학술연구소Institute for Advanced Study가 어떻게 운영되고 있는지를 보면 이 점이 더욱 뼈저리게 느껴진다.[5] 이 연구소의 교수가 되면, 9만 달러 정도의 연봉을 받고 연구만 하면 된다. 아니, 심지어 아무것도 하지 않아도 된다. "자기가 하고 싶은 연구를 자기 나름대로 계획을 세워 진행한다. 아무런 의무도 없고 누구에게 보고하지 않아도 된다. 바야흐로 연구소를 떠나야 할 날이 오더라도 특별히 지금까지 해왔던 연구에 대한 보고서를 써내야 할 의무도 없다."[6]

이 연구소의 첫 초빙 교수는 아인슈타인이었다. 그가 나빠지는 독일 내부 상황과 반 유대인, 반 상대론, 반 아인슈타인 음모를 피해 이 연구소로 왔을 때, 아인슈타인의 친구인 프랑스의 물리학자 폴

랑주뱅이 말했다. "바티칸 궁전이 로마에서 신세계로 옮겨 온 것이나 다름없다. 물리학의 교황이 미국으로 온 것이다. 이제 자연과학의 중심은 미국이 될 것이다."[7] 이 연구소는 마치 블랙홀처럼 전 세계의 스타급 학자들을 빨아들였다. 논리학자 괴델과 알론조 처치, 수학자 밀러, 물리학자 오펜하이머, 닐스 보어 등 세계적인 학자들 대부분이 한 번은 이곳을 거쳐 갔다. 오바마의 공교육에 대한 우려에도 불구하고 미국이 세계 최강의 국가인 이유들이 여럿 있겠지만 이처럼 인재 육성에 아낌없는 투자를 할 줄 안다는 점을 빼놓을 수 없을 것이다.

평범한 삶 강렬한 소망이나 특별한 문제의식이 없는 사람은 어떻게 사는 것이 좋을까? 우리는 이 경우를 걱정할 필요가 없다. 아무 일이나 할 수 있는 일을 하면 되기 때문이다. 많은 사람들이 이 범주에 들 것이다. 사람들은 대부분 강렬하게 원하는 일을 하기보다는, 어쩌다 하게 된 일에 종사하면서 그런 대로 만족하며 살아간다. 먹고살기 위해서 무슨 일인가 해야 하고, 또 무슨 일이든 일 자체의 즐거움이 있으며, 그런대로 성취감도 맛볼 수 있기 때문이다.

천재도 아니고 강렬한 소망이나 문제의식을 갖지 못한 평범한 사람은 어떤 의미에서는 복 받은 사람이다. 비범한 사람의 삶은 대체로 평탄하지 않다. 자신의 문제로 끊임없이 스스로를 괴롭히기 때문이다. 그러나 평범한 사람은 그럭저럭 평온한 삶을 살 수 있다.

그들은 일상 속에서 기쁨을 찾고 만족할 수 있는 사람들이다. 사회적 삶의 맥락에서가 아니라면, 평범한 사람들이 어떤 대단한 문제의식을 가지지 않았다고 비난할 어떤 이유도 없다. 오히려 그들은 자신들의 분수를 알고 적당히 체념할 줄도 알기 때문에 작은 성취에 만족하며 살 수 있고, 그런 의미에서 행복한 사람들이라 할 수 있는 것이다. 에라스뮈스는 심지어 "속칭 미친 놈, 머리가 돈 놈, 철부지 등, 내가 보기에는 참으로 훌륭한 별명들로 불리는 이 사람들보다 더 행복한 사람들이 있을까?"[8]라고 말한다.

능력의 개발 아무리 훌륭한 꿈이나 문제의식을 가지고 있어도 그것을 꽃피울 수 있는 노력이 따라야 한다. 슈바이처는 인도주의자이면서 실천적 이상주의자로서 아프리카에서 의료 활동을 한 위대한 인물이었다. 그런데 사실 그는 놀라운 능력을 가진 사람이었다. 그는 철학, 의학, 신학, 음악의 네 분야에서 박사학위를 땄으며, 바흐와 예수와 문화사에 관한 통찰력 있는 저서를 집필하였고, 오르간 음악의 해석과 오르간 제작술에 관한 세계적 권위자였다. 그는 미학, 열대 동식물학, 인류학, 농학에 관하여 해당 분야의 전문가들보다 더 많은 견식을 가지고 있었고, 목수, 간호사, 석수, 수의獸醫, 조선가, 건축가, 펌프 수선공, 관개灌漑 전문가, 기계공, 약제사, 정원사이기도 했다. 그는 실로 만능의 인간이었다.

하나의 능력을 갖기도 어려운데, 슈바이처가 그렇게 많은 능력을 가졌다는 것을 생각해 볼 때, 참으로 불공평한 일인 듯싶다. 그러나 이 모든 능력을 그가 타고났다고 생각하면 잘못이다. 그는 누구보다도 근면하게 일하고 연구하고 실천하는 사람이었기 때문이다.

칼라일이 말하고 있는 바와 같이 "천재, 그것은 무엇보다도 고생을 아끼지 않는 비상한 능력"이다. 장영주 양의 천재성을 모르는 사람은 없을 것이다. 어린 소녀가 큰 무대에서 당대의 지휘자가 이끄는 오케스트라의 반주에 맞추어 바이올린을 연주하는 모습을 보면서 그녀의 타고난 놀라운 능력을 부러워하는 사람들이 많이 있을 것이다. 그러나 우리가 잊지 말아야 할 것은 그녀의 성공은 타고난 능력도 능력이지만, 그 능력이 드러나게 한 훈련과 연습의 열매라는 사실이다. 일반적으로 음악가들이 한 곡을 무대 위에서 연주할 수 있기 위해서는 수천 번 연습을 해야 한다고 한다. 물론 연습한다고 모든 사람이 장영주 양처럼 될 수 있는 것은 아니다. 그러나 집중적이고 피나는 교육과 훈련을 통하지 않고서는 있는 능력도 개발되지 않는다.

우리가 교육과 훈련을 통해서 개발하고 강화시켜야 할 능력에는 두 가지가 있다. 첫째, 순수하게 '기능적'이라고 할 수 있는 능력이 있다. 자전거를 타고, 자동차 정비를 하고, 비행기를 조종하고, 컴퓨터를 조작하고, 피아노를 치고, 수술을 하고, 홈런을 치고, 도자기를 굽고, 벽돌을 쌓고, 아이스 댄싱을 하는 등의 일들은 반복적인 훈련이 없으면 할 수 없다. 따라서 교육 및 훈련 프로그램을 마련하여 잘 실시하기만 하면 이러한 기능을 갖춘 인력의 양성에는 원칙적으로 큰 문제가 없다고 할 수 있다. 우리가 깊이 연구해야 할 부분은 두 번째 능력에 관한 것이다. 그것은 이성적 존재로서 살 수 있게 하는 '사람 교육'이다.

인간은 자신의 세계관과 가치관으로부터 논리적으로 도출되는 결론에 따라 행위하는 이성적 존재인 고로, 사람 교육의 프로그램은 반드시 다음을 포함해야 한다.

첫째, 비판적 사고 교육

둘째, 세계관(지식, 신념) 교육

셋째, 가치관(꿈, 소망, 지향심, 목표, 윤리, 도덕) 교육

넷째, 감성 교육

우리는 보통 둘째 항목의 지식 교육, 특히 단편적 지식 교육에 전념한다. 그러나 그것만으로는 안 된다. 교육은 인간을 인간답게 변화시키는 것이어야 한다. 그리고 인간을 인간답게 변화시킨다는 것은 인간의 본질이 최대한 발현되게 하는 것이며, 이는 곧 인간의 본질인 이성의 기능을 최대한 발현되게 하는 것이다. 따라서 무엇보다도 먼저 비판적 사고 교육에 심혈을 기울여야 한다. 비판적 사고를 할 줄 알게 되면, 세계관 교육과 가치관 교육은 수월해진다. 거기에 감성 교육을 곁들이면, 더할 나위 없다. 하나하나 간단히 짚어 보자.

비판적 사고 교육 인간은 생각으로 세상을 만들어 간다. 컴퓨터, 아파트, 시장, 학교, 정부, 노조, 오케스트라, 시, 소설… 모두 생각의 산물이다. 이러한 인공물 말고 자연물이 있지 않은가? 그렇다. 자연물은 인간의 생각으로 고안된 것이 아니다. 그렇지만 자연에 대한 생각은 인간의 것이다. 예컨대 우리가 '자연법칙'이라고 알고 있는 것은 자연을 지배한다고 생각되는 원리를 과학자가 일반적 진술로 나타낸 것이다. 그러니 인공물은 말할 것도 없고, 조금 과장해서 말하자면, 자연물조차도 인간 사고의 창안물이다.[9]

그러므로 생각을 잘해야 멋진 삶도 도모해 볼 수 있고, 좋은 세상을 만드는 데 기여할 수도 있다. 그럼 어떻게 해야 생각을 잘할 수 있을까? 비판적 사고를 할 줄 알면 된다. 비판적 사고는 주관적 판단을 유아론적 밀실로부터 열린 사고 공동체의 광장으로 끌어내어, 공적인 판단의 방법론에 따라 '객관적으로' 평가 받게 함으로써, 우리 모두가 공유할 수 있는 가능한 최선의 판단에 도달하고자 하는 추론적 사고를 말한다. 간단히 말해 비판적 사고는 가능한 최선의 판단에 도달하고자 하는 사고이다.

모든 판단은 주관적이다. 따라서 판단이 과연 옳은가의 문제가 발생한다. 그래서 우리 모두가 인정할 수 있는 판단의 방법론이 필요한데, 비판적 사고의 방법론이 그것이다. 비판적 사고의 방법론은 여러 가지 추리의 방법과 주장이 정당화되는 정도를 판단하는 방법으로 이루어져 있는데, 비판적 사고 교육은 이 방법론을 터득

하게 하는 교육이다.[10]

우리는 흔히 잘못 판단할 수 있다. 강한 느낌만으로 판단하기도 하고, 환상을 실재로 여기기도 하며, 근거 없는 확신으로 독단에 빠질 수 있고, 충동적으로 판단할 수 있으며, 각종 오류에 찌든 판단을 할 수도 있다.

죽은 남편의 시신과 9년을 함께 산 여인의 어처구니없는 사연이 보도되었다. 남편이 부활할 것이라는 잘못된 판단에 따른 행위였다. 1487년 멕시코, 아즈텍의 지배자인 아위트조틀은 2만 명의 반란군 포로들의 가슴을 한 명씩 손으로 후벼 심장을 파내어서 전쟁의 신에게 바치는 희생의 제전을 벌였다. 그는 그렇게 해야 전쟁의 신을 만족시킨다고 판단했던 것이다.[11]

1978년 11월 29일, 914명의 미국인들이 남미 가이아나 존스타운의 정글에서 자살하는 사건이 벌어졌다. 스스로 신이라 자처하는 '짐 존스'라는 캘리포니아 출신의 교주가 이끄는 '인민사원'의 신도들이었다.

1994년 10월 5일 새벽, 스위스 남서부의 한적한 두 농가에서 재림 예수를 자처하는 스위스 출신의 민간요법 치료사인 교주 뤽 주레가 이끄는 태양의 사원 신도 48명이 집단 자살극을 벌였다. 조만간 말세가 닥칠 것이라는 종말론에 따른 행위였다.

이 이야기들은 모두 무비판적 사고의 결과가 어떤 것인지를 보여 준다. 사실 인간의 역사는 잡초처럼 걷잡을 수 없이 무성하게 자라는 무비판적 사고의 황무지를 개간해 온 역사라 해도 과언이 아니다. 이 개간은 위대한 인류의 선각자들에 의해 수행되었다. 그들은 비판적 사고를 통해 지적 잡초들을 제거하고, 인간 사회를 한 뼘한 뼘 옥토로 개선시키고 발전시켜 왔다. 지금도 그렇다. 비판적 사고에 앞선 사람들은 개인적으로 진화의 사다리를 오르는 데 그치지 않고 보다 좋은 세상을 만드는 데 기여하는 삶을 사는 것이다.

세계적인 인물들 중에 유대인들이 가장 많다. 왜 그럴까? 과학자 아인슈타인, 심리학자 프로이트, 작가 토마스 만, 지휘자 번스타인, 작곡가 말러, 로스차일드와 모건 같은 경제인, 세계를 주름잡던 미국의 전 국무장관 키신저, 중세 철학자 스피노자, 현대 철학자 비트겐슈타인, 생존하는 천재 철학자 크립키 등 이루 헤아릴 수 없이 많은 인물들이 유대인들이다. 미국 월가를 점령하고 세계 경제를 주름잡는 가장 큰 세력도 유대인 그룹이다. 유대인은 미국 인구의 3%에 못 미친다. 그런데도 미국 유명 대학교 교수의 30% 정도가 유대인이다. 노벨상 수상자의 약 15%가 유대인이다.

이러한 유대인의 괴력은 어디서 나오는 것일까? 머리가 좋아서일까? 이 가설에 대한 어떤 유전학적 증거도 없다. 야훼 하나님의 축복을 받아서일까? 아니다. 이스라엘 민족은 "공복空腹인 때는 노래하라. 상처 입었을 때는 웃어라."라는 격언이 있을 정도로 5천 년이나 박해와 수난의 세월을 겪었으며, 제2차 세계대전 후에야 건국했고 지금도 팔레스타인 및 아랍권과의 갈등에 시달리고 있다. 어떻든 분명한 것은 그들의 자식 교육이 남다르다는 것이다.

이스라엘 부모들의 자녀 교육 방식은 시사하는 바가 크다. 그들은 아이들이 결코 답할 수 없는 질문에만 답을 해준다. 그리고 그것도 대화를 하는 과정을 아주 중요하게 여겨 마지막 순간까지 아이에게 스스로 생각하여 말하게 한 다음에야 답을 한다.[12] 그들은 스스로 올바른 판단에 도달할 수 있는 능력을 길러 주는 것이 가장 확실한 교육 방법이라고 생각하고 가능한 한 많은 논쟁과 토론을 유도하여, 서로의 생각을 비판적으로 검토하고 평가해 보도록 한다. 학교에서 선생님들은 '마따호쉐프(너의 생각은 무엇이냐?)'라는 말을 가장 많이 한다. 이유는 알 것 없이 오직 '정답'만 말하게 하는 우리의 학교 교육과, 아이들을 무조건 학원이나 과외에 내 보내면 되는 줄로 아는 우리의 부모들과 비교해 볼 때 근본적인 차이가 있음을 알 수 있다.

세계관 교육 인간의 마음은 수많은 믿음들이 저장된 금고이다. 수도꼭지를 돌리면 물이 나오고, 가스 밸브를 잘 잠그지 않으면 화재의 위험이 있으며, 서울역 대합실이 밤이 되면 노숙자들의 잠자리가 되고, 물은 위에서 아래로 흐르고, 봄이 되면 꽃이 피며, 만원 지하철이나 버스에는 소매치기가 있고, 으슥한 밤길을 홀로 걷는 것은 위험하고, 지구는 둥글고, 삼각형의 내각의 합은 180°이며, 모든 사람은 죽고…. 이러한 믿음들은 마치 예금 잔고와 같다. 필요에 따라 우리는 믿음들을 '인출'하여 사용하기 때문이다.

믿음들은 또한 지도와 같다. 지도는 마을의 모습을 말해 준다. 어디에 산이 있고, 어디에 강이 있으며, 우체국으로 가는 길은 어디로 나 있는지, 학교로 가자면 어느 전철역에서 내려야 하는지 등을 알려준다. 밤길은 위험하다. 겉은 멀쩡해도 사람 속은 알 수 없다. 악마가 들어 있을 수도 있고, 미친놈이 들어 있을 수도 있으며, 사기꾼, 협잡꾼, 심지어 이 모든 것들이 다 들어 있을 수 있다. 중동은 화약고이고, 핵무기와 핵 발전소는 지구를 한 순간에 날려 버릴 수도 있다. 모든 일은 일어날 만한 충분한 이유가 있어서 일어난다. 절약을 해야 하지만, 소비는 미덕이다. 인간은 평등하다. 나는 우주의 전 역사 속에서 단 하나인 유일자이다. 나의 언어의 한계는 세계의 한계이다…. 이러한 믿음과 지식의 지도는 나의 세계관이 되어 나의 실존적 좌표를 알려준다.

그런데 문제는 지식의 지도가 엉터리일 수가 있다는 것이다. 이는 인류의 역사가 증언하고 있는 사실이다. 중세까지만 해도 지구는 평면이었으며 우주의 중심이었다. 지난 세기만 해도 사람들은 병의 원인이 귀신이라고 생각하고 병이 나면 '귀신 쫓기'를 하였다. 오늘날 우리는 병의 원인이 병균이라는 것을 안다. (물론 아직도 병이 나면 귀신 쫓기를 하는 사람들이 있다.)

1997년 3월 2일, 미국 캘리포니아 주 샌디에이고 북부 랜초 샌타페이의 한 호화 저택에서 39명이 집단 자살하는 사건이 발생하였다. 그들은 '천국의 문'이라는 사교 집단의 신도들로서 모두 컴퓨터 전문가들이었다. 그 정도의 '지식인'이 왜 집단으로 자살을 하였을까? 다행히 그들은 그들이 개설한 인터넷 웹사이트에 다음과 같은 자살 이유를 남겨 놓았다.

지구상의 사회는 악마적인 외계인에 의해 지배되고 있으며 종말은 가까워 오고 있다. 이 지구는 이제 곧 새 밭갈이처럼 갈아지게 될 것이며, 그것은 미래의 새로운 인간 문명을 위한 정원으로 봉사하게 될 것이다. 그러나 천국의 문 신도들에게 구원은 헤일-봅 혜성 뒤에 숨어 있는 우주선을 통해 나타난다. 이 우주선을 타기 위해서는 육체의 그릇을 버리고 지구를 떠나야 한다.

천국의 문 신도들은 이렇게 믿고 자살하였다. 무엇이 문제였을까? 그들의 믿음이 단순한 믿음이 아니라 참이라는 것이 정당화되어야 하는데, 그렇지 못했던 것이다.

이 예는 우리의 세계관에 대하여 의구심을 품게 한다. 우리 역시 잘 못된 믿음을 지식으로 여기고 있을 수 있기 때문이다. 누구의 세계관이 되었든 그것은 결함이 있게 마련이고 더구나 미완未完이다. 따라서 올바른 세계관을 갖기 원하면, 세계관을 구성하고 있는 수많은 신념과 지식에 대하여 비판적인 자세를 취하지 않을 수 없는 것이다.

역사 이래 인류는 방대한 양의 지식을 축적해 왔다. 그래서 현대는 '정보화 시대'이고, 앞으로는 '지식 산업'의 성패가 국가의 흥망을 좌우할 전망이다. 천 원짜리 쥐를 몇 백만 원짜리 유전자 쥐로 둔갑시켜 판다. 수천 명의 노동자가 밤낮 없이 일해야 버는 돈을 단한 사람이 컴퓨터 한 대를 가지고 번다. 세계 최고 갑부는 컴퓨터 소프트웨어 개발자인 빌 게이츠이다.

세계관을 정립하기 위해서는 당연히 국어, 수학, 과학, 역사, 사회 등의 과목들을 공부해야 한다. 그러나 이러한 과목들이 전하는 내용을 단순한 정보로 받아들이는 것은 잘못이다. 1895년 2월 2일 고종 황제는 500년 조선 왕조의 패망을 감지한 위기의식에서 다음과 같은 내용이 담긴 교육조서를 내린다.

아아! 짐이 교육에 힘쓰지 아니하면 나라가 공고하기를 바라기 심히 어렵도다. … 독서나 습자로 옛 사람의 찌꺼기를 줍기에 몰두하여 시세의 대국에 눈 어둔 자는, 비록 문장이 고금을 능가할지라도 쓸데 없는 서생에 지나지 못하리로다. 이제 교육의 강령을 보이노니 헛이름을 물리치고 실용을 취할지어다.[13]

1485년 『경국대전』에서 체계화된 구 교육이 오직 유가의 사상만 권장하고 있는 점에 비추어 볼 때 고종의 교육관은 현대화되었다고 할 수 있다. 그러나 오늘날은 어떤가? 고종의 문제의식이 여전히 유효한 듯싶다. 우리는 여전히 "독서나 습자로 옛 사람의 찌꺼기를 줍기에 몰두"하고 있다고 볼 수 있기 때문이다.

과거에도 그랬겠지만 특히 오늘날과 같은 정보화 시대에는 자신의 두뇌에 '옛 사람의 찌꺼기'(정보)를 저장하고 있다는 것은 큰 의미가 없다. 원하는 정보는 언제 어디서 누구라도 즉각적으로 얻을 수 있는 시대이기 때문이다. 그래서 필요한 것은 비판적 지식 교육이다.

비판적 지식 교육은 정립된 지식의 논리적 구조를 분석해 보는 교육에 해당한다. 피타고라스의 정리를 가르치되, 왜 그 정리가 참일 수밖에 없는지 알게 함으로써, 피교육자 자신의 판단으로 그 정리를 받아들이게 하는 것이다. "이건 지식으로 정립된 것이니, 받아먹어라." 식의 교육 방식은 인간의 자율성을 무시하는 것이다. 대신 "이건 정립된 지식이지만, 너 스스로 생각하여 받아먹을 수 있는지 판단해 보아라." 식의 교육 방식이 인간의 본성상 자연스럽고 효과적이다.

이런 방식으로 터득된 지식들은 종합적, 유기적, 총체적 체계를 이루어 인간 정체성의 견고한 핵, 즉 세계관이 된다. 이러한 세계관은 창의적 내부 압력으로 탄력이 넘친다. 지식의 생산자가 하였던 생각 속으로 들어가 그 구조를 분석해 보는 경험은 자신의 잠재 능력이 되어 지식의 소비자에서 지식의 생산자가 될 수 있게 하는 것이다. 이러한 능력이 없으면, 노벨상도 없고 경제 발전도 없다. 뿐만 아니라 이 능력이 없으면 민주주의도 없다.

가치관 교육 벌은 꽃향기에 끌린다. 쇠붙이는 자석에 끌린다. 암컷 가시고기는 붉은색의 물체라면 어느 것에든지 유인되어 산란한다. (수컷 가시고기의 복부는 빨갛다.)

　인간도 본능적으로 이성異性에게, 더러는 동성同性에게, 끌린다. 그리고 그 외에 다른 많은 것들에 끌린다. 그것은 명품일 수 있고, 금은보석이나 호화 주택일 수 있다. 또 어떤 사람들에게 그것은 권력일 수 있고 명예일 수 있으며, 진리나 정의나 성聖일 수 있다. 무엇에 끌리는가? 무엇이 나를 사로잡는가? 내가 아끼고, 배려하고, 바라고, 그리워하고, 숭배하고, 꿈꾸고, 지향하고, 의미를 부여하는 것이 무엇인가? 이 물음에 대한 답이 어떤 것이든 그것은 나의 가치관을 반영한다. 그리고 나의 가치관은 나의 삶을 미래의 어느 방향으로 이끌어 간다. 나의 가치관은 나의 미래를 결정한다고 해도 과언이 아니다.

　가치관은 가정과 사회 환경, 역사, 문화 등 여러 요소들에 의해 영향을 받지만, 무엇보다도 개인적 취향과 지적 능력에 의해 결정된다. 그런데 개인적 취향이나 지적 능력은 어찌 해볼 도리가 없다. 뱀을 애완동물로 기르는 사람의 취향을 어떻게 해야 하는가? 변화시킬 수도 없지만, 변화시켜서도 안 된다. 자기 좋아서 하는 일인데, 타인에게 피해를 주지 않는 한 왈가왈부할 일이 아니다.

그렇다고 해서 모든 사람이 저 좋을 대로 살 수는 없다. 개인적 취향이나 소망 등 가치관의 충돌로 인하여 인간 사회는 갈등이 끊일 날이 없기 때문이다. 따라서 우리는 자신들의 소망과 소질과 취향에 따라 자아를 실현하는 가운데, 소극적으로는 타인에게 피해를 주지 않으면서 공존 공생共存共生하고, 적극적으로는 가능한 한 공동체적 삶의 조건을 향상시킬 수 있는 가치관을 가지도록 해야 하는 것이다.

언젠가 모 일간지에서 '겸손하고 교양 있고 예의바른 세계인이 되는 길'이라는 모토를 내걸고 소위 '글로벌 에티켓' 운동을 벌이면서, 매일 체험 사례를 소개한 적이 있다. 소개되는 이야기들은 "그래서 되겠는가?"라든가 "그런 모습 참 좋구나!" 하는 공감대를 형성하게 하여, 우리가 한국 사람으로뿐만 아니라 세계인으로서도 부끄럽지 않은 성숙한 사람으로 변화될 수 있게 하는 데 많은 기여를 할 것으로 기대되었다. 그러나 주된 사례들이 '에티켓'이라든가 '예의'와 같은 것이어서 아쉬웠다. 에티켓이라든가 예의는 일종의 버릇이나 습관과 같은 것이기 때문이다.

"짐이 곧 국가이다."라는 말로 유명한 프랑스의 '태양왕' 루이 14세가 귀족 세력을 제압하고 국가 권력을 장악한 것은 칼이나 창을 이용한 것이 아니었다. 그가 이용한 것은 에티켓이었다. 그는 귀족들을 축제, 연회, 연극, 무도회 등에 수없이 초대했는데, 언제나 새로운 복장, 예절, 형식을 갖추도록 했다. 그래서 베르사유 궁에서는 찬란하고 화려한 귀족의 에티켓이 끊임없이 만들어졌고, 귀족들은 새로운 예절을 배우고 새로운 의상으로 치장하여 궁전 연회에서 즐거운 나날을 보내는 가운데, 가산을 탕진하고 자신들의 영지 관리를 소홀히 하게 되었다. 결국 그들은 왕의 견제 세력으로서의 힘을 상실하게 되었던 것이다.[14]

에티켓은 이처럼 인위적으로 만들어지는 행동 양식으로서 문화 상대적이다. 우리나라에서는 윗사람의 책상에 걸터앉는 것은 예의에 어긋나지만 서양에서는 아무렇지도 않다. 서양 사람들은 몸을 살짝 스치기만 해도 "실례했습니다."나 "죄송합니다."라는 말로 마치 큰일이라도 난 듯 법석을 떨지만, 우리는 아무렇지 않게 생각한다.

어느 사회나 그 사회의 구성원들이 지켜야 할 에티켓이 있다. 그래서 그 사회의 '교양 있고 예의바른 구성원'이 된다는 것은 그 사회에서 통용되는 에티켓에 따라 적절하게 행동할 줄 아는 사람이 된다는 것을 말한다. 따라서 어려서부터 에티켓이나 예절을 꾸준히 배울 필요가 있다.

그러나 아무리 완벽하게 예절, 에티켓, 덕목들을 주입식 교육이나 기계적 훈련을 통해서 몸에 익힌다 하더라도, 사회적 인간이 되기는 어렵다. 인간의 삶은 미래를 향해 나아가고 있고, 미래는 언제나 불확정적이고 우연한 조건들과 변수들의 열린 시공時空이어서, 몸에 익힌 덕목들만을 가지고 자동적으로나 습관적으로 대처할 수는 없고, 깊이 생각하여 스스로 규범을 도출해가며 행동해야 하기 때문이다. 천성적으로 선한 사람일지라도 사회적 인간이 된다는 보장은 없다. 고운 마음씨 때문에 악의 편에 들 수도 있기 때문이다. 따라서 사회적 인간이 되기 위해서는 주어진 상황 속에서 가능한 최선의 도덕적 판단을 해낼 수 있는 창의적 도덕 추론 능력을 갖추도록 해야 한다.

하버드 대학의 철학 교수 퍼트남Hilary Putnam은 "민주주의를 하기 위해서는 구성원들이 어느 정도까지 모두 철학자가 될 필요가 있다."고 말한다. 더불어 산다는 것은 무엇인가? 이기주의와 개인주의는 어떻게 다른가? 타인의 고통을 나의 고통으로 느낄 수 있도록 자아가 확대되어야 할 이유는 무엇인가? 왜 법과 도덕이 필요한가? 오가는 차들이 없는 데도 빨강 신호등 앞에 멈춰 서야 할 이유는 무엇인가? 인권이란 무엇인가? 우리는 어느 정도까지 자유로운가? 인간이 평등하다는 것은 무슨 뜻인가? 이런 정도의 물음을 묻고 답을 구하는 사람이어야 민주주의를 할 수 있다는 것이다. 창의적 도덕 추론 교육은 당면한 문제 상황에서 넓고 깊게 생각하고, 주어진 전제들로부터 타당한 결론을 도출시킬 수 있도록 하는 교육, 즉 초보 수준의 철학 교육이라 할 수 있다.

예를 들어 보자. 만원 전철을 타고 가다 보면, 함께 산다는 것이 무엇이라는 것을 절실히 느끼게 된다. 굳이 만원 전철일 필요는 없다. 극장도 좋고, 강의실도 좋고, 사무실도 좋다. 그처럼 비교적 밀

폐된 공간에서는 서로 남이 토해 놓은 숨을 들이마시게 된다. 뿐만 아니라 서로의 몸에서 나는 갖가지 냄새를 동시에 들이마시지 않으면 안 된다. 고급 비누로 목욕을 하고 향수를 뿌린 사람도 있겠지만, 감기 환자도 있을 수 있고, 폐병을 앓는 사람도 있을 수 있다. 취객의 몸에서는 시금털털한 술 냄새가 진동한다. 물론 이곳저곳에서 사람들은 소리 안 나게 가스를 배출한다. 입 냄새, 여인들의 생리 냄새, 김치 냄새, 생선 비린내…. 이 모든 냄새를, 그리고 다른 많은 냄새를, 함께 사는 사람들은 서로 나누어 마신다. '우리'라는 공동체의 구성원이 된다는 것은 서로의 냄새를 주고받는 관계를 맺는다는 것이다. 따라서 악취가 싫으면, 나부터 악취를 풍기지 말아야 할 것이고, 가능하면 향기를 풍길 수 있으면 좋을 것이라는 판단을 내릴 수 있는 것이다.

하나의 밥알을 무심코 버리기 전에 잠시만 생각해 보자. 이 밥알이 나의 식탁에 오르기까지 어떤 일들이 벌어졌던가? 한 여름의 따가운 햇살, 마을과 산야를 할퀴고 간 태풍들, 농부들의 휜 허리, 탈곡기의 기계음, 밤새도록 고속도로를 달리는 트럭, 시장…. 이 많은 사연들을 가로질러 많고 많은 사람들 중에 하필이면 나의 밥상에 올라온 이 밥알을 아무 생각 없이 설거지물에 씻겨 내려가게 하는 것은 아깝지 아니한가?

타인을 배려하는 정신은 공동체적 삶을 위해 대단히 중요한 덕목이다. 그러나 타인을 배려해야 할 이유는 무엇인가? 왜 "대접받고자 하는 대로 대접하라."[15]라는 긍정적 황금률이라든가 "내가 바라지 않는 것을 다른 사람에게 시키지 말라."[16]라는 부정적 황금률에 따라야 하는가? 이러한 정신 역시 우리가 받아들일 수 있는 사실들로부터 추론해낼 수 있다.

비 오는 날 길을 가다 보면 질주하는 자동차로부터 물벼락을 맞을 수 있다. 그런가 하면 동일한 상황에서도 운전자가 속도를 줄이거나 물이 고인 곳을 피하는 방식으로 운전을 하기 때문에 물벼락을 맞지 않을 수도 있다. 그 운전자는 어떻게 그처럼 타인을 배려할 수 있었을까? 그것은 그가 천성이 착해서일 수도 있다. 그러나 또한 그가 보도를 걷는 사람의 입장을 일반화할 경우 일어날 수 있는 일이다. 그는 비 오는 날 보도를 걷는 사람이 당할 수 있는 재난을 일반화한다. 그리고 그 일반성 속에서 자신을 발견한다. 자기가 보도를 걷고 있다면, 차들이 어떻게 운전해 주기를 바랄 것이라는 것을 생각한다. 그래서 그는 자신이 바라는 대로 운전을 했을 뿐인 것이다.

이러한 일반화를 통한 타인에 대한 배려는 곧 자신에 대한 배려가 된다. 또는 자신에 대한 배려가 타인에 대한 배려로 나타난다. 그리고 이것은 바로 긍정적 황금률과 부정적 황금률이 요청하는 행위이며, "네가 그에 따라서 행할 수 있는 의지의 준칙이 동시에 마치 보편적 법칙이 되는 것처럼 그렇게 행위하라."라는 칸트의 '정언명령'에 따른 행위가 되는 것이다.[17]

사람들이 이처럼 구체적 상황 속에서 도덕 원리를 창의적으로 추론하여 행위할 수 있다면, 더 바랄 것이 없을 것이다. 그러나 그러기는 쉽지 않다. 추론 능력이 모자랄 수 있다. 충동 조절 능력이 떨어질 수도 있고, 생각보다 느낌이 앞설 수 있다. 설사 추론 능력이 탁월하다 하더라도, 목구멍이 포도청이요, 하나님이나 CCTV가 감시하지 않는 곳에서는 양심도 감시를 게을리할 수 있다. 따라서 가치관 교육은 감성 교육을 병행해야 한다. 마음이 움직이지 않으면, 이성도 제 역할을 하지 못하기 때문이다. 세상을 구원하는 원리는 무엇인가? 예수와 석가는 "생각해 보아라." 하지 않았다. 사랑을, 자비를 호소하였다. 사실 사랑이나 자비 같은 감성이 결여되면, 도덕적 판단은 방향을 잃는다.

감성 교육 인간은 시각, 청각, 후각, 미각, 촉각 등의 오관을 가지고 있고, 식욕, 성욕 등의 본능적 욕구를 가지고 있으며, 쾌락을 추구하고 고통을 회피하는 심성을 가지고 있고, 기쁨, 슬픔, 놀라움, 부끄러움, 감탄, 공포, 불안, 초조, 사랑, 자비, 증오, 연민, 동정, 시기, 질투, 황홀, 만족, 불만족, 자부심, 자존심, 의기소침, 심미감, 신비감, 외경심 등의 정서를 가지고 있다. 그리고 이들 모두는 이성이 아니라 감성의 영역에 속한다.

　감성은 이성적 판단에 앞서 우리를 어딘가로 이끈다. 이성적 판단이 어떤 종류의 감성적 반응을 불러일으키기도 하기 때문에 "이성은 감성의 시녀"라는 흄의 말은 과장일 것이다. 그러나 보통 사람의 경우 감성이 앞서고 이성이 뒤치다꺼리를 하는 경우는 흔하다. 그래서 도덕적 감성 지수를 높임으로써 창의적 도덕 판단을 선도하게 할 수 있는 것이다.

그러나 감성은 지극히 사적일 뿐만 아니라 거의 본능적인 감정이나 정서이다. 따라서 이것을 인위적으로 교정할 길은 없다. 그러나 도덕적 감수성感受性을 어느 정도 높이는 것은 가능하기 때문에, 이 점에 착안하는 것은 도움이 될 것이다.

기쁠 때 우리 몸에서는 엔도르핀이 솟는다. 암을 치료하고 통증을 해소한다는 행복 호르몬이다. 그런데 감동을 받을 때는 엔도르핀보다 4천 배나 강한 '다이돌핀'이 솟는다고 한다. "감동은 존재의 신비에 대한 깨달음으로 인하여 마음속에 돌연히 발생하는 희열감, 초월감, 절대감, 심미감, 신비감 등의 복합적·혼합적 감정"[18]이기 때문이다.

핸드폰 세일즈맨인 폴 포츠Paul Potts가 영국의 대형 쇼프로그램 '브리튼즈 갓 탤런트' 무대에서 오페라 「투란도트」 중 '공주는 잠 못 이루고Nessun Dorma'를 부를 때 노골적으로 심드렁한 자세로 듣던 심사위원들은 물론 방청객들과 텔레비전 시청자들 모두 전율하였다. 감동의 무대였다. 71세의 할머니가 냉차 판매, 버스표 판매 등으로 평생 모은 돈 1억 1천만 원을 어느 대학에 쾌척하였다. 언론은 "훈훈한 감동을 주고 있다."고 보도했다.

미셸 푸코는 그의 『광기의 역사』에서 연극, 영화, 그리고 소설이 환상과 공허한 열정을 야기하고 감각을 왜곡시킨다고 주장하고 있다.[19] 과연 그러한 작품들이 많이 있을 것이다. 그러나 좋은 예술 작품과 문학 작품은 감동의 수레이다. 그래서 그날이 그날인 현실 속에서 맛볼 수 없는 감동을 맛보기 위해 사람들은 극장을 찾고, 미술관과 음악회에 가고, 시를 읽고 소설을 읽는 것이다.

프랑스 파리에 가서 10년 가까이 그림 공부를 했는데도 그림다운 그림을 그릴 수 없었던 한 화가가 어느 날 저녁 때 파리의 개선문 근처에서 풍경 스케치를 하고 있었다. 그런데 갑자기 자기의 그림에 감동해서 그리던 걸 잠시 멈추고 풀밭을 뒹굴며 엉엉 울었다. 후일 그 그림은 자기에게만 감동적인 게 아니라 감상자들에게도 큰 감동을 주어, 이 그림을 시작으로 그는 프랑스 화단의 중요한 위치에 올랐다. 후지타 쓰구하루 화백의 이야기이다.[20]

이처럼 예술가들과 문인들은 바로 이 감동의 수레를 제작하는 인류 연대의 장인匠人들이다. 그들은 그들의 예민한 심미적 촉각은 감동을 놓치지 않고, 그 감동을 작품으로 표현한다. 성공적인 작품은 작가가 맛본 감동을 잘 전한다. 그래서 감상자들은 그 작품들을 듣고, 보고, 읽으며 감동해 하는 것이다.

이러한 감동을 많이 받은 사람의 영혼은 맑아진다. 그래서 도덕적 감수성이 예리해진다. 반면에 감동을 많이 받지 못한 사람의 영혼은 황폐해진다. 그래서 도덕적 감수성도 무딘 채로 남아 있게 된다. 따라서 우리 몸을 위해서는 음식물을 먹어야 하고, 우리의 정신을 위해서는 감동을 먹어야 하는 것이다.

그런데 삶 속에서 감동을 먹기는 쉽지 않다. 어쩌다 언론을 통해 감동적인 이야기를 전해 듣지만, 답답하고 짜증나는 이야기들의 홍수 속에 파묻히고 만다.

그러나 낙심할 것은 없다. 아주 손쉽게 그리고 원하는 만큼 많이 감동을 먹을 수 있는 길이 있기 때문이다. 밀란 쿤데라는 그의『소설의 기술』에서 다음과 같이 말한다.

소설은 근대의 시초부터 줄곧, 그리고 충실히 인간을 따라다니고 있다. 후설이 서구정신의 요체로 간주한 '앎에의 열정'이 이제 소설을 사로잡아 소설로 하여금 인간의 구체적인 삶을 살피게 하고 '존재의 망각'으로부터 그것을 지켜 주는 것이다. 그리하여 '삶의 세계'를 영원한 빛 아래 보존한다. … 이제껏 알려지지 않은 존재의 부분을 찾아내려 하지 않는 소설은 부도덕한 소설이다. 앎이야말로 소설의 유일한 모럴인 것이다.[21]

쿤데라에 의하면, 소설은 '앎에의 열정'에 사로잡혀 인간의 삶을 '존재의 망각'으로부터 지켜 주고 '삶의 세계'를 영원한 빛 아래 보존한다. 그래서 소설, 일반적으로 고전古典을 많이 읽어야 할 이유는 바로 여기에 있다. 고전은 존재 각성을 한 인류의 위대한 조상들이 그들의 가슴을 뜨겁게 달구었던 감동적인 주제를 놓고 평생을 연구한 끝에 내놓은 작품으로서 시간과 공간을 넘어 독자들을 감동시키고, 독자들의 영혼을 존재 각성의 빛 속으로 안내한다. 시와 소설을 비롯한 고전은 감동의 수레이다. 언제든지 그리고 원하는 만큼 향유할 수 있는 감동들이 너부러져 있는 것이다.

바보 예찬 중요한 것은 모두 내 안에 있다. 우리의 모든 보물은 우리의 안에 있는 것이다. 어떤 사람이 비아스라는 사람에게 "당신은 왜 불타는 당신의 고향 도시에서 아무 재산도 가지고 나오지 않았습니까?"라고 물었다. 그러자 비아스는 "나는 내 모든 재산을 가지고 나왔소."라고 답하였다.[22]

보물은 자신 안에 있는 자아의 정원인데, 자아의 정원을 가꾸지 않는 사람들이 많다. 배우려 노력하지 않고, 생각도 하지 않는다. 시도 소설도 읽지 않고 영화도 보지 않으며, 미술관이나 음악회를 찾지 않는 사람들이 많다. 그들은 감동을 맛볼 수 있는 기회를 흘려보낸다.

그들은 자신들을 귀하게 여길 줄 모른다. 자신들이 귀한만큼 대접 받고 존경 받는 사람이 되기 위해 몸과 마음을 닦는 대신, 마치 완성된 사람인 것처럼 '자기'를 고수함으로써, 타인과 원만한 관계를 이루며 살지 못한다. 자기를 인정해 주지 않는 타인을 원망하고 저주한다. 분노하고 한탄한다. 그러니 삶이 평탄할 수 없고, 우울증에 시달리던 끝에 자살이라는 극단적인 선택을 할 수도 있다.

이처럼 '막힌 사람'을 어찌 해야 하는가? 남의 일이 아니고 내 가족의 일이면 어찌 해야 하는가? 어쩔 수 없이 밖의 정원사가 개입해야 한다. 그러나 그들은 설득되지 않는다. 훈계하고 야단치는 것으로는 더욱 안 된다. 감옥에 집어넣어도 별무효과이다. 이 경우 다음 에라스뮈스의 충고가 마지막 시도해 볼 수 있는 처방일 수 있다.

아첨은 낙심한 마음에 용기를 북돋워 주고 슬픔을 가라앉힌다. 무기력한 자들에게 자극을 주고 둔감해진 자들에게 생기를 주며, 병자들의 고통을 덜어주고 성난 마음을 진정시킨다. 사랑하는 사람들을 서로 끌리게 하여 맺어 주기도 한다. 또 어린아이를 격려하여 공부를 좋아하게 하고, 늙은이의 주름을 펴주기도 하며, 충고와 교훈을 칭찬으로 포장하여 군주의 비위를 거스르지 않고 암시해 주기도 한다. 요컨대 아첨은 사람을 더욱 유쾌하게 만들고 자기 자신을 더욱 소중히 여기게 해준다. 바로 이것이 행복의 핵심이다. 서로 긁어 주는 두 마리의 당나귀보다 더 다정한 것을 본 적이 있는가?[23]

안티스테네스는 "아첨꾼들 가운데 있는 것보다 까마귀 가운데 있는 편이 훨씬 낫다. 까마귀들은 죽은 자만을 먹어치우지만, 아첨꾼들은 산 자를 먹어치우기 때문이다."라고 아첨꾼을 경계하였다. 그러나 아첨이 먹어치우는 것은 정상적인 사람들이다. 바보들에게는 아첨과 칭찬이 최후의 묘약일 수 있다.

　태어나는 것보다 다시 태어나는 것이 더 어렵다고 한다. "사람은 변하지 않는다."는 말은 뼈아픈 진실이다. 더구나 사람됨은 유전되지 않는다. 그래서 세상도 변하지 않는다. 된 사람들이 떠난 자리에 갓 태어난 원시인들이 들어서기 때문이다. 그럼에도 불구하고, 또는 그러하기 때문에, 우리는 더욱 열사의 사막 산 정상이라는 최악의 조건에도 불구하고 진초록으로 서 있는 나무에 감동하는 것이다.

4

진리란
무엇인가?

개를 키워 본 사람은 끈에 묶인 개가 기둥을 한 방향으로만 돌아서 짧아진 끈 때문에 쩔쩔 매는 모습을 본 일이 있을 것이다. 코앞에 먹을 것을 두고도 간발의 차이로 먹지를 못하고 굶어야 한다. 반대 방향으로 돌면 된다는 것을 알지 못하기 때문이다. 덫에 걸린 멧돼지는 덫에서 다리를 빼지 못하고 죽거나 부상당한 채 사람 손에 잡힌다. 힘으로 말하자면 덫을 여는 것은 식은 죽 먹기이지만, 덫을 열면 된다는 것을 알지 못하기 때문이다.

사람도 마찬가지이다. 알지 못하면 어려운 삶을 살 수밖에 없다. 일리인이 말하고 있는 것처럼, 세상은 캄캄하고 공포의 대상이 될 수밖에 없으며, 그 세계 속에서 살아남기 위해 어리석은 짓을 할 수밖에 없는 것이다.

> 인간에게 있어선 법칙을 알 수 없는 세계에서 살아간다는 것은 곤란한 일이었다. … 그들은 도처에 복수심에 가득 찬 죽음의 요귀가 방황하면서 살아 있는 자에게 덤벼든다고 생각했다. 그리고 사냥에서 잡은 짐승은 언젠가는 자기를 죽인 자에게 복수할 것이다.
>
> 이 불행에서 피하고자 끊임없이 빌고, 부탁하고, 설복시키고, 물건을 바쳐서 요귀들의 비위를 맞추려고 애쓰지 않으면 안 되었다.
>
> 무지가 공포를 낳는 것이다.[1]

그런데 무지는 공포만 낳는 것이 아니다. 성난 바다를 달래기 위해 얼마나 많은 꽃다운 처녀들의 목숨을 바쳐야 했던가! 얼마나 많은 여성이 마녀로 몰려 화형에 처해졌던가! 사람들은 전염병이 돌 때마다 속수무책으로 쓰러졌으며, 종들은 죽은 상전의 저승길에 동행하기 위해 무더기로 순장殉葬 당했던 것이다.

오늘날 우리 인간의 삶은 옛날에 비하자면 말할 수 없이 개선되었다. 세계에 대하여 보다 많이 알게 되었기 때문이다. 그러나 무지의 문제는 여전히 남아 있다. 알지 못하면 손해를 보고, 무엇보다도 사람 노릇을 할 수도 없고, 사람대접을 받지 못하기 때문이다. 그래서 브레히트는「배움을 찬양함」이라는 시에서 다음과 같이 노래하고 있다.

가장 단순한 것을 배워라! 자기의
시대가 도래한 사람들에게는
결코 너무 늦은 것이란 없다!
알파벳을 배워라, 그것으로 충분하지는 못하지만
우선 그것을 배워라! 꺼릴 것 없다.
시작해라! 당신은 모든 것을 알아야만 한다!
당신이 앞장을 서야만 한다.

배워라, 난민 수용소에 있는 남자여!
배워라, 감옥에 갇힌 사나이여!
배워라, 부엌에서 일하는 부인이여!
배워라, 나이 60이 넘은 사람들이여!

학교를 찾아가라, 집 없는 자여!

지식을 얻어라, 추위에 떠는 자여!

굶주린 자여, 책을 손에 들어라. 책은 하나의 무기다.

당신이 앞장을 서야만 한다.

묻기를 서슴지 말아라, 친구여!

아무것도 믿지 말고

스스로 조사해 보아라!

당신 자신이 알지 못하는 것은

당신이 모르는 것이다.

계산서를 확인해 보아라!

당신이 그 돈을 내야 한다.

모든 항목을 하나씩 손가락으로 짚어 가면서

물어보아라, 그것이 어떻게 여기에 끼어들게 되었나?

당신이 앞장을 서야만 한다.[2]

지식 안다는 것은 무엇인가? 어떤 경우에 우리는 '안다'라고 말할 수 있을까? 어느 가난한 백수白手가 로또 복권을 샀다. 그리고 아내에게 말한다. "이제 우리도 살 만한 날이 올 거야. 복권에 당첨될 것이거든." 아내는 들은 체도 안 한다. 백수는 답답하다는 듯 덧붙인다. "분명해. 어제 밤에 돼지꿈을 꾸었어!" 그런데 이게 웬일인가!? 그는 실제로 일등에 당첨된 것이다.

이 경우 "나는 복권에 당첨될 것이다."라는 것을 백수가 알고 있었던 것일까? 아니다. '지식'이란 '정당화된 참된 믿음'을 말하기 때문이다. 그는 복권에 당첨될 것이라는 믿음을 가지고 있었고, 실제로 그 믿음은 참이 되었다. 그러나 그는 그 믿음이 왜 참인지를 정당화시키지는 못하였다. 돼지꿈을 꾸었다고 언제나 복권에 당첨되는 것은 아니기 때문이다.

　우리는 어떤 종류의 믿음도 가질 수 있다. 그래서 구미호가 미녀로 둔갑하여 남자를 유혹한다는 것을 믿을 수도 있고, 달나라에 토끼가 산다는 것을 믿을 수도 있으며, 죽은 남편이 부활한다는 것을 믿을 수도 있다. 그러나 이 믿음이 지식으로 인정되기 위해서는 두 가지 조건이 더 충족되어야 한다. 먼저 믿음의 내용이 참이어야 한다. 죽은 사람이 부활한다는 것이 사실이어야 한다. 나아가 그 믿음이 단순한 믿음이 아니라 참이라는 것이 정당화될 수 있어야 한다. 죽은 남편이 부활한다는 것이 왜 참인가? 이 물음에 대하여 논리적으로 수긍할 만한 이유가 있어야 하는 것이다.

정당화　지식을 확장해 온 인류의 지성사는 믿음을 지식으로 전환시켜 온 과정이라 할 수 있다. 인류의 지혜로운 선조들이 그들의 믿음이 단순한 주관적인 믿음이 아니라 객관적인 참이라는 것을, 또는 적어도 객관적인 참에 매우 가깝다는 것을, 정당화시킴으로써 방대한 양의 지식이 축적되었다. 그래서 미신은 과학으로 대체되고, 원시인들은 문화인이 되었다. 그 어느 때보다도 우리는 세계와 우리 자신을 이해할 수 있게 되었고, 감히 존재의 '비밀'을 훔쳐볼 수 있다는 희망을 가지게 되었다. "지식처럼 인간에게 자유를 주는 것이 없다."는 투르게네프의 말처럼, 지식은 인간을 자연에 대한 공포, 육체적 노동 그리고 지적 우상으로부터 해방시켰다.

이러한 지적 발달사 속에서 뚜렷이 빛나는 영웅들은, 힘세고 용맹한 장군이 아니라, 당연히 정당화를 잘하는 사람들이었다. 과학자들이란 다름 아닌 자연 현상에 대한 자신들의 신념들을 잘 정당화시키는 사람들이다. 그들은 자연 현상에 관한 자신들의 신념을 정당화하는 글을 논문이나 책의 형식으로 발표하고, 발표된 견해가 동료 과학자들에 의해 받아들여질 경우 과학 법칙이나 이론으로 인정받는 것이다.

우리는 누구나 생명체의 기본 단위가 세포라는 것을 알고 있다. 그러나 이 사실은 1665년 영국의 로버트 후크가 처음으로 과학자들에게 설득력 있게 제시함으로써 인류의 지식으로 편입되었다. 상대주의의 시대인 오늘날 상대성 이론은 존재의 보편 구조로 인식될 만큼 상식에 속한다. 그러나 이 이론에 대한 영예는 아인슈타인에게만 돌아가며, 그것은 그가 1905년에 특수상대성이론을 설득력 있게 정당화시켰기 때문이었다. 다윈이 1859년 『종의 기원』이라는 책을 통해서 진화론을 발표하기 전에도 진화론적 세계관을 가진 사람들은 많이 있었다. 그러나 오직 그 신념을 체계적으로 정당화시킨 다윈만이 그의 이론과 함께 위대한 학자로 존경받는다. 인류의 지성사에서 영웅은 자신의 신념을 잘 정당화시키는 사람들이었던 것이다.

일반적으로 이 정당화를 잘하는 사람은 대접을 받는다. 학자도 되고 전문가도 되고 권위자도 된다. 물론 학자라고 해서 모두 같은 것은 아니다. 자신의 독창적인 견해를 잘 정당화시키는 학자는 세계적으로 인정받고, 매년 가장 탁월한 이론을 내놓은 전문가는 노벨상을 받기도 한다. 그런가 하면 독창적인 견해를 잘 정당화시킬 수 없는 학자는 세계 무대에서 명함을 내밀 수도 없다.

정치가도 자신의 정치적 신념을 잘 정당화시킬 수 있어야 유권자의 지지를 받을 수 있다. 심지어는 길거리의 노점상도 자기 상품의 우수성을 고객들에게 설득시킬 수 있어야 돈을 벌 수 있다. 반면에 아무리 좋은 생각을 가지고 있어도 그것이 참이라는 것을 정당화시킬 수 없으면, 아무 소용이 없다. 그리고 독단, 편견, 억측, 오판, 환상, 육감 등으로 '사이비 정당화'를 일삼는 사람들은 사회적으로 이렇다 할 역할을 하지 못한다.

경험 그럼 어떻게 해야 정당화를 잘 할 수 있을까? 가장 원초적인 정당화는 감각 경험을 통해 이루어진다. 언젠가 러셀은 자신이 사망했다는 신문 보도를 보았다. 그러나 "러셀은 죽었다."는 신문 기사는 정당화되지 않는다. 이 주장은, "러셀은 살아 있다."는 러셀 자신의 직접 경험에 의해 반증되기 때문이다. 예수가 부활했다는 말을 듣고 예수의 열 두 제자 중 하나인 도마는 "내가 그 손의 못 자국을 보며 내 손가락을 그 못 자국에 넣으며 내 손을 그 옆구리에 넣어 보지 않고는 믿지 아니하겠노라."라고 말한다. 도마는 예수의 부활을 자신의 직접 경험을 통해 확인해 보지 않고서는 믿을 수 없었던 것이다.

일반적으로 오관을 통한 경험은 가장 확실한 지식의 기반이 된다. 우리는 보고, 듣고, 냄새 맡고, 맛보고, 만지는 경험을 통해서 세계에 관한 많은 사실들을 알게 된다. 설탕은 달고, 고춧가루는 맵고, 태양은 눈부시게 밝고, 불은 뜨겁고, 가시에 질리면 아프다는 것을 직접 경험을 통해서 안다.

물론 감각 경험은 잘못될 수 있다. 환각제에 취한 사람은 집채만 한 분홍색 코끼리가 작은 방문으로 걸어 들어오는 환상을 본다. 절단된 다리가 가려워서 잠을 못 이루는 사람도 있다. 그리고 이러한 비정상적인 경험이 아닌 정상적인 경험도 문제의 소지가 많이 있다.

첫째, 형태심리학에서 말하는 스트로보스코프 운동의 경험은 '정확한 경험'이 무엇인지를 의심케 한다. 영화관에서 영화를 볼 때 우리가 보는 것은 1초에 26컷의 정지된 필름이다. 그런데 우리는 연속적으로 보이는 정지된 화면들을 움직이는 상으로 보는 것이다.

둘째, 애매한 그림(다의도형)의 문제가 있다. 샴페인 잔으로 보이기도 하고, 두 사람이 마주보는 모습으로 보이는 그림이 있다. 아름다운 젊은 여자로도 보이고, 매부리코 할머니로도 보이는 그림도 있다. 어떤 그림으로 보는 것이 '정확한' 것일까?

셋째, "개 눈엔 똥만 보인다."는 말이 있듯이, 우리는 '원하는 것'

만 보는 경향이 있다. 부부가 함께 산보를 하다가 우연히 이웃집 여자를 만나 잠시 안부를 묻고 헤어진다. 남편은 그녀의 미소 뒤에 숨은 고독을 본다. 그런데 부인은 그녀의 고독을 보지는 못하는 대신, 그녀가 유행이 지난 블라우스를 입었고, 쌍꺼풀 수술을 했으며, 가짜 다이아몬드 반지를 끼고 있는 것을 본다. 물론 남편은 부인이 보았다고 하는 것을 하나도 보지 못한다. 각자의 관심에 따라 보이는 것이 다르다는 것은 우리가 눈에 보이는 모든 것을 보는 것이 아니라, 자신의 관심사에 따라 선별적으로 본다는 것을 말해 준다.

넷째, 우리의 경험 영역은 매우 제한되어 있다. 현대 과학에 의하면 우리의 감각 경험은 자연 속에 존재하는 전자기적 파장을 감지하는 일에 해당한다. 예컨대 자연에는 수 옹스트럼(1옹스트럼=십억분의 1미터)에서 수천 억 옹스트럼(수백 미터)에 이르는 전자기파가 있다. 그런데 우리는 그 중 3천 8백 옹스트럼에서 7천 2백 옹스트럼 사이의 전자기파만을 볼 수 있다. 그래서 우리는 자외선도 볼 수 없고, X-선도 볼 수 없으며, 텔레비전 전파도 볼 수 없다. 이러한 경험 영역의 제한은 청각 등 다른 지각에도 마찬가지로 적용된다. 우리는 박쥐의 초음파 소리를 듣지 못하고, 지구의 자전으로 인해 발생하는 소리도 못 듣는다. 또 당연히 우리는 우주에서 날아오는 각종의 전자기파를 감지하지 못한다.

다섯째, 우리가 경험하는 것조차 실재의 모습인지가 의심스럽다. 예컨대 빨강 장미는 실재로 빨갛기 때문에 빨갛게 보이는 것인가,

아니면 우리의 시각 구조 때문에 빨갛게 보일 뿐인가? 이 문제는 인식론의 핵심적 주제로서, 철학 내에서도 아직 해결을 보지 못하고 있다.

마지막으로, '순수한 경험' 같은 것은 없다는 견해를 생각해 볼 필요가 있다. 데카르트는 바람 부는 추운 겨울 날 창밖을 내다보고 깨닫는다.

> 내가 문득 창 너머로 길을 지나가는 사람들을 바라본다고 하면, … 사람들 자체를 본다고 말한다. 하지만 내가 본 것은, 모자와 옷만이요, 그 밑에는 자동기계가 숨어 있을 수도 있지 않을까? 그러나 나는 그것들이 정말 사람들이라고 판단하며, 이와 마찬가지로 나는, 내가 눈으로 본다고 믿고 있던 것도, 오직 내 정신 속에 있는 판단의 능력만으로 이해하는 것이다.[3]

데카르트가 보는 것은 모자와 외투뿐이다. 그리고 그는 그것이 자동기계일 수도 있고 사람일 수도 있다고 생각한다. 결국 그는 모자를 쓰고 외투를 입은 사람이 걸어가는 것으로 판단한다. 데카르트의 순수한 경험은 모자와 외투에만 국한된다. 그러나 그의 이성은 모자와 외투가 걸어가는 것을 용납하지 못한다. 또한 모자와 외투 속에 자동 기계가 있다는 것도 이성은 받아들이지 못한다. 길거리를 활보하는 자동 기계는 없기 때문이다.[4] 다시 말해서 모자를 쓰고 외투를 입은 사람이 걸어가고 있다는 데카르트의 경험은 이러한 여러 사실들을 전제로 한 이론의 산물이다. 데카르트의 '경험'은 순수하지 못한 것이다.

감각 경험은 이렇게 많은 문제들을 안고 있다. 그럼에도 불구하고 우리는 감각 경험이 지식의 초석이 된다는 점을 부인할 수는 없다. 감각 경험은 우리가 가장 신뢰하고 또 신뢰할 수밖에 없는 지식의 '원료'인 것이다.

현상계, 법칙계, 형이상학계 그런데 대부분의 지식은 우리가 감각적으로 경험할 수 있는 한계를 넘어서는 내용을 담고 있다. 지식의 대상을 현상계, 법칙계, 그리고 형이상학계로 나누어 연구해 보자.[5]

'현상계'는 우리가 감각적으로 경험할 수 있는 세계이다. 이 세계 속에서 우리는 번개가 치는 것을 경험한다. 이 세계 속에서 해가 뜨고, 태풍이 불고, 사과가 떨어진다. 이 세계 속에서 대포를 쏘고, 기도를 하고, 장례를 치른다. 이들 현상계 속의 사건들은 어느 것이나 우주의 전 역사를 통해서 단 한 번만 일어나는 특수한 것들이다. 우리는 경험을 통해서 이러한 사건들에 대한 지식을 얻는다.

'법칙계'는 현상계의 배후에서 현상계의 사건들이 일어나게 하는 법칙들의 세계이다. 우리는 왜 번개가 치는지가 궁금하다. 고대 그리스 사람들은 제우스신이 노해서 번개가 치는 것이라고 설명하였다. 그러나 현대 과학자들은 구름을 이루는 물 분자 속의 전기가 방전되기 때문이라 설명한다. 이처럼 우리는 현상계에서 일어나는 일들을 법칙의 산물로 이해하고자 한다. 물리학, 화학, 생물학, 지구과학과 같은 자연과학은 자연 현상의 법칙성을 탐구한다. 정치, 사회, 역사 등의 문화적 현상에 대한 법칙성이 탐구되기도 한다. 법칙은 특수 사건들의 '배후'에서 특수 사건들이 발생하도록 하는 일반적 원리이다. "액체 속에 잠긴 물체는 그것이 밀어낸 액체의 무게와 같은 힘으로 떠오른다."는 '아르키메데스의 원리'는 아르키메데스로 하여금 이 원리를 깨닫게 한 특수 사실에만 적용되는 것이 아니라, 액체 속에서 물체가 떠오르는 특수한 사건들 모두에 적용되는 일반적 법칙이다. 그리고 이 일반성은 라이헨바흐가 지적한 대로 '지식의 요체要諦'이다.

'형이상학계'는 현상계와 법칙계 전체를 뒷받침하는 세계이다. 왜 세계는 법칙적일까? 과연 세계는 법칙의 산물인가, 아니면 인간이 세계를 법칙의 틀로 볼 뿐인가? 도대체 인간은 그리고 세계는 왜 존재하는 것일까? 인간은 단지 물질인가, 아니면 정신이기도 한가? 이러한 물음들에 대한 답들은 모두 형이상학계에 속한다. 형이상학계에 속하는 명제들은 현상계에 속하는 모든 사건들과 법칙계에 속하는 모든 법칙들을 총체적·정합적으로 설명하고자 한다. 형이상학적 명제들은 우주의 전 역사를 꿰뚫는 거대한 담론의 성격을 가지고 있다.

물리학은 법칙계에 관한 학문이지만, 공학은 현상계에 속하는 학문이다. 물리적 법칙을 탐구하는 것이 아니라 물리적 법칙을 응용하는 분야이기 때문이다. 정치학, 경제학, 사회학 등의 분야도 법칙을 추구하지 않는 한 현상계에 관한 학문이다. 예술 활동은 현상계에서 일어나지만, 미의 본질에 대한 탐구는 형이상학계에 속한다. 종교학도 종교 현상을 다루는 학문이다. 종교 현상에 내재하는 어떤 본질을 탐구하게 되면 형이상학계 속하는 종교 철학이 된다. 유신론, 무신론, 유물론, 본질주의, 이성주의, 낭만주의, 실존주의 등은 모두 형이상학계에 속하는 이론들이다.

조각그림 맞추기 법칙계와 형이상학계는 우리가 경험할 수 없는 세계이다. 그럼에도 불구하고 우리는 경험적 사실을 전제하여 경험할 수 없는 세계에 관한 주장을 편다. 어떻게 이것이 가능할까? 일반적으로 경험에 근거하여 지식을 확장하는 것은 어떻게 가능할까?

지식을 확장하는 것은 조각그림(퍼즐)을 맞춰 가는 것과 유사하다. 아이들이 조각그림 맞추기를 하고 있다. 그들은 조금씩 모양이 다른 조각을 이리 맞추고 저리 맞추면서 그림을 완성해 간다. 정체가 불분명한 조각들이 모두 자기 자리를 차지하는 순간 조각그림은 완성된다.

인간이 지식을 확장해 가는 것도 이와 유사하다. 현상계에 관한 경험을 통해 얻은 자료들은 '지식'이라는 조각그림 맞추기의 기본 '조각'이 된다. 그런데 놀이를 위한 조각그림 맞추기와 지식을 위한 조각그림 맞추기는 중요한 점에서 다르다.

첫째, 놀이조각들은 모두 주어져 있지만 지식 조각들은 그렇지 않다. 주어진 지식 조각들은 오직 감각 경험을 통해서 얻는 자료들이고, 이 자료들만으로는 그림을 완성할 수가 없다. 조각들 사이에 빈자리가 너무 많기 때문이다. 이 빈자리는 단순히 우리의 경험이 불충분해서 생긴 것이 아니다. 조각들 사이의 빈자리는 원칙적으로 우리가 경험을 통해서 알 수 없는 부분이기 때문에 생긴 것이다. 그러나 우리는 이 빈자리를 여러 가지 추리를 이용하여 메운다. 과연 어떤 조각으로 빈자리를 메우는 것이 최선인가 하는 '정당화'의 문제가 여기서 발생한다.

둘째, 놀이를 위한 조각그림 맞추기와 지식을 위한 조각그림 맞추기는 보다 중요한 점에서 다르다. 전자의 그림은 주어져 있으나, 후자의 그림은 주어져 있지 않다. 어린이들은 완성될 조각 그림이 어떤 것인지 안다. 그림이 주어져 있기 때문이다. 그래서 그들은 주어진 그림을 보면서 조각들을 맞추어 가면 된다. 그러나 우리는 완성된 지식의 체계가 어떤 것인지 모른다. '그림'이 주어져 있지 않기 때문이다. 만일 신이 세계를 창조하였다면, 세계 창조를 위한 신의 '설계도'가 그 '그림'에 해당할 것이다. 그러나 우리들에게는 신이 세계를 창조했는지 자체가 조각그림 맞추기의 빈자리에 적합한지를 논해야 할 문제이다.

완성된 지식 체계의 그림이 주어져 있지 않다는 사실은 지식의 정당화를 위한 우리의 작업이 얼마나 어려운 일인가를 단적으로 보여 준다. '토막 쌓기' 놀이를 생각해 보자. 몇 종류의 나무토막들을 아이들에게 주고 마음대로 가지고 놀게 한다. 아이들은 토막들을 여러 모양으로 쌓아 올려 집을 만들기도 하고 탱크를 만들기도 한다. 자, 어떤 작품이 가장 '완성된' 것일까? 이 물음은 어리석다. 완성된 작품의 그림이 주어져 있기 않기 때문이다. 멋있는 집의 모양을 갖춘 작품 또는 미완의 집, 심지어는 아무렇게나 흩어져 있는 토막들도 완성도 면에서 아무 차이가 없다. 따라서 어떤 토막이 어디에 들어가야 한다는 것을 정당화시키는 것 자체가 무의미하게 된다.

우리의 '지식 쌓기' 놀이 역시 아무 그림이 주어져 있지 않기 때문에 원칙적으로 위와 같은 문제점으로부터 자유롭지 못하다. 어떤 지식의 체계가 완성된 것 또는 '진리'인지 확신할 수 없는 것이다. 그래서 콰인에 의하면 과학과 신화의 차이는 정도의 차이일 뿐이다. 이러한 문제점을 극단적으로 밀고 나아가면 현대 철학의 큰 흐름인 포스트모더니즘 또는 '지적 무정부주의'에 봉착하게 된다.

진리는 왜? 우리의 지식 조각그림 맞추기 또는 진리 탐구는 원칙적으로 극복할 수 없는 난관에 봉착한 듯싶다. 그럼에도 불구하고 우리는 진리를 찾고자 하고 또 찾아야 한다. 왜 그럴까?

먼저 생각해 볼 수 있는 답은 '생존을 위해서'이다. 진리가 생존에 유리하기 때문이라는 것이다. 그러나 역사는 진리보다도 오히려 허위가 생존을 위해 유리하고, 오히려 진리가 생존에 불리한 경우가 많았다는 사실을 증언해 준다. 진리는 밥을 먹여 주지도 않고, 사실 매우 위험하기까지 하다. 소크라테스는 광장이나 길거리에서 사람들과 '진리'를 논하다가 "젊은이들을 타락시키고 신을 모독하였다."는 죄목으로 기소되어 독배형에 처해졌다. 예수는 "나는 진리를 증거하려고 났으며 이것을 위해 세상에 왔다."고 했지만 십자가형에 처해졌다. 브루노는 "우주는 무한하고, 우리의 세계와 유사한 다른 세계가 존재할 가능성이 있다."고 가르친 죄명으로 화형 당하였고, 지동설을 주장하던 갈릴레오는 교황청 법정에 엎드려 "지구가 세계의 중심이 아니며 움직인다는 거짓된 견해를 모두 버리겠다."는 맹세를 하고 간신히 목숨을 부지하였다.

그럼에도 불구하고 인간은 진리를 갈망하고 추구해 왔다. "지금부터 여러분이 할 일은 무엇이 진리에 맞는가를 연구하여 결정하는 것이 아니라, 무엇이 나치 혁명의 이념에 일치하는가 아닌가를 판단하는 일임을 명심하시오."라는 나치 문교장관의 말을 듣고도 진리를 포기할 수 없는 학자들은 세계 각국으로 망명하였다. 지금 이 순간에도 강의실에서, 연구실에서, 실험실에서, 도서관에서 수많은 사람들이 진리를 발견하기 위해 연구하고 있으며, 수많은 사람들이 진리에 도달하기 위해 기도에 정진하고 고행을 자청하고 있다. 이 모든 사람들은 왜 진리를 추구하는 것일까? 왜 키르케고르는 "진리를 발견해야 하며, 내가 그것을 위해 살고 죽을 수 있는 그런 이념을 발견해야 한다."고 생각하고, 왜 루소는 "일생을 진리에 헌신한다."는 표어를 내걸고 살았을까? 진리가 무엇이기에?

"진리란 무엇인가?"라는 물음에 대한 답은 대개 거대한 형이상학적 체계의 형식을 취하고 있다. 플라톤의 이데아론, 라이프니츠의 단자론, 스피노자의 범신론, 데카르트의 심신이원론, 키르케고르의 유신론적 실존주의와 같은 철학 사상들은 물론 기독교와 불교를 비롯한 여러 종교의 교리들과 사상들이 진리의 후보들로 제시된 것들이다.

이러한 '후보'들이 말하는 '진리'의 내용은 서로 다르다. 그러나 이들이 공통되게 전제하는 것은 유사하다. 즉, 진리는 존재하는 모든 것을 떠받치고 있는 영원불변한 존재의 기반이요 원리라는 것이다. 진리는 우주 안의 모든 존재에 존재 의미를 부여하고 존재의 위상을 정해 준다. 진리로 인하여 세계는 존재하게 되었으며, 진리로 인하여 인간은 분명한 존재 이유와 의미를 가지고 살 수 있다는 것이다.

이러한 진리를 알지 못하고서는 인간에게 세계는 하나의 거대한 의문부호로 남는다. 이성적 존재로서의 인간에게 있는 그대로의 세계는 미완의 조각그림이다. 특수하고 우연한 사건들이 모두 그저 일어난다는 말인가? 어떻게 이 놀라운 세계가 우연히 그리고 아무렇게나 흩어져 있는 사건들의 하치장에 불과하단 말인가?

그래서 인간은 잡다한 사물들을 어떤 질서의 틀에서 보고자 한다. 그래야 사물들과 사건들은 안정되고, 인간도 '이성적 평온'을 맛본다. 이러한 '진리의 빛' 속에서야 세계의 거대한 수수께끼가 풀린다. 진리는 존재의 비밀을 푸는 열쇠인 것이다. 만일 우리가 진리를 깨달으면, 우리는 세계를 이해하고 삶과 역사를 꿰뚫어 볼 수 있게 되는 것이다.

진리를 알지 못하고서는 인간의 삶은 방황이요 시행착오에 그치게 된다. 만일 인간사에 질서나 방향을 부여하는 진리가 존재하지 않는다면, 인간은 우주적 미아에 불과하다. 왜 집을 짓고 다리를 놓고 은행에 예금을 해야 하는가? 물론 구체적인 행위들에 무대 내적 의미는 부여할 수 있을 것이다. 그러나 무대 내적 의미만으로 인간은 만족하지 못한다. 우리의 등을 치는 것은 언제나 "그래, 어쨌다는 거냐?(So what?)"라는 자조적인 물음이기 때문이다. 진리가 없는 상태에서 이 물음은 모든 무대 내적 의미와 가치에 찬물을 끼얹는다. 그래서 예컨대 종교는 인류를 이러한 '붕괴'로부터 구원하기 위한 '진리'의 역할을 자처하는 것이다.

어떤 특정한 종교를 가지고 있지 않다 하더라도 진리를 추구하는 정신은 대체로 종교적이다. 그들은 진리가 존재한다고 확신한다. 그리고 그들은 그 진리와의 존재론적 합일을 소망한다. 자신의 존재를 낯설고 다양하고 예측할 수 없고, 거칠고 정돈되지 않은 위험한 '땅'으로부터 진리의 광채 속으로 승화시키고자 한다. 그래서 그들은 진리를 추구하고, 이를 위해 심지어는 순교까지 서슴지 않는다. 인간은 왜 진리를 추구하는가? 그것은 인간이 현세로부터의 구원을 원하고, 진리를 통해 구원이 이루어진다고 생각하기 때문인 것이다.

진리는 어떻게? 완성된 지식의 체계에 대한 그림은 없다. 그런데도 오늘날 우리 지구촌은 지식으로 넘친다. 최근까지도 우리는 자살이 전적으로 자살자의 '결심'의 문제인 것으로 생각했다. 그러나 이제 우리는 자살 충동을 일으키는 유전자가 있다는 것을 안다. 우리는 1mm 정도 되는 선충과 인간의 유전자가 약 40%나 동일하다는 새로운 지식을 큰 놀라움 없이 받아들인다. 도대체 어떻게 이러한 지식의 진보가 가능한 것일까? 몇 가지를 짚어 보자.

첫째, 우리의 지적 탐구는 진공 속에서 이루어지는 것이 아니다. 무엇보다도 우리는 현상계에 대한 방대한 경험적 자료들을 가지고 있다. 이 경험 자료들은 지적 탐구의 단초가 되고 근거가 된다. 이 경험적 자료 자체는 종잡을 수 없는 개별자들의 집적물일 뿐이다. 그러나 이들은 법칙계와 형이상학계에 대한 지적 탐구를 할 수 있게 하는 소중한 원자재이다.

둘째, 우리는 자연의 제일성齊一性에 대한 신념을 가지고 있다. 무질서하고 자의적으로 발생하는 듯한 현상들이 사실은 어떤 일정한 규칙에 따라 발생한다고 믿는 것이다. 이 믿음은 여러 가지 추리들을 가능하게 하는 대전제에 해당한다. 이 믿음에 따라 우리는 다양한 현상들을 일정한 방식으로 일반화하고, 현상들 간의 인과적 법칙을 '발견'하며, 가장 추상적인 수준에서 세계를 총체적으로 설명하고자 하는 형이상학적 '진리'를 탐구한다. 세계가 왜 변덕스럽지 않고 어떤 일정한 성격을 가지고 있다는 것인가? 이 물음에 대한 답은 없다. 우리가 그렇게 믿고 있을 뿐이다.

셋째, 또한 우리는 지식의 체계가 정합적이라는 신념을 가지고 있다. 지식의 체계가 정합적이기 위해서는 적어도 모순을 포함해서는 안 된다. 새로운 지식은 기존의 지식과 잘 어울리고 나아가 기존의 지식 체계를 강화시킬수록 좋다. 도대체 왜 지식의 체계가 정합적이어야 할까? 왜 지식의 체계는 모래알과 같은 정보 부스러기들의 단순한 집적이면 안 되는가? 이 물음에 대한 답은 먼저 우리의 인간성에서 찾아볼 수 있다. 이성적 존재로서의 인간에게는 무엇보다도 세계가 이성적으로 보다 더 잘 이해할 수 있는 것이어야 하고, 그러기 위해서는 세계에 대한 지식의 체계가 정합적이어야 하기 때문이다.

우리의 이성은 세계가 어떤 일관된 원리 또는 원리들의 체계이기를 요구한다. 그래서 한 분야에서 인정되는 정론과 양립하지 않는 견해가 다른 분야에서 정론으로 인정되는 것을 우리의 이성은 용납하지 못한다. 이 점은 종교적 교리에도 예외 없이 적용된다. 그래서 로마 교황청도 갈릴레오 재판을 잘못된 것으로 인정하였으며, 진화론을 수용하는 방식으로 창조론을 수정하였던 것이다.

넷째, 우리는 주어진 전제들로부터 새로운 지식을 도출시킬 수 있는 지적 탐구의 방법론을 가지고 있다. 논리와 비판적 사고가 그 것이다. 다음 투르게네프의 시 「참새」를 가지고 연구해 보자.

나는 수렵狩獵에서 돌아오는 길에 뜰에 줄지어 서 있는 나무 사이를 거닐고 있었다. 개가 내 앞을 달려가고 있었다.

이때 갑자기 개가 발을 멈추고, 마치 눈앞에 야수野獸라도 있음을 예감했다는 듯이 조심스럽게 살금살금 걷기 시작하였다.

나는 나무들이 있는 곳으로 눈을 돌렸다. 주둥이가 노랗고 머리에 솜털이 난 한 마리의 어린 참새를 보았다. 이 참새는 둥지에서 떨어져 … 겨우 생긴 듯 만 듯한 작은 날개를 힘없이 벌리고 가만히 있었다.

나의 개는 작은 참새 쪽으로 천천히 다가가고 있었다. 이때 별안간 가슴팍이 검은 한 마리의 참새가 가까운 나무에서 뛰어내리듯 날아와서, 개의 코밑 바로 옆에 돌덩이처럼 쓰러지듯 넘어졌다. 이 참새는 온몸의 털을 곤두세우고, 몸을 바싹 당겨 절망적이고 가련하게 삐이삐이 소리를 지르며 이를 드러내고, 크게 벌린 개의 주둥이를 향해서 두 번씩이나 뛰어 올랐다.

참새는 제 새끼를 구하려고 몸을 내던져 제 몸으로 새끼의 몸을 감싼 것이다. … 그러나 참새의 작은 몸은 쉴 새 없이 무서움에 떨고, 울음소리는 야성미를 띠고 목청은 잠기고 말았다. 참새는 정신을 잃었다. 자기 몸을 희생한 것이다. 참새에게는 개가 엄청나게 큰 괴물처럼 생각되었음이 분명하다! 아, 가만있을 수가 없었던 것이다. …… 즉, 의지보다도 강한 힘이 참새로 하여금 나뭇가지에서 몸을 던지게 한 것이다.

나의 트레졸은 발을 멈추고 뒷걸음질 쳤다. 필경, 그도 그 힘을 알아챈 것이 틀림없다.

나는 어리둥절하고 있는 개를 급히 불러 경건한 마음을 가지고 그 자리를 떠났다.

그렇다고 웃지 말아 주기를 바란다. 나는 그처럼 작고 영웅적인 새에게 그 새의 열정에 넘치는 사랑에 경건한 마음을 간직한 것이다.

사랑은 죽음과 공포보다도 굳세게, 사랑만이 생활을 지탱하며 생활을 향상시키는 것이라고 나는 생각하였다.

먼저 "참새는 제 새끼를 구하려고 몸을 내던져 제 몸으로 새끼의 몸을 감싼 것이다."라는 주장을 생각해 보자. 이 주장이 그리는 것은 우리가 경험적으로 알 수 있는 것이 아니다. 참새가 제 새끼를 구하려는 목적을 가지고 있는지를 관찰할 수 없기 때문이다. 그럼 투르게네프는 어떤 근거에서 이러한 주장을 하는 것일까? 이 주장은 사실로서가 아니라, 어미 참새의 몸짓을 설명하기 위한 가설로서 제시된 것이다. 투르게네프는 가설추리를 한 것이다.

그런데 투르게네프는 어떻게 그러한 가설을 던질 수 있었을까?

우리는 그가 참새와 인간의 행동 방식의 유사성을 전제하고 그러한 가설을 던졌을 것이라고 말할 수 있다. 그는 유비추리를 이용하여 가설을 추리한 것이다.

투르게네프는 트레졸이 뒷걸음질 치는 것을 보고, "필경, 그도 그 힘을 알아챈 것이 틀림없다."라고 생각한다. 그러나 어미 참새가 발휘하고 있는 모성애의 힘을 트레졸이 알아챘기 때문에 뒷걸음질 치는지 여부는 관찰에 의해 알 수 없다. 투르게네프는 트레졸의 뒷걸음질 치는 모습을 설명하기 위하여 다시 가설추리를 한 것이다.

투르게네프는 어리둥절하고 있는 개를 불러 경건한 마음을 가지고 그 자리를 떠났다고 고백한다. 그리고 그러한 자신의 행위를 보고 "웃지 말아 주기를 바란다."라고 말한다. 그런데 이 말은 단순히 투르게네프의 마음속에서 솟아난 소망이 아니라 이유가 있는 소망이다. 그는 그처럼 작고 영웅적인 새의 열정에 넘치는 사랑에 경건한 마음을 간직하고 있었기 때문에 웃지 말아달라고 요구한 것이다. 그는 연역추리를 한 것이다.

투르게네프는 마지막으로 "사랑은 죽음과 공포보다도 굳세게, 사랑만이 생활을 지탱하며 생활을 향상시키는 것이다."라고 생각한다. 이 주장은 일반적 주장이기 때문에 관찰에 의해 진위를 알 수 없다. 그러나 그는 이 말을 할 이유를 가지고 있었다. 그는 죽음과 공포에도 불구하고 어미 참새가 모성애를 발휘하여 새끼를 보호하는 장면을 '목격'한 것이다. 즉, 그는 귀납추리를 한 것이다.

투르게네프는 자신이 관찰한 것만을 말하고 있는 것이 아니다. 그가 관찰한 것들은 물론 '사실'로 주어져 있다. 그러나 그 사실만의 숲속은 투르게네프에게 미완의 세계이다. 왜 어미 참새가 그런 몸짓을 보이는지, 왜 트레졸이 뒷걸음질 치는지가 설명되지 않고서는 그의 경험적 자료들은 들어갈 자리를 찾지 못한 부속품들처럼 무의미하다. 가설추리와 유비추리를 이용하여 관찰된 사실들 사이에 놓인 빈자리를 가설들로 채움으로써 그림은 완성된다. 그리고 연역추리를 이용하여 자신의 태도를 정당화시키고, 마지막으로 귀납추리를 통해서 삶에 관한 통찰에 도달하고 있는 것이다.

진리를 위한 공동 투쟁 지식의 체계에 대한 완성된 그림을 가지고 있지 않다 하더라도, 이러한 이유들로 우리는 경험의 한계 너머로 지식을 확장해 갈 수 있다. 그래서 세계에 관한 여러 견해들이 등장한다. 법칙계와 형이상학계에 관한 주장들이 이론(가설)의 형식으로 등장한다. 기존의 지식 체계에 모순을 일으키는 경쟁 이론이 등장하면, 학문 공동체 내에는 모순을 해소 또는 해결하기 위한 '싸움'이 벌어진다. 학문 공동체의 구성원들은 공유된 탐구의 방법론에 따라 체계적인 논쟁을 벌인다. 서양의 경우 국제 학술지들이 학문적 논쟁의 장이 된다. 학술지에 한 이론이 발표되면, 다른 학자들이 문자 그대로 '벌 떼'처럼 대들어 물고 뜯는다. 그 결과 어떤 이론은 죽고 어떤 이론은 살아남는다. 살아남는 이론은 '정론'으로 인정되고, 우리

가 그것을 지식으로 받아들이는 것이다. 그것은 단순히 어떤 기인奇
人의 사적·주관적 신념이 아니라, '그것의 참이 정당화된 공적·객
관적 신념'인 것이다.

따라서 살아남는 이론들은, 비록 처음에는 특정한 개인이 내놓
은 것이지만, 결과적으로 보면 학문 공동체 전체의 공동 작품이라
할 수 있다. 이론들은 각 분야 전문가들의 비판, 제안, 충고 등에 따
라 수정·보완되고 나서야 학문 공동체의 구성원들이 공유할 수 있
는 견해로 인정되기 때문이다. 그래서 개인적 천재성의 산물로 보
이는 위대한 이론도 사실 학계 전체의 문제의식과 논쟁 수준의 함
수로 나타나는 것이라 할 수 있다. 뿐만 아니라 위대한 이론은 역사
적 산물이기도 하다. 그래서 위대한 이론은 인류의 공동 재산이 되
는 것이다.

오늘날 이러한 학문적 탐구의 가장 큰 성과는 아무래도 과학이
올리고 있다고 보아야 할 것이다. 과학은 명실상부한 진리 탐구의
첨병 역할을 하고 있는 것이다.

과학주의 근세 이전에는 성서에 반하는 과학적 생각이 오류요 이단
이었다. 그러나 현대는 비과학적인 것이 오류요 이단이다. 위세 등
등하던 기독교는 과학적 '사실'들과 양립되는 방식으로 성서를 해
석하지 않으면 시대착오적 독단으로 매도당할 가능성에 직면하게
되었다. 교황청이 직접 나서서 진화론을 받아들이고, 갈릴레오 재

판이 잘못되었다는 것을 인정해야 하는 지경에 이르렀다. 종교와 과학의 지위가 역전된 것이다.

역전극은 여기에 그치지 않는다. 과학은 근세 이전에 종교가 가지고 있었던 정치·사회적 권력을 거머쥐게 되었다. 과학자들은 경제 발전과 국가 안보와 심지어는 권력 유지에 깊이 개입하고 있다. '사회학'은 이미 '사회과학'이라고 간판을 바꿔 달았고, 심지어는 '인문학'도 '인문과학'이라고 부르는 해프닝이 벌어지고 있다. 침대는 가구가 아니고 과학이며, 마술도 눈속임이 아니라 과학이다. 똑같은 제품인데도 '바이오bio'라는 접두어를 붙여서 '보다 과학적'이라는 것을 과시하려 한다. 정말 과학자들은 이 시대의 마술사 같다. 그들은 매일 모자에서 새로운 '토끼'를 꺼내고, 사람들은 벌어진 입을 다물 사이도 없이 과학자의 '모자에서 나오는 토끼'를 현실 속에서 받아들이게 된다. 아무도 말릴 수 없다. 과학은 삶의 거의 모든 국면에서 우리를 지배하는 이 시대의 신으로 등극해 있는 것이다. 그래서 미국 철학자 암스트롱이 과학주의를 제창하는 것도 결코 무리가 아닌 듯싶다.

만일 우리가 모든 분야에서의 진리 탐구를 고려해 본다면, 자신들의 분야에 통달한 사람들이 다소 시간이 걸린 조사 끝에, 그리고 경우에 따라서는 한 사람의 일생이 걸리는 탐구 끝에, 무엇이 참인지에 대한 본질적 합의에 도달할 수 있는 것은 과학에서 뿐이라는 것을 발견하게 된다. 우리가 도대체 쟁점이 되는 문제들에 대한 지적인 동의에 도달한 듯이 보이는 것은 단지 과학적 탐구의 결과로서 나온 것뿐이다. … 과학은 논쟁이 가득한 무지의 바다 위에서 우리를 지탱시켜 주는 진리의 섬을, 또는 진리의 조각배를 제공해 주었다. … 나의 결론은 인간의 본성에 관한 최선의 실마리는 인간에 관한 철학이나 종교나 예술이나 도덕의 관점이 아니라 과학적 관점에서 찾아진다는 것이다.[6]

암스트롱이 지적하고 있는 것은 두 가지이다. 첫째, 현대인의 과학에 대한 절대적인 신뢰는 다른 학문 분야가 이루지 못한 진리의 발견 또는 진리 발견에 대한 희망을 과학이 제공해 주기 때문에 형성된 것이라는 점이다. 둘째, 예컨대 인간의 본성이 무엇인가를 탐구하는 문제를 포함한 과학 외의 다른 분야에 대한 탐구도 "철학이나 종교나 예술이나 도덕의 관점이 아니라 과학적 관점에서 찾아진다."는 점이다. 이쯤 되면 '과학주의'를 넘어 가히 '과학지상주의'가 아닐 수 없다.

어떻게 과학이 이처럼 지고한 위상을 확보할 수 있었을까? 크게 세 가지 측면에서 생각해 볼 수 있다. 첫째, 과학으로 인하여 삶의 질이 향상되었다. 둘째, 과학은 돈과 권력을 안겨 준다. 셋째, 과학은 존재의 비밀을 밝혀 주는 '진리' 탐구의 첨병이다. 이 점들을 하나씩 음미해 보자.

과학과 삶의 질 과학 및 과학기술의 발달은 인간의 삶을 과거 사람들이 상상할 수 없을 만큼 바꾸어 놓았다. 교통 혁명이 일어났다. 하루에 백 리를 걷는다 해도 열흘 넘게 걸리는 서울-부산 거리를 자동차로 다섯 시간, 비행기로는 한 시간도 못 걸려 갈 수 있다. 정보통신 혁명도 일어났다. 봉홧불이나 '인편人便'에 의존하던 때가 엊그제 같은데, 이제는 서울에서 뉴욕에 있는 사람과 화상회의를 할 수 있다. 인터넷에 들어가면 세계가 이웃집처럼 가까이 느껴질 정도로 거의 순식간에 접속이 된다. 그 안에는 온갖 정보가 넘쳐난다. CD롬 한 장에 알파벳을 기준으로 약 6억 5천만 글자에 해당하는 디지털 정보가 수록될 수 있다. 그래서 조선시대 태조에서 철종에 이르는 25대 472년간을 정리한 『조선왕조실록』은 국역본이 413권으로, 약 30년에 걸쳐 총 2백억 원의 예산과 5천 명의 전문 인력이 투입되어 완성을 본 것인데, 단 4장의 CD에 수록되어 누구나 간편하게 활용할 수 있다. 단 한 장의 CD에 노래 100곡을 수록하는데, 무려 7시간의 연주 분량이다. '기계'라는 현대판 노예의 등장으로 인간은 고된 노동으로부터 해방되었다. 15톤 덤프트럭 적재함에 흙을 가득 채우는 데는 1천 회 정도의 삽질을 해야 한다. 그런데 대형 포클레인으로는 4회 정도 퍼 담으면 된다. 비료, 살충제, 영농기계 등의 도움으로 산술적으로는 70억 세계 인구 전체가 먹고 남을 수 있는 식량을 생산할 수 있게 되었다. 유전공학의 미래는 가공할 만하다. 유전자 조작을 통한 동식물의 증산은 말할 것도 없고, 게놈

프로젝트가 작성하고 있는 인간의 유전자 지도가 완성되어 유전적 요인에 의한 질병을 근본적으로 치료할 수 있음은 물론, 노화나 지능 등의 문제도 해결할 수 있을 것이라는 전망이다. '복제 인간'이라는 말은 더 이상 사이언스 픽션에 나오는 말이 아니다. 수년 내에 사람 몸에 이식할 때 거부 반응을 일으키지 않는 돼지를 양산해 낼 것이며, 복제 기술을 이용하여 심장, 간, 신장 등 각종 이식용 장기를 만들 수 있다. 현재 의료용이나 탐지용으로 쓰이는 로봇은 1∼10cm 정도의 소형인데, 미크론(1천분의 1mm) 단위의 초소형 로봇을 개발할 날도 멀지 않았다고 한다. 혈액 세포보다 작은 초소형 로봇들은 피하주사를 통해 인체 내에 투입되어 체내에 축적된 콜레스테롤 등 노폐물을 파괴하고, 질병의 원인이 되는 바이러스를 찾아내어 이를 직접 제거하는 등의 일을 하는 초소형 '의사' 역할을 할 것이다. 암스트롱이 달에 첫발을 내디딘 것은 이제 옛 이야기가 되어 있다. 인간은 지구가 더 이상 살 수 없는 폐허가 될 날에 대비하여 화성을 탐사하고 있다.

현대 의학이 발달하기 전, 인류는 홍역, 천연두, 티푸스, 인플루엔자, 폐결핵, 흑사병 등의 전염병으로 수없이 희생되었다. 예컨대 흑사병은 14세기에서 17세기 사이에 유럽 대륙을 스무 번 이상 휩쓸었다. 1400년경의 유럽 인구는 흑사병의 발생 이전에 비해 3분의 1내지 2분의 1로 감소할 정도였다. 17세기에는 프랑스에서만 2백 만 명이 흑사병으로 희생되었다. 그 중 전 인구의 5%인 75만 명이 1628~32년 사이에 단 한 번 발생한 흑사병으로 죽을 정도였다. 1918년만 해도 몇 개월 만에 전 세계 10억 명이 감기에 감염되어 2천만 명이 목숨을 잃었다.

하루에 수천 명이 죽어 나가는 상황은 문자 그대로 생지옥이었을 것이다. 물론 이건 흑사병 하나의 예에 불과한 것으로, 모든 전염병에 의한 희생자를 생각해 보면 끔찍하지 않을 수 없다. 전염병이 아니더라도 사람들은 '시시한 병'으로 죽어 갔다. 세조는 종기로 죽었고, 데카르트는 감기에 걸려 죽었으며, 라이프니츠는 폐병으로 죽었고, 피히테는 아내와 함께 열병에 걸려 죽었다. 헤겔은 콜레라로 죽었고, 니체는 정신병으로 죽었으며, 천재 화가 고흐와 이중섭도 각각 37세와 40세에 요절했는데, 둘 다 정신병을 앓다가 죽었다. 아마 지금 같으면 간단히 치료할 수 있는 뇌종양이 병인이었을 것이다. 그러나 이제 우리는 이러한 병들을 염려할 필요가 없다. 예방주사와 페니실린과 항생제 등의 의약품이 우리를 지켜 주고 있기 때문이다. 현대 의학은 질병의 예방과 치료 차원을 넘어서서 수명의 연장에도 기여하고 있다. 백 년 전만 해도 45세 정도였던 평균 수명이 85세 정도로 높아졌다. 암이나 에이즈 등을 정복할 날도 멀지 않았고, 변신의 천재인 감기 바이러스를 무력화시키는 약품도 개발 중이란 소식이다.

과학은 돈과 권력 이처럼 과학은 삶의 조건을 획기적으로 개선하는 역할을 하게 되었고, 바로 그 이유 때문에 과학은 돈과 권력이 되었다. 과학 기술의 발달이 경제적 풍요를 가져온다는 것은 두 말할 필요가 없을 것이다. 새롭고 기발한 상품을 만들어 내지 못하는 나라는 경제적 후진국의 신세를 면할 수 없다. 나라의 경제를 발전시키기 위해서는 과학 및 과학 기술의 수준이 적어도 다른 나라들보다 뒤져서는 안 되는 것이다.

옛날에도 권력은 기술을 필요로 했었다. 설 자리가 있고 충분히 긴 지렛대만 있다면 지구도 들 수 있다고 큰소리쳤던 시라쿠사의 아르키메데스는 군사 기술자로서 큰 공을 세웠다. 로마군이 시라쿠사를 공격해 왔을 때 아르키메데스는 지레의 원리를 이용한 투석기로 돌을 퍼부어 적들을 괴멸시켰다. 해안에 수직으로 기둥을 세우고, 그 위에 긴 막대를 수평으로 올려놓은 시소 비슷한 기계를 만들어 접근한 적의 배를 들었다 놓았다 하는 방법으로 산산조각 내었으며, 큰 거울로 햇빛을 반사하여 적의 배를 태우기도 했다.

제1차 세계대전 때 과학자들은 독가스, 잠수함 U보트, 탱크를 비롯한 전쟁 무기를 개발하는 역할을 하였다. 특히 미국 과학자들은 잠수함 탐지기를 개발하여 독일 해군력을 약화시킬 수 있었다. 그들은 화학전에 대비하여 화학 무기를 개발하고, 방독면을 개량하고, 망원경용 렌즈를 개발하는 등 큰 역할을 하였다. 그래서 미국의 한 장군은 "이번 전쟁은 '연구'에 의해 승리했다."고까지 공언했던 것이다.

제2차 세계대전은 과학과 과학기술의 위치를 더욱 공고히 하는 계기가 되었다. 미국의 경우 독일의 U보트를 완전히 무력화시키는 레이더를 개발하는 데 성공하였다. 캘리포니아 공대가 고체 연료 로켓을 개발하고, 존스 홉킨스 대학이 근접 기폭 장치를 개발하기도 하였다. 그러나 과학의 힘을 가장 극적으로 과시하게 된 것은 원자탄의 개발이었다.

이러한 역사적 경험을 통해서 과학은 국가 보위의 '일등 공신'으로 인정되게 되었다. 정부와 과학의 밀착 관계는 우연한 일이 아니었던 것이다. 정부는 과학자의 능력을 깊이 인식하고 또 인정했으며, 그 능력을 개발하고 이용하기 위하여 아낌없이 투자하게 되었다. 불과 3백여 년 전만 해도 브루노가 화형을 당하는 등 과학자들이 수난과 박해를 면치 못했는데, 이제 과학자들은 권력의 최측근에서 부와 명예와 힘을 소유하게 된 것이다.

진리 탐구의 첨병 삶의 조건을 개선하게 하고, 경제적 풍요를 가져오게 하며, 국가의 안위를 위해 큰 기여를 하는 것만으로도 과학은 확고부동한 위상을 인정받을 수 있을 것이다. 그러나 이러한 실용적 이유보다도 더욱 중요한 것은 과학이 진리 탐구의 첨병이라고 자부할 수 있게 되었다는 점이다.

일찍이 철학은 '지혜(진리) 사랑'이라는 어원이 말해 주듯이 진리를 탐구하는 모든 학문의 총칭이었다. 그래서 18세기까지만 해도 과학자들은 자신들이 '자연의 진리'를 탐구하는 자연철학자라고 생각하였다. 그러나 철학은 그 오랜 전통에도 불구하고 '진리'라고 인정할 만한 옥동자를 낳지 못하였다. 철학자들은 많은 진리 후보를 내놓으면서도 어떤 것을 진리로 여길 것인가를 결정할 수 있는 방법론을 가지고 있지 못하였던 것이다.

반면 과학자들은 진리 여부를 가릴 수 있는 객관적인 판단의 방법을 가지고 있음이 드러났다. 그들은 어떤 가설이 제시되면, 현상에 대한 설명력이 있는지, 실험을 통하여 검증되는지, 가설을 지지하는 증거들이 있는지, 미래의 사건에 대한 예측력이 있는지, 그리고 다른 경쟁 가설들보다 더 좋다고 할 이유가 있는지 등을 종합적으로 검토함으로써, 제시된 가설을 받아들일지 여부를 판단한다. 그래서 과학 이론들은 과학자들의 학문 공동체에 의해 객관적으로 검토되고, 비판되고, 보완되고, 옹호되는 과정을 성공적으로 통과함으로써 '진리'의 이름을 얻게 되는 것이다.

이러한 과학적 탐구의 방식을 통하여 인류는 비로소 진리 발견의 희망을 갖게 되었다고 해도 할 말이 없게 되었다. "과학은 우주에 대한 신의 청사진을 추적하는 것이다."라는 아인슈타인의 말처럼, 과학자들은 마치 신이 감추어 놓은 보물을 찾아나서는 탐험가나 되는 것처럼 현상계 배후를 파고든다. 그리고 법칙들을 발굴해낸다. 그래서 그들은 '뜬 구름 잡는 소리만 하는 철학자들'을 제치고 진리 탐구의 첨병이라 자부할 수 있게 된 것이다.

과학 앞에 멈춰 선 인간 이러한 이유들 때문에 과학주의가 현대인의 이념이요 사고방식으로 자리를 잡게 된 것은 당연하다고 할 수 있다. 생텍쥐페리는 『어린왕자』에서 이 점을 잘 꼬집고 있다.

어른들은 숫자를 좋아한다. 새로 사귄 친구 이야기를 할 때면 그들은 가장 긴요한 것은 물어보는 적이 없다. "그 애 목소리는 어떻지? 그 애가 좋아하는 놀이는 무엇이지? 나비를 수집하는지?"라는 말을 그들은 절대로 하지 않는다.

"나이가 몇이지? 형제는 몇이고? 체중은 얼마지? 아버지 수입은 얼마야?" 하고 그들은 묻는다. 그제서야 그 친구가 어떤 사람인지 알게 된 줄로 생각하는 것이다. 만약 어른들에게 "창턱에는 제라늄 화분이 있고 지붕에는 비둘기가 있는 분홍빛의 벽돌집을 보았어요."라고 말하면 그들은 그 집이 어떤 집인지 상상하지 못한다. 그들에게는 "십만 프랑짜리 집을 보았어요."라고 말해야만 한다. 그러면 그들은 "아, 참 좋은 집이구나!" 하고 소리친다.[7]

과학은 세계를 일종의 비인격적인 거대한 기계로 보게 한다. 모든 것은 구체적인 크기와 무게와 모양을 가지고 있으며, 세계는 그러한 것들이 부품이 되어 이러저러한 모습으로 조립된 것이다. 그래서 켈빈 경이 지적하고 있는 바와 같이, 우리가 말하고 있는 것을 숫자로 나타낼 수 있을 때, 우리는 그것에 관해 무엇인가를 안다고 할 수 있다. 만일 "당신이 그것을 측정할 수 없고 숫자로 나타낼 수 없을 때, 당신의 지식은 빈약하고 불만족스러운 것이다. 그것은 지식의 출발일 수는 있다. 그러나 당신의 생각 속에서 당신은 과학의 단계로 거의 나아가지 못한 것이다."[8]

우리의 정체는 다른 무엇보다도 열세 개의 숫자 조합으로 된 주민등록번호로 확인된다. 모든 상품에는 '지브라 코드'와 함께 고유번호가 붙어 있고, 컴퓨터 정보는 모두 0과 1의 디지털 코드로 되어 있다. 혈압, 체온, 시력, 청력, 혈당, 콜레스테롤, 체지방 등이 숫자로 표시됨은 물론이요, 지능지수, 감성지수, 고통지수, 심지어는 국가 부패지수까지 있다. 물론 이러한 숫자놀이를 거부할 수는 있다. 그러나 그것은 곧 과학놀이를 거부하는 것이요, 따라서 현대적 삶으로부터의 소외를 의미한다.

우리는 과학이 이루어 놓은 성과를 인정하지 않을 수 없다. 브라운이 지적하고 있는 것처럼 종교의 자리에 과학이 들어설 정도인 것이다.

17세기 이전에는 우리의 세계관, 아니 문화 전체는 종교와 밀접히 연결되어 있었다. 사람들은 인생에 관한 커다란 의문의 해답이나, 무엇이 옳고 무엇이 그른가에 대한 지도를 종교에 기대하고 있었다. … 과학 혁명은 그것을 완전히 바꾸어 버리고 말았다. 오늘날 우리의 문명은 종교보다 과학에 훨씬 밀접하게 연결되어 있다. 브로노프스키의 말대로 중세에서는 "무엇을 말하건 그것이 종교적이기만 하면 상관없었다." 오늘날에는 "무엇을 말하건 그것이 과학적이기만 하면 상관없다."는 표현이 거의 옳을 것이다.[9]

과학주의의 시대에 '비과학적'인 생각을 하며 사는 것은 어리석은 일이고, 더구나 과학의 영향권에서 벗어나려고 하는 것은 부질 없는 일이다. 과학은 현대인의 우상이 되어 버렸다. 비트겐슈타인이 지적하고 있는 것처럼, 현대인은 과학 앞에 멈춰 선다. "마치 고대인들이 신神과 운명運命 앞에서 멈춰 섰던 것처럼."

과학은 미완 그러나 우리는 과학에 대하여 비판적 성찰을 할 필요가 있다. 맹목적으로 '과학'이라는 제단 앞에 무릎을 꿇기 전에 그 실체가 무엇인가를 알고, 그에 대한 올바른 자세를 정립하지 않으면, 과학은 인류의 재앙이 될 수 있기 때문이다. 과학주의적 세계관에 관하여 적어도 우리는 다음과 같은 점들을 반성해야 한다.

첫째, 과학이 우리들에게 알려주는 '진리'는 기껏해야 미완이고, 가설적이고, 제한되어 있으며, 가언적이다. 뉴턴은 그의 『자연철학의 수학적 원리』 제3권 마지막에서 중력을 도출한 그의 수학적 방법과 그것으로 그가 성취한 것의 한계를 고통스럽게 고백하고 있다.

지금까지 우리는 중력으로 하늘과 바다의 현상을 설명하였지만, 아직 이 힘의 원인을 규명하지는 않았다. … 나는 현상으로부터 중력의 속성들에 대한 원인을 발견할 수 없었고, 그리고 나는 가설을 만들지 않는다. 왜냐하면 현상으로부터 연역되지 않은 것은 무엇이나 가설이라 불리고, 형이상학적이든 물리적이든 가설들은 경험 철학에서 자리가 없는 것이다.[10]

뉴턴의 만유인력의 법칙은 우리들에게 하늘과 땅과 바다에 있는 질량을 가진 모든 대상이 왜 그러한 방식으로 움직이는지를 설명해 줄 뿐이다. 물론 우리가 그 '법칙'을 알 수 있게 되었다는 것은 대단한 일이다. 그러나 우리는 왜 만유인력의 법칙이 존재하는지를 알고 싶어 하고, 그 '지식'이 결여된 한 뉴턴의 법칙은 기껏해야 미완의 '진리'라는 생각을 떨쳐버릴 수 없다. 일반적으로 모든 과학 법칙은 미완의 설명이고, 데이비스가 말하고 있는 바와 같이 '궁극적인 설명'은 언제나 과학의 범주를 벗어난 것이다.

우리의 과학적 설명이 아무리 성공적이라 하더라도, 그 속에는 놀라운 가정이 포함되어 있다. 가령 물리학을 이용해 어떤 현상을 설명하려면, 물리 법칙의 타당성을 가정하지 않을 수 없다. 그러나 우리는 그 법칙들이 최초에 어디에서 왔는가라는 의문을 제기할 수 있다. 더 나아가 모든 과학적 추론이 토대를 두고 있는 논리의 기원에 대해

의문을 던질 수도 있다. 곧 우리는 신이든 논리든, 일련의 법칙이든 간에 다른 존재 근거를 가지는 무언가를 받아들이지 않을 수 없을 것이다. 따라서 '궁극적'인 물음은 항상 일반적인 정의에 따라 경험과학이라 분류되는 영역을 넘어서는 곳에 위치한다.[11]

뉴턴은 만유인력의 법칙이 '현상으로부터 연역'된 것으로서 가설이 아니라고 생각하고 있다. 물론 형이상학의 주장과 '경험 철학'의 주장은 분명히 구분된다. 전자는 경험적으로 검증 가능하지 않고, 후자는 검증 가능하기 때문이다. 그럼에도 불구하고 과학 이론은 유비추리, 귀납추리, 그리고 가설추리의 산물로서, 그 참이 증명될 수 없는 명제들로 이루어져 있다. 뉴턴이 그랬던 것처럼, 19세기 초의 과학자들은 이 점을 잘 모르고 있었다. 물리학의 기본 법칙을 발견하는 일이 거의 끝난 것으로 생각하는 과학자들도 있을 정도였다.

그러나 우리는 뉴턴 시대와 비교해 볼 때 현대 과학이 말하는 세계관은 괴물에 가깝다는 것을 알고 있다. 절대공간과 절대시간의 개념이 4차원적인 시공 개념으로 바뀌었다. 우리는 유클리드적 공간이 단지 이념 속에만 존재할 뿐 실제의 물리적 공간은 휘어 있다는 것을 받아들이지 않으면 안 되게 되었다. 우주에 시초가 있다는 생각은 성서의 창조설과 함께 배척되었는데, '대폭발 이론'은 창조론을 복원시켜 놓았다. 물론 우리는 뉴턴에서 아인슈타인으로, 아인슈타인에서 하이젠베르크로 이어지는 물리학 이론의 변화가 끝난 것이 아니라는 것을 안다. 과학 법칙이란 더 좋은 가설이 등장하기까지 잠정적으로만 챔피언(정설) 노릇을 하기 때문이다.

나아가 과학은 기껏해야 사실을 말할 뿐 가치와 의미에 대해서는 침묵한다. 목욕탕에서 저울에 올라가면 나의 몸무게를 알 수 있다. 그러나 저울은 내가 누구인지, 어떤 꿈을 가진 사람인지, 무슨 음악을 좋아하는지, 미남인지 아니면 추남인지에 대해서는 침묵한다. 따라서 저울이 가리키는 눈금을 나에 관한 모든 것이라 판단하는 것은 어리석다. 저울의 눈금은 나에 관한 지극히 부분적인 정보만을 말하고 있기 때문이다.

'수'라는 잣대 대신 '아름다움'이라는 잣대로 세상을 볼 수도 있을 것이다. 그래서 세계를 숫자적 좌표에 묶어 놓는 대신 아름다움과 추함의 틀로 볼 수도 있을 것이다. 사실 과학의 시대임에도 불구하고 현대인의 삶은 '실용성'이라는 잣대로 재단되고 있다. 모든 것에는 가격표가 붙어 있고, 사람들은 모두 높은 효용 가치를 추구하며 산다. 물론 이 경우 어떤 잣대가 옳은 잣대인가의 문제가 있다. 그러나 어떤 경우든 과학이 존재와 삶 모두를 어우르는 잣대가 아닌 것만은 분명하다.

물질의 신비화 이처럼 소위 '과학적 진리'라는 것은 기껏해야 미완이고, 가설적이고, 제한되어 있고, 가언적이다. 게다가 둘째로, 현대 과학이 지향하고 있는 유물론은 '물질의 신비화'라는 당황스러운 결과를 초래하게 된다. 현대 과학은 과거에 신과 인간의 정신이 했던 모든 일을 포함한 세계의 모든 것을 물질이 감당해야 할 몫으로 환원시키기 때문이다. 세계의 창조는 신이 아니라 물질이 한 것이다. 내가 가진 신념과 소망에 따라 자유롭게 결정한 나의 행위는 나의 뇌세포들이 '모든 것을 알아서' 처리한 일일 뿐이다. 과거에 물질은 생각 없고 눈먼 존재였다. 그러나 현대 과학의 세례를 받은 오늘날의 물질은 전지전능한 신성을 소유하게 된 것이다.

과연 물질이 그렇게 대단한 역할을 할 수 있는가? 또한 물질이 그렇게 대단한 역할을 한다 치더라도, 그러한 역할은 어떻게 생기게 되었는가? 이러한 궁극적 설명의 문제를 젖혀두고라도 우리가 생각해 볼 수 있는 것은, 유물론에도 불구하고 놀랍게도 존재계로부터 신적인 요소가 제거되지 않았다는 것이다. 현대 과학은 신을 제거한 것이 아니라, 신의 '거주지'를 변경시켰을 뿐이다. 그리고 신의 거주지를 변경시키는 것은 과학의 성과가 아니라 과학의 독단일 수 있는 것이다.

과학의 재앙　셋째, 과학은 세계에 평화와 번영을 안겨 줄 것이라는 근세 '자연철학자'들의 낙관론과는 달리 대재앙을 불러오고 있다. 비료 원료인 암모니아를 합성해 낸 독일 과학자 프리츠 하버가 제1차 세계대전 중 독가스를 제조한 데서 시작하여 과학은 무제한의 살육과 파괴를 위한 무기 개발에 복무하였다. 1945년 미국에서 최초의 핵폭탄 실험이 있은 이후 1989년까지 1,818번의 핵실험이 있었다. 그 중 미국과 소련이 전체의 86%인 1,500번 넘게 실시했다. 미국, 영국, 프랑스, 중국, 소련 등의 5대 핵보유국 외에도 인도, 이스라엘, 남아프리카공화국, 파키스탄 등이 핵개발에 성공한 것으로 우려되고 있으며, 아르헨티나, 브라질, 쿠바, 이집트, 이란, 시리아, 사우디아라비아 그리고 북한 등이 이미 핵개발 능력을 갖춘 것으로 알려져 있다.

세계에는 지금 2만 기가 넘는 핵 탄두 말고도 27개국에 총 443기의 원자력 발전소가 가동 중에 있다. 14개국 62기가 건설 중이며, 27개국 158개기가 더 건설되게 되어 있다. 우리나라도 전력의 절반 가량을 원자로에 의존하고 있다. 원자력 발전은 화력 발전과는 달리 공해 물질을 배출하지 않고 싼 값으로 '질 좋은' 전기를 대량으로 얻을 수 있다는 이점이 있다. 그러나 문제는 사고이다. 1986년 4월 26일에 발생한 구소련의 체르노빌 원자력발전소 폭발 사고로 현장에서 31명이 숨지고, 많은 부상자를 내었을 뿐만 아니라, 그 후유증이 말로 다할 수 없을 정도이다. 체르노빌은 '죽음의 땅'이 되었고, 기형아, 기형 동물이 잇따라 출생하고, 생태계가 변하였다. 사고 지점에서 수백 킬로미터 떨어진 나라들에까지 날아간 방사성 물질이 동식물에 축적되어, 이를 먹은 사람들이 결국 1천만 명 이상이 사망할 것이라는 주장이 제기될 정도이다. 실제로 세르디우크

우크라이나 보건장관은 "지난 6년간 발전소 해체 작업에 동원된 노동자 5천 722명과 이 지역 민간인 2천 510명이 사망했다."고 말했다. 그는 사고 수습에 참여했던 43만 2천여 명이 현재 암에서 우울증까지 다양한 병을 앓고 있으며 우크라이나 전역에 걸쳐 갑상선암 환자수가 전보다 10배나 증가했다고 공개했다.[12] 2011년 3월 11일 일본을 강타한 강도 9.0의 대지진과 뒤이어 밀어닥친 쓰나미로 인해 발생한 후쿠시마 원전 사고는 어떤 영화보다도 실감 있게 지구 종말의 가능성을 보여 주었다.

핵폭탄과 핵 발전소가 인류에게 재앙을 가져올 수 있는 가능성은 소위 '사이버 테러'가 현실로 다가오면서 더욱 높아지고 있다. 현재 전 세계의 컴퓨터는 인터넷을 통해 연결되어 있다. 그래서 해커나 테러리스트들이 다른 나라의 전산 시스템에 침투하여 핵 발전소를 폭파시키거나 핵폭탄을 발사시킬 수 있는 것이다. 실제로 1996년 5월에 발표된 통계에 의하면 미국 펜타곤에 해커들이 침투하려는 시도가 25만여 건에 달했고, 그 중 65%가 성공했다. 당시 미 국방부는 50여 개국에 이르는 나라들이 이러한 사이버 테러를 감행할 능력과 의사를 가지고 있다고 보고하였다.

전쟁, 사고, 또는 사이버 테러에 의한 핵폭발로 인류가 멸종할 위험은 단지 가능성에 그칠 수 있다. 그러나 환경 오염으로 인한 재앙은 당장 발등에 떨어진 불이 되어 있다. 1987년 2월 한 달 동안 멕시코시티에서는 하늘을 날던 수천 마리의 각종 새들이 도시 곳곳에 떨어져 죽는 사건이 발생하였다. 조사 결과 새들의 장기에서 다량의 납, 카드뮴, 수은 등이 검출되었다. 새들은 극심한 대기오염을 견디지 못하고 마치 하늘이 내린 저주처럼 멕시코시티 시민들 위에 떨어졌던 것이다. 인구 2천만이 넘는 거대 도시 멕시코시티에는 5백만 대의 자동차가 굴러다니고, 정유 공장과 화력발전소 등의 매연을 내뿜는 공장이 무려 3만 5천 개나 있다. 그래서 중금속이 포함된 먼지가 무려 40여 톤이나 멕시코시티 하늘을 뒤덮고 있었던 것이다. 지금도 멕시코시티는 호텔에 투숙하는 여행객들에게 창문을 열지 말도록 권고한다고 한다. 끔찍한 일이다.

그러나 더 큰 문제는 이러한 오염이 지구촌 전체로 확산되고 있다는 것이다. 엘니뇨와 라니냐 현상으로 기상이변이 속출하고 있다. 오존층의 파괴로 자외선의 양이 늘어나 피부암과 백내장 등의 질병이 늘어나고, 2백여 작물의 75%가 맥을 못 출 것으로 우려되고 있다. 산성비와 스모그로 인해 생태계와 건축물과 토양이 변질하고, 환경 호르몬으로 남성의 정자수가 감소하고 있다. 세계자연보전연맹은 현존하는 동물들 가운데 포유류 22%, 양서류 43%, 파충류 29%가 멸종 위기종이라고 발표했다. 전문가들은 환경 오염 때문에 옛날보다 멸종 속도가 천 배에서 심하게는 만 배까지 빨라졌다고 말한다. 하루에 한 종 이상이 사라지고 있다는 것이다. "저는 핵전쟁이나 지구 온난화와 같은 재앙으로 인류가 천 년 이내에 멸망할 것이라고 생각합니다." 영국의 천재 물리학자 스티븐 호킹 박사가 2012년 1월 8일 70세 생일을 맞아 위기의 세계를 향해 던진 음울한 경고이다.

통제 불능의 과학 문명 넷째, 과학 문명이 나아가는 방향이 통제 불능의 상태에 있다는 점을 지적하지 않을 수 없다. 홍영남 교수의 우려는 단순한 우려가 아닐 수 있는 것이다.

그러나 35억 년 진화의 벽을 뛰어넘은 생명공학 기술은 신종 병해충의 출현, 유전자의 오염, 재조합된 식물의 잡초화와 신종 잡초 출현, 생물다양성 파괴, 원하지 않는 유전 형질의 발현, 토양 미생물 등의 생물군에 대한 영향, 그리고 식품 섭취 시 알레르기 유발 가능성들을 일으킬 수도 있다. 이로 인한 생태계 교란은 지구의 생물권에 큰 영향을 끼칠 것이다. 그렇다면 생명공학 기술이 신이 주신 축복인지 저주인지 인류는 깊이 생각해 보아야 하지 않을까. 지금까지는 다행히 얌전한 DNA를 다룰 수 있었으나 앞으로 인류가 다룰 수 없는 미친 DNA가 출현한다면 그때 닥칠 재앙은 어떻게 할 것인가?[13]

「쥐라기 공원」이라는 공상 영화의 이야기는 공상이 아닐 수 있다. '돌리'라는 복제 양이 '인공적으로' 만들어진 데 이어 복제 인간의 출현도 눈앞에 와 있는 것 같다. 인간의 유전자를 돼지의 몸에 이식시켜 거부 반응을 일으키지 않는 인공 장기를 대량 생산할 뿐만 아니라, 앞으로 어떤 재력가는 자기 몸의 '부품 공장' 노릇을 하는 돼지를 소유하고 있을 수도 있다. 무정자증 남성의 미성숙 정자를 쥐의 정소精巢에서 배양하여 인공 수정한 다음 부인의 자궁에 이식하여 출산하는 데 성공했다는 보도가 있었다. 그렇게 태어난 '쥐 아기'가 이탈리아인 4명, 일본인 1명이며, 한국인을 포함한 6명이 임신 중이라는 것이다. 먼 훗날 우리 후손은 로마 신화의 바커스 신을 숭배하는 반인반수半人半獸의 숲의 신 사티로스에 강간당한 딸 때문에 고민하게 될지도 모른다. 실제로 미국의 세포기술연구소가 사람의 세포핵을 소의 난자에 넣어 반인반우半人半牛 세포를 만들어 냈다고 한다. 뇌에 고성능 컴퓨터 칩을 내장한 악당들이 국가 권력을 장악하여 국정을 우롱하고, 자율적으로 사고하고 행동하는 인조인간들이 인간을 노예로 부리는 일은 더 이상 영화 이야기가 아닐 수도 있다.

100여 년 전 우리 조상들은 지구와 산소와 기차와 전기에 대한 이야기를 신기하게 여기고 있었다. 마찬가지로 우리는 매일 조간신문을 통해 과학자들이 벌이는 깜짝쇼를 보며 신기해하고 있다. 지금 이 순간에도 수많은 과학자들이 그들의 실험실에서 마술사의 모자로부터 '토끼'를 꺼내는 방법에 골몰하고 있다. 그게 어떻다는 것인가? 문제는 그들의 활동이 통제 불능의 상태에서 전혀 방향을 알 수 없는 방향으로 진행되고 있다는 것이다.

삶의 문제들 다섯째, 비트겐슈타인이 말하고 있는 것처럼, "비록 모든 가능한 과학적 물음들이 대답된다 하더라도 우리의 삶의 문제들은 여전히 조금도 건드려지지 않은 채로 있"다는 사실이다.

인간은 어디서 와서 어디로 가는가? 인간은 왜 유한한 삶을 살다가 죽는가? 죽음으로 모든 것이 끝나는가? 죽음으로 모든 것이 끝나는 것이라면, 이 모든 것이 무슨 의미가 있는가? 신은 존재하는가? 삶의 목적은 무엇인가? 어떻게 살아야 하는가? 삶은 왜 고해苦海인가? 왜 인간 사회는 문제가 끊이지 않는가? 정의는 무엇이고, 불의는 무엇인가? 불이익에도 불구하고 불의에 맞서 싸워야 하는 이유는 무엇인가? 인간은 구원될 수 있는가? 민주주의는 최상의 정치 양식인가? 신자유주의는 최선의 경제 이념인가?

이러한 물음들은 우리가 가진 삶의 문제들의 윤곽을 드러낸다. 그러나 과학적 지식은 이러한 삶의 문제들에 침묵한다.

보이지 않는 것들 시인 키츠Keats는 뉴턴의 등장에 긴장했음에 분명하다. 그는 그의 시 「라미아Lamia」에서 뉴턴이 워즈워스의 무지개를 훼손할 것으로 우려하고 있기 때문이다.

한때 하늘엔 멋진 무지개가 있었지
우리는 그녀의 옷감과 질감도 알았었지.
이제 그녀는 평범한 것의 나열에 그치고 있어.

철학은 천사의 날개를 잘라 버린 거야.

자와 선으로 모든 신비를 정복하고,

천사가 다니는 하늘을 비우고, 땅의 요정이 사는 광산을 비우고,

무지개를 한 가닥씩 풀어헤쳐서,

머지않아 유순한 라미아를 그림자로 녹게 하겠지.[15]

키츠는 철학(과학)이 '자와 선으로 모든 신비를 정복'할 것으로 우려했던 것 같다. 옛날 중국 기杞나라에 살던 한 사람이 '만일 하늘이 무너지면 어디로 피해야 좋을 것인가?' 하고 침식을 잊고 걱정하였다고 한다. 키츠의 우려는 기우杞憂였다. 과학은 그런 일을 하지 못한다. 과학은 대지로부터 영원불변한 진리를 캐내는 것이 아니라, 대지를 보는 하나의 틀을 제공하는 데 불과하기 때문이다.

대지는 개별자들을 일반성의 틀로 보게 하는 것만으로 그 정수精髓가 바닥날 만큼 가난하지 않다. 과학적 사실에 관한 지식만으로 이해되고 풀릴 수 있을 만큼 삶의 문제는 단순하지 않다.

과학주의를 표방하는 논리실증주의자들은 모든 학문을 물리학으로 환원하고자 하였다. 존재하는 모든 것은 물질로부터 나왔다. 따라서 존재하는 모든 것은 물질 자체의 원리에 의해 설명되어야 한다. 그렇게 설명되지 않는 것은 적법한 존재가 아니다. 윤리학, 미학, 종교학, 신학은 물리적으로 설명되지 않는다. 따라서 윤리학, 미학, 종교학, 신학 등이 적법한 존재자에 대한 학문이 아닌 것이

다!

　그러나 논리실증주의자들은 다른 결론을 내릴 수도 있었다. 윤리학, 미학, 종교학, 신학 등은 물리학에로 환원되지 않는다. 따라서 세계에는 물리학으로 환원되지 않는 현상들이 있다!

　레오나르도 다 빈치의 그림 「모나리자」에 대하여 과학은 무슨 말을 할 수 있을까? 그림을 더 이상 미세할 수 없을 만큼 미세한 그물로 덮는다. 그리고 각 그물코가 어떤 색깔인지 말한다. 그러나 그뿐이다. 「모나리자」에 대한 과학적 기술記述은 모나리자의 신비로운 미소를 드러내지 못하는 것이다.

　거지에게 적선하는 사람을 보고 우리는 "저 사람은 선하다."라고 말한다. 그러나 "저 사람은 선하다."는 것을 물리적으로 설명할 길이 없다. 기껏해야 "그는 거지를 보고, 지갑에서 천 원짜리 지폐를 꺼내어, 거지에게 주었다." 정도일 것이다.

　세상에는 많은 상징물이 있다. 십자가는 구원을 상징한다. 신사임당 신씨의 초상이 그려진 지폐는 오만 원 가치의 상징물이다. 태극기와 무궁화는 대한민국을 상징하고, 가슴의 훈장은 명예로운 업적을 상징한다. 꽃다발로 사랑을 고백하고, 검은색 정장차림으로 조의를 표한다. 김구 선생의 지팡이는 험난한 애국의 도정을 뜻한다. 부친의 체취가 밴 중절모는 돌아가신 아버지에 대한 추억을, 고장 난 재봉틀은 어머니의 고단한 삶을 상징한다. 무엇보다도 지금 필자가 쓰고 있고 독자들이 읽고 있는 글자(언어)들은 세계를 담는

'존재의 집'이다.[16]

이처럼 많은 물리적 대상들은 물리적 속성 외의 다른 속성들을 가지고 있고, 바로 이 '다른 속성들'이야말로 삶에서 중요한 의미를 지니는 것들이다. 다음은 49세 된 한 남자의 고백인데, 그는 햇빛이나 빗속에서도 신을 느낀다.

> 신은 어떤 다른 사물 또는 사람보다도 사실적이다. 나는 신의 존재를 긍정적으로 느낀다. 그리고 나의 육체와 정신에 새겨진 신의 법과 보다 밀접한 조화를 이루며 살수록 더욱더 신의 존재를 가깝게 느낀다. 나는 햇빛이나 빗속에서도 신을 느낀다. 그리고 유쾌한 휴식과 섞여 있는 경이로움이 나의 느낌을 가장 잘 묘사해 준다고 생각한다. … 신이 나에게 속하고 내가 신에게 속한다는 생각은 결코 나를 떠나지 않는다. 그리고 그 생각은 영속적인 즐거움을 안겨 준다. 이것이 없는 삶은 공허이며 사막이며, 끝없는 또는 인적 없는 황야와 같을 것이다.[17]

어떻게 보이지 않는 신의 존재를 느낀다는 것일까? 신경 질환을 앓고 있는 사람이 아닐까? 그럴 수 있다. 그러나 신만 보이지 않는 것이 아니다. 부연할 필요도 없이, 진眞, 선善, 미美 역시 보이지 않는 것들이다. 모든 종류의 고차원적인 추상적 개념들도 마찬가지이다. 시간, 공간, 힘, 의미, 수數, 평화, 순결, 정의, 자유, 희망 … 모두 보이지 않는 것들이다. 타인의 마음도 보이지 않는다. 과학 법칙도 보이지 않는 건 마찬가지이다.

그런데 보이지 않는 것들은 "우리가 아는 모든 사실들에 대한 배경, 다시 말해서 우리가 생각할 수 있는 모든 가능성들의 근원을 형성한다. 말하자면 그 관념들은, 모든 특별한 사물에 '본성'을 부여"[18]한다. 보이는 것들은 보이지 않는 것들이 부여한 본성으로 인하여 존재의 위상과 의미를 확보하게 되는 것이다.

사실 인간의 역사는 보이지 않는 것들의 위상을 정립시켜 온 역사로 볼 수 있다. 예컨대 인간의 역사는 자유가 점차로 신장되어 온 역사라 할 수 있다. 무지로부터 해방되면서 인류는 자연의 지배를 받는 입장에서 자연을 '지배'하는 입장에 서게 되었다. 철학은 인간을 독단적 종교로부터 해방시켰으며, 과학은 인간을 미신으로부터 해방시켰다. 그리고 프랑스 혁명 등의 투쟁을 통해서 지배자와 피지배자의 관계를 역전시키는 단초를 마련할 수 있었다.

나아가 보이지 않는 것들은 보이는 것들보다 더 강력하게 우리의 마음에 호소하고 우리의 삶을 지배한다. 니체가 아무리 신의 사망을 선포한다 해도, 대지는 그 신비를 숨길 수 없다. 그래서 예컨대 종교적 감성이 강한 사람들의 삶을 관통한다.

놀라운 것은 종교적 감정의 매혹하는, 그리고 명령하는 능력이다. 그것은 산의 공기이다. 그것은 세상의 방부제이다. 그것은 하늘과 언덕을 숭고하게 만든다. 그것은 별들의 고요한 노래이다. 그것은 인간의 아름다움이다. 그것은 인간을 무한하게 만든다. 인간이 "나는 해야만 해."라고 말할 때, 사랑이 그에게 경고할 때, 그가 높은 곳으로부터 훈계를 받아 훌륭하고 위대한 행위를 선택할 바로 그때, 깊은 가락이 최고의 지혜로부터 그의 영혼을 통과한다.[19]

대지의 풍요 보이는 것들만의 대지는 초라하다. 대지는 보이지 않는 것들로 인해 풍요로워지는 것이다. 과학은 요긴하다. 그러나 과학이 말해 주는 것은 풍요로운 대지의 아주 작은 부분에 불과하다.

대지의 풍요를 향유하기 위해서는 과학이 말하는 대지만이 아니라 과학이 말하지 못하는 대지에도 눈을 돌려야 한다. 그래야 존재의 신비와 인간의 존엄성에 걸맞은 삶을 도모해 볼 수 있는 것이다.

물론 대지는 언젠가 우리가 속속들이 알아버릴 수 있을 만큼 얕지 않다. 파블로 네루다는 그의 시 「아름다움이 머무는 곳」에서 이 점을 잘 노래하고 있다.

우리는 질문하다가 사라진다
어디에서 도마뱀은
꼬리에 덧칠할 물감을 사는 것일까
어디에서 소금은
그 투명한 모습을 얻는 것일까

어디에서 석탄은 잠들었다가

검은 얼굴로 깨어나는가

젖먹이 꿀벌은 언제

꿀의 향기를 맨 처음 맡을까

소나무는 언제

자신의 향을 퍼뜨리기로 결심했을까

오렌지는 언제

태양과 같은 믿음을 배웠을까

연기들은 언제

공중을 나는 법을 배웠을까

뿌리들은 언제 서로 이야기를 나눌까

별들은 어떻게 물을 구할까

전갈은 어떻게 독을 품게 되었고

거북이는 무엇을 생각하고 있을까

그늘이 사라지는 곳은 어디일까

빗방울이 부르는 노래는 무슨 곡일까

새들은 어디에서 마지막 눈을 감을까

왜 나뭇잎은 푸른색일까

우리가 아는 것은 한 줌 먼지만도 못하고

짐작하는 것만이 산더미 같다

그토록 열심히 배우건만

우리는 단지 질문하다 사라질 뿐

그렇게 대지는 깊고 오묘하다. 함부로 속내를 들여다볼 수 없다. 그러나 대지는 언제나 우리 앞에 고스란히 있다. 우리 눈이 어두울 뿐이다. "우리는 단지 질문하다 사라질 뿐"일 수 있다. 그러나 인간이기에, 더구나 '철학하는 인간'이기에, 우리는 앎을 포기할 수 없다. 대지는 마르지 않는 샘이다. 그래서 우리가 그 샘을 찾아가면 언제라도 목을 축일 수 있다. 이 풍요로운 대지에 가까워지는 만큼 우리의 삶도 풍요로워질 수 있을 것이다.

5

낭만주의의
거울

스페인의 천재 화가 고야는 근세 유럽을 강타한 계몽주의 운동과 1789년의 프랑스 혁명을 지지하는 자유주의자였다. 그래서 '젊은' 프랑스 공화국과의 전쟁에 뛰어든 스페인의 왕을 그가 좋아할 리 없었다. 그러나 그는 궁정에 잘 알려진 화가였기 때문에, 불가피하게 왕의 가족화를 그리게 되었다. 1800년에 완성한 「카를로스 4세의 가족」이라는 작품이 그것이다. 그림 자체는 고야의 천재성을 유감없이 보여 주는 신바로크 풍의 대작(2.8×3.6m)이었다. 그것은 가족화家族畫를 넘어선 예술 작품으로서 손색이 없었다.

그러나 그 그림을 자세히 들여다보면 경악을 금할 수 없다. 그림은 마치 스냅 사진 같다. 사진사의 신호에 따라 가장 보기 좋게 연출된 순간 찍은 것이 아니라, 사진사의 신호를 기다리던 중의 '준비되지 않은' 모습을 찍은 사진 같다. 심지어 그림 속의 인물들은 마치 유령들처럼 보인다. 배면에 걸린 거대한 검은 액자와 불길하게 드리워진 전면의 그림자 사이에서 인물들은 과장된 콘트라스트로 창백해진 조명을 받고 서 있다. 부풀어 오른 모습을 한 왕, 소름끼치게 천박한 모습의 왕비, 그런 왕비를 외면하듯 고개를 돌리고 있는 공주, 공포에 질린 아이들의 모습…. 이 기묘한 구도를 어떻게 설명해야 할까? 어떻게 고야는 그러한 그림을 그리게 되었을까? 어떻게 고야는 '왕족다운' 위엄과 우아함 대신, 그들의 기괴한 모습을 '폭로'하는 위험천만한 일을 감히 저지를 수 있었을까?

고야의 행위는 단순히 스페인 왕가에 대한 개인적 감정의 표출이거나 모욕이 아니었다. 그것은 또한 단순히 프랑스 혁명 이후의 혼란과 무질서 속에서 빚어진 객기 또는 유행의 산물이 아니었다. 더구나 그것은 왕의 가족이 의도적으로 연출한 장면도 아니었으며, 모델들이 취한 우연한 자세를 무심코 화폭에 옮겨 놓은 것도 아니었다. 그것은 니체가 리하르트 바그너에게 바친 『비극의 탄생』 서문 속에서 예술을 "인간 본래의 '형이상학적인' 활동"이라고 규정함으로써 그 존재론적 위상을 얻게 된 '낭만주의浪漫主義'라고 하는 새로운 삶의 양식 또는 세계관을 예고하는 큰 걸음이었던 것이다.

이성주의 서양을 지배해 온 세계관의 큰 줄기는 기본적으로 이성주의理性主義이다. 헤겔은 다음과 같이 말한다.

이성은 이성 자신의 전제이고, 이성의 목적은 절대적인 궁극 목적인 동시에 그 궁극 목적을 실행하여, 내면적인 궁극 목적을 자연적 우주의 현상은 물론이거니와—세계사 안에서—정신적 우주의 현상 안에도 산출해 가는 자는 이성 자체이다. 그리고 이와 같은 이념이 참다운 것, 영원한 것, 절대적인 힘을 가지는 것이라는 사실, 이와 같은 이념이 세계 안에 계시되고, 이와 같은 이념—이러한 이념의 존엄과 영예—밖에는 아무것도 세계 안에 계시되지 않는다는 것은 철학 안에서 증명되고, 따라서 여기에서는 증명된 것으로 전제된다.[1]

우주 삼라만상은 우연히 또는 저절로 생겨난 것이 아니라, 우주적 이성 또는 정신의 의도와 계획에 따라 창조된 것이다. 인간이 이성적인 것은 우주적 이성을 분유 받아서이다. 따라서 일찍이 소크라테스가 가르친 바와 같이, 인간이 참되고 덕스럽고 아름다운 삶을 살기 위해서는, 그래서 궁극적으로 행복하기 위해서는, 마땅히 이성적이어야 한다. 본능이나 충동에 따라 행동해서는 안 되고, 이성적 판단에 따라 사리를 분별하여 행동해야 한다. 언제나 진, 선, 미, 정의, 질서, 균형, 논리, 정확성을 추구해야 한다.

이러한 이성주의는 서양 지성사의 '백두대간'에 해당한다. 이성주의는 역사 속에 신을 등장시켰으며, 신의 후광을 입은 절대군주 시대를 허용했고, 이러한 구조의 허구성을 폭로하고 이에 저항하도록 촉구한 계몽주의를 탄생시켰고, 프랑스 혁명을 필두로 한 '혁명'의 소용돌이를 몰고 왔으며, 민주주의를 탄생시켰고, 과학을 현대인의 우상으로 등극하게 한 것이다.

낭만주의 그런데 이처럼 거대한 이성주의의 대세를 거스르고 낭만주의가 등장한다. 세계는 이성적인 것이 아니라 감성적인 것이다!

'낭만주의' 하면, 문학 및 예술 작품의 낭만적 경향을 떠올릴 것이다. 낭만주의란 '조금 특이한 것' 또는 막연히 '낭만적인 것'을 중요시하는 문학 및 예술 사조가 아닐까? '로맨스'라는 말을 어원으로 하는 것에서 짐작할 수 있듯이, '로맨티시즘'은 뭔가 달콤하고 관능적이고 목가적이고 일탈적인 일과 관계된 삶의 태도 정도로 여겨지는 게 사실이다. 그러나 낭만주의는 그 정도인가?

그렇지 않다. 대자연을 생각해 보자. 높은 산, 폭포, 우거진 숲, 숲 속에 사는 새들, 갖가지 꽃과 풀들, 호수, 지평선, 황혼, 구름, 무지개…. 이러한 것들을 보고 있노라면 자연은 위대한 예술가 같이 생각된다. 더구나 우리 인간은 어떤가? 눈시울이 뜨거워지지 않고서는 이러한 대자연의 아름다움을 바라볼 수 없다. 조국의 독립을 위해 광야를 말 달리고, 밤 새워 편지를 쓰고, 씨를 뿌리고, 집을 짓는다. 이러한 일들로 가득한 세계는 오묘하고 신기하다. 세계는 어떤 예술적 감성으로 가득한 것 같다. 그래서 삼라만상이 펼쳐지고 인간의 삶이 전개되는 듯하다. 이처럼 이성이 아니라 감성이 존재의 본질이라는 입장이 낭만주의인 것이다.

자연적인 것에의 몰입 낭만주의자들은 지적인 것보다는 감각적이고 감정적인 것을 우위에 둔다. 그들은 인간은 모두 다르고 항상 변화한다는 생각을 가지고, 자아의 특성 및 인간의 개성에 눈을 돌려, 천재, 영웅, 예외적 인물의 정열과 투쟁에 열광한다. 그들은 형식적 규칙과 전통적 절차를 무시하고 '창조적 혼을 가진 개인'이 되고자 한다. 초월적 경험과 영적 진리에 대한 통로로서의 상상력을 강조하고, 민속 문화, 국가 및 민족 문화를 중요시한다. 이국적인 것, 멀리 있는 것, 신비로운 것, 불가사의한 것, 마술적인 것, 괴물스러운 것,

병든 것, 그리고 심지어는 악마적인 것까지 편애한다.

이와 같은 낭만주의자들의 특징을 한 마디로 표현하자면 '자연적인 것에의 몰입'이라 할 수 있다. 워즈워스가 그의 「무지개」에서 노래하고 있는 것처럼, 그들은 자연적인 것에 대한 일종의 신앙을 가지고 있었다.

하늘의 무지개를 볼 때마다
내 가슴 설레느니
나 어린 시절에 그러했고
다 자란 오늘에도 매한가지,
쉰 예순에도 그렇지 못하다면
차라리 죽음이 나으리라.
어린이는 어른의 아버지
바라노니 나의 하루하루가
자연의 믿음에 매어지고자.

대자연을 바라볼 때마다 가슴이 설렌다. 어린 시절에도 그러했고, 노년에도 그래야 한다. 무지개를 보고 가슴이 설레지 않으면 차라리 죽음이 나을 것이다. 그러나 어른의 가슴은 굳어져 설렐 줄 모른다. 그러니 자연 그 자체인 어린이로부터 배워야 한다. 어린이는 어른의 아버지인 것이다.

인간 이성이 하는 일 중 중요한 것은 '뜨거운 가슴'을 식히는 것이다. 충동을 억제하고, 흥분을 가라앉히며, 환상에서 깨어나게 하고, 본능을 순치시킴으로써 이성은 인간을 야만의 상태에서 벗어나 '문화인'이 되게 한다. 특히 뉴턴 이후의 근세인들에게 자연은 인간 이성의 과학적 실험, 탐구 및 이용의 대상이었다. 그래서 낭만주의자들은 과학이 '이 아름다운 세계'를 수학적으로 계량화시킴으로써 인간의 상상력과 꿈을 앗아가 버렸다고 개탄하였다.

근세에 이르러 인간 이성을 앞세운 철학과 과학은 사람들로 하여금 일종의 '미몽'에서 깨어나게 하였다. 가장 큰 변화는 세계를 설명하는 방식에서 찾아볼 수 있다. 그들은 세계가 신의 의지나 섭리를 끌어들일 필요 없이 물질 간의 인과적 관계를 제시하는 것만으로도 설명된다는 것을 알았다. 세계를 감싸고 있던 영적인 것, 모호한 것, 환상적인 것의 '후광'이 벗겨지기 시작한 것이다. 그래서 볼테르는 "한 편에 이성이 있고, 다른 한 편에 가장 어리석은 열광이 있다."라는 반 위협적인 구호를 내걸고 '계몽'에 앞장섰던 것이다.

이러한 세계관의 변화 속에서 낭만주의자들의 도전이 갖는 의미는 분명하다. 그들은 자연을 '본래의 자리'에서 지키고자 한 것이다. 밀레의 「씨 뿌리는 사람」이 보여 주는 것처럼 낭만주의 화가들은 실제로 자연을 주제로 한 그림을 많이 그렸다. 그들은 인간에 의해 재구성되지 않은 자연 그대로의 내부에 존재의 비밀이 주어져 있고, 이성적 사고가 아니라 주관적 경험을 통해서, 그리고 지성보다는 감성에 호소함으로써 이 비밀 또는 신의 가르침을 접할 수 있다고 생각했다. 그래서 그들은 상상력이 명하는 데에 따라 자연적인 것에 몰입하였던 것이다.

의지와 표상 낭만주의적 세계관은 쇼펜하우어의 『의지와 표상으로서의 세계』에 잘 나타나 있다. 쇼펜하우어에 의하면 우리가 사는 세계는 표상으로서의 세계이고 그 본질은 의지이다. 의지는 "식물을 싹트게 하고 성장시키는 힘이고, 수정을 결정시키는 힘이며, 자력이 북극으로 향하는 힘이고, 이질적인 금속들이 갈라져 나와 구별되게 하는 힘이며, 원심력과 구심력으로서 또는 분리와 결합으로서 나타나는 물질의 친화력 속에 있는 힘이며, 최종적으로는 돌을 대지로 끌어들이고, 지구를 태양으로 끌어들이게 하는 모든 물질 안에 강하게 작용하는 중력"이다. 이처럼 의지는 인간만이 아니라 세계 안에 충만해 있다.

반면에 우리가 사는 세계는 표상일 뿐이다.[2] 정의, 애국심, 종교와 신앙의 순결성, 얌전함, 정직함 등 우리가 소중한 '본질적 가치'로 여기고 있는 이성주의자들의 덕목들 모두가 표상이다.

우리의 문명화된 세계는 하나의 커다란 가장무도회假裝舞蹈會에 지나지 않는다. 당신은 이 세계에서 기사, 성직자, 군인, 의사, 변호사, 철학자 등 수많은 사람들을 만난다. 그러나 그들의 겉모습이 그들의 참모습은 아니다. 그들의 겉모습은 가면에 지나지 않으며, 그 가면 뒤에는 한결같이 돈을 긁어모으는 축재가蓄財家가 숨어 있는 것이다. 어떤 사람은 상대방을 보다 유리하게 공격할 수 있기 위해 정의라는 가면을 쓰고 있으며, 어떤 사람은 자신의 목적을 위해 공익公益 혹은 애국심이라는 가면을 선택하며, 또 어떤 사람은 자신의 목적을 위해 종교와 신앙의 순결성이라는 가면을 선택한다. 많은 사람들이 자신의 여러 가지 목적을 위해 철학자, 박애주의자 등의 가면을 쓰고 있다. 여자들의 경우에는 가면의 선택 범위가 비교적 좁다. 즉 그들은 대체로 공손함, 수줍음, 소박함, 얌전함의 가면을 선택하는 것이다. 그리고 정직함, 예의바름, 동정심, 애정 등과 같이 어디에서나 볼 수 있는 아무런 특성도 없는 보편적인 가면들도 있는데, 이 가면들은 사업가, 투기업자들이 쓰고 있다. 이러한 점에서 볼 때, 유일하게 정직한 부류는 상인들이다. 왜냐하면 상인들만이 그들의 참모습을 그대로 나타내기 때문이다. 즉 오직 그들만이 아무런 가면도 쓰지 않고 있으며, 따라서 낮은 사회계급에 머물러 있는 것이다.

그러나 보다 진지하게 생각해 보면, '인간은 본래 끔찍스러운 야수다.'라는 더욱 나쁜 점이 드러난다. 우리는 이 야수가 문명에 길들여져 있다는 것을 알고 있으며, 따라서 때때로 그 본성이 드러나는 것을 볼 때, 우리는 놀라게 된다. 그러나 만일 법질서의 쇠사슬이 풀려 무질서한 상태가 되면, 인간은 인간의 본모습인 야수성을 그대로 드러낼 것이다. 당신은 이 사실을 확인하기 위해 그러한 일이 일어날 때까지 기다릴 필요도 없다. 왜냐하면 고금古今의 수많은 보고서들이, 냉혹함과 잔인함에 있어 인간이 호랑이나 하이에나보다 결코 뒤지지 않는다는 것을 당신에게 증명해 줄 것이기 때문이다.[3]

이처럼 쇼펜하우어는 우리가 이성주의적 규범으로 받아들이고 있는 모든 덕목들과 원칙들을 '가면'으로 본다. 그렇다면 진짜는 무엇인가? 그것은 때 묻지 않은 의지, 야수성이다. 쇼펜하우어는 본질적으로 낭만주의자인 것이다.

그러나 쇼펜하우어는 존재의 낭만성을 삶에 접목시키지는 못하였다. 인간이 본래 야수이고, 그 야수성을 순치시킨다는 것이 가면을 뒤집어쓰는 일이라면, 출구는 없다. 그래서 그는 자살을 권고할 수밖에 없는 것이다.

니체의 초인 존재의 낭만성이 이상적 인간상인 초인을 탄생시키고 존재론적 가치를 지니는 것은 니체가 등장하고서의 일이다.

시작도 없고, 끝도 없는 거대한 힘 … 어떠한 권태, 어떠한 피로도 모르는 생성으로서 자기 자신을 축복하고 있는 것―, 영원한 자기 창조의, 영원한 자기 파괴의 이러한 나의 디오니소스적 세계 … 여러분은 이 세계에 대한 이름을 원하는가? 그 모든 수수께끼에 대한 한 가지 해결을? … 이 세계는 권력에의 의지이다―그리고 그것 이외의 아무것도 아니다! 게다가 또한 여러분 자신이 이 권력에의 의지이며—그리고 그것 이외의 아무것도 아닌 것이다.[4]

세계를 이성적인 것으로 보지 않고 '의지'로 보는 점에 있어서는 니체도 쇼펜하우어와 같다. 차이는 쇼펜하우어의 '의지'가 맹목적인 반면, 니체의 '의지'는 '권력'을 지향하고 있다는 것이다. 이 차이는 크다. 니체에 의하면 세계는 그저 꿈틀대기만 하는 의지가 아니라, 권력, 패권, 우월성, 초월성 등을 향한 의지이기 때문이다.

니체에 의하면, 세계의 본질이 '권력에의 의지'임에도 불구하고 인간은 '몰락에의 의지'에 따라 산다. 왜 그럴까? 기독교가 삶을 왜곡시키기 때문이라는 것이 니체의 생각이다.

그리스도교는 시초부터 본질적으로 그리고 근본적으로 삶에 대해서 느끼는 구토요 권태감이었다. 이러한 구토와 권태감은 '다른', 혹은 '보다 좋은' 삶에 대한 신앙 아래 가장假裝되고, 은폐隱蔽되고, 치장되고 있는 것에 지나지 않는다.

'현세'에 대한 증오, 정념에 대한 저주, 미와 관능에로부터의 도피, 차안此岸을 보다 더 잘 비방하기 위해서 생각해낸 피안, 궁극적으로는 허무에, 종말에, 휴식에 '안식일 속의 안식일'에 도달하려는 욕구, 이들 모든 것은 나에게는 도덕적인 모든 가치 '만을' 인정하려는 그리스도교의 절대적인 의지와 마찬가지로 언제나 '몰락에의 의지,'

모든 가능한 형식 가운데서 가장 위험하고 가장 가증스러운 형식처럼 생각되었다. 적어도 삶의 가장 깊은 질환, 피로, 불안, 지침, 빈곤화의 징조처럼 생각되었다. 왜냐하면 도덕(특히 그리스도교적, 즉 절대적 도덕) 앞에서는 삶은 그것이 본질적으로 비도덕적인 그 무엇이기 때문에 언제 어디서나 불가피하게 부정시不正視 되지 '않을 수 없었으며,' 마침내 삶은 경멸과 영원한 부정의 중압 아래 짓눌려 갈망할 만한 가치가 없는 것, 그 자체가 무가치한 것으로 느껴지지 '않을 수 없기' 때문이다.[5]

기독교가 이처럼 신랄하게 비판되고 부정되기도 어려울 것이다. 무엇 때문일까? 그것은 기독교가, 보다 일반적으로는 철학자들에 의해 체계화된 이성주의가, 인간의 본성을 억누름으로써 삶을 왜곡시키기 때문이라는 것이다.

이성이 주도해 온 문화는 '원시인'을 일정한 틀에 맞도록 길들이는 기제로 작용해 왔다. 사람들이 육체적인 것보다는 정신적인 것, 관능적 사랑보다는 '순수한' 사랑, 특수한 것보다는 보편적인 것, 개인적인 것보다는 사회적인 것, 이기적인 것보다는 이타적인 것, 지금 여기보다는 먼 훗날 '피안'에서의 보상, 보복보다는 용서, 전쟁보다는 평화, 폭력보다는 대화, 양보다는 질, 거친 것보다는 부드러운 것, 추한 것보다는 아름다운 것, 악한 것보다는 선한 것, 무질서보다는 질서, 반항보다는 순종, 오만보다는 겸손, 원하는 것보다는 해야 하는 것을 선택하도록 교육시키고, 세뇌시키고, 강제해 왔다. 그리고 그러한 '사육飼育 기제'에서 가장 핵심 역할을 한 것이 기독교라는 것이 니체의 생각인 것이다.[6]

그럼 니체의 대안은 무엇일까? 어떻게 살아야 한다는 것일까? 니체는 이러한 '반反 인간적인' 이성주의적 문화에 종지부를 찍기 위해 차라투스트라의 입을 빌려 신의 사망을 선고하고, '초인'의 사상을 외친다.

> "나는 그대들의 초인超人에 대하여 가르쳐 주겠다." 인간이란 초극하지 않으면 안 될 어떤 것이다. 그대들은 인간을 초극하기 위하여 무엇을 했는가? … 그대들은 모두 벌레에서 인간으로 만들어진 것이다. 그러나 아직도 그대들의 내부에는 많은 벌레들이 꿈틀대고 있다. …
>
> 초인이란 대지大地의 뜻이다. … 형제들이여, 나는 그대들에게 간절히 바란다. '대지에 충실하라.'고. 그대들은 천상天上의 희망을 말하는 자들을 믿어서는 안 된다. 그들이야말로 그들이 알든 모르든 간에 독毒을 뒤섞는 자들이다.
>
> 그들이야말로 생명의 경멸자, 사멸해 가는 자, 스스로 독을 받고 있는 자이다. 대지는 이런 자들에게 권태를 느꼈다. 그들은 마땅히 멸망해 버리는 것이 좋으리라.
>
> 전에는 신을 모독하는 것이 최대의 모독이었다. 그러나 신은 죽었

다. 그리고 신과 함께 그들 모독자도 죽었다. 이제는 대지를 모독하는 것이 가장 무서운 것이다.[7]

니체는 이성 주도의 문화에 의해 잘 못 길들여진 인간이 자신을 초극하고 대지에 충실함으로써 초인이 될 것을 요구한다. 대지에 충실한다는 것은 반도덕적이고 반그리스도적인 것이다. 그리고 반도덕적이고 반그리스도적으로 되는 것은 소위 규범화된 '인간'을 거부하는 것, 즉 초인이 되는 것이다. 따라서 초인이 되는 것은 대지에 충실한 자가 되는 것, 즉 낭만주의자가 된다는 것이다.

니체는 실제로 자신의 견해가 "낭만주의가 아니라면 도대체 무엇이 낭만주의란 말인가?" 하고 자문한다.[8] 그러나 좀 더 정확히 말하자면 그의 견해는 이미 19세기의 문학과 예술 속에서 무르익고 있었던 낭만주의를 철학적으로 정립한 것이었다. 그는 헤겔이 말한 바 '황혼녘에만 나는 미네르바의 올빼미' 역할을 했다고 할 수 있다.[9] 그렇다고 해서 우리는 니체의 역할을 결코 과소평가해서는 안 된다. 그는 '질풍노도疾風怒濤 Sturm und Drang' 시대의 거칠고 통제할 수 없는 낭만에 '존재론적 무게'를 실어 주었기 때문이다.

즉 나는 자연 속에 저 강력한 예술적 충동을, 그리고 이들 충동 속에는 가상假象에 대한 동경, 가상에 의한 구제에의 열렬한 동경을 인정하면 할수록 더욱 더 다음과 같은 형이상학적 가설을 인정하지 않을 수 없게 된다. 실재하는 근원적 유일자는, 영원히 고민하는 자, 모순에 가득 차 있는 자로서 끊임없이 구제하기 위해서는 마음을 끄는 황홀한 환상, 환희에 넘친 가상을 필요로 한다는 가설이다. 그런데 우리 인간은 이런 가상 속에 완전히 사로잡혀 있으며, 또 가상으로 성립되어 있다.[10]

니체가 신의 존재를 부인하면서도, '영원히 고민하는 자, 모순에 가득 차 있는 자로서 끊임없이 구제하기 위해서는 마음을 끄는 황홀한 환상, 환희에 넘친 가상'을 필요로 하는 '근원적 유일자'를 상정한다는 사실은 흥미롭다. 그는 신의 존재를 부인함으로써 형이상학을 거부한 것이 아니라, 자신의 형이상학을 대안으로 내놓고 있기 때문이다.

이성인가, 낭만인가? 과연 세계는 이성적인가, 아니면 낭만적인가? 21세기를 사는 현재의 시점에서 우리는 이 두 경향이 위험스럽게 동거 또는 충돌하고 있음을 발견할 수 있다. 과학은 현대인의 우상이 되어 있으며, 합리성을 핵으로 하는 자유민주주의가 최선의 삶의 양식으로 자리 잡아 가고 있는 가운데, 포스트모더니즘을 비롯한 우상파괴적 사상들이 이성, 자아, 과학, 논리, 공동체 등을 핵으로 한 이성주의적 세계관을 해체하는 데 골몰하고 있고, 이성보다는 감성에 치우친 전쟁, 테러, 갈등 등이 끊이지 않고 있기 때문이다. 다음 몇 가지 점들을 검토함으로써 이 문제를 정리하기로 한다.

첫째, 낭만주의는 자연주의적 세계관에 속하기 때문에, 자연주의가 안고 있는 문제점을 다 안고 있다. 가장 문제되는 것은 인간은 자연이 명하는 대로 살 수 있는 존재가 아니라는 점이다. 인간은 자연으로부터 최소한의 본능을 부여받은 대신, 본능으로 처리할 수 없는 것을 스스로의 판단으로 처리할 수 있게 하는 이성을 타고났다. 인간은 홍수를 두려워하고 피하는 본능은 타고났지만, 둑을 쌓는 본능을 타고나지는 않았다. 물론 둑을 쌓지 않고 해마다 홍수 피해를 보며 살 수도 있을 것이다. 그러나 인간은 그렇게 살기에는 너무 이성적이다. 그래서 인간은 자연이 해결해 주지 않는 문제를 스스로 해결해 가며 사는 것이다. 인간은 가슴에서 뜨거운 정열이 솟아오르기도 하지만, 머리에서는 차가운 사고思考가 진행된다. 무지개의 아름다움에 취하기도 하지만, 무지개가 왜 생기는지를 알고 싶어 한다. 밤하늘의 별들을 보고 감탄하기도 하지만, 별들의 운행을 설명하는 법칙을 생각해 낸다. 대지를 사랑할 뿐만 아니라 대지의 존재 원리를 궁리한다. 주어진 자연적 조건에 순응해서 살기도 하지만, 인간만의 꿈을 펼치며 산다. 주어진 가치를 향유하는 데 그치지 않고, 새로운 가치를 창출하면서 산다. 따라서 우리는 우리의 세계관과 가치관에서 이성을 배제할 이유도 없고, 또 그래서도 안 된다는 것을 알 수 있다.

둘째, 대지에 충실한 낭만주의자, 즉 초인으로서의 삶은 극소수의 사람들 외에는 불가능한 일이다. 대부분의 사람들은 인간의 굴레를 벗지 못한다. 사람들은 대부분 가정과 사회에서 어떤 역할을 맡고 있으며, 따라서 니체의 권고에도 불구하고 "너희는 행할지어다."라는 규범의 굴레를 벗어날 수 없다.[11] 또한 대부분의 사람들은 어떤 종류의 우상을 받아들이지 않으면 살 수 없다. 문제투성이의 괴로운 인생살이에서 인간은 위로와 구원을 바라기 때문이다.

셋째, 낭만주의적 삶은 공동체적 삶의 형식이 될 수 없다. 공동체적 삶은 공동체 구성원들의 공존을 위한 규범에 따라 유지되고, 초인은 어떤 규범도 거부하기 때문이다. 초인들로 가득한 사회는 밀림 그대로일 것이다. 물론 초인이 '도덕적으로 완성된 사람'일 경우 초인들의 사회는 낙원일 수 있다. 그러나 '도덕적으로 완성된 초인'은 모순된 개념이며, 대지 자체가 도덕적 자양분을 대주는 것도 아니다.

넷째, 우리가 20세기 초에 경험한 바와 같이, 낭만주의는 무솔리니, 히틀러와 같은 소수의 '초인'이 '권력에의 의지'를 과시하는 재앙을 불러올 수 있다. 낭만주의가 부추기는 민족주의는 민족 간의 분쟁을 야기하고, '인종 청소'와 같은 어처구니없는 과오를 저지르게 할 수 있다. 스탈린 체제의 숙청, 캄보디아 사태, 크로아티아 사태, 코소보의 주민 학살과 같은 제노사이드(종족 살인)의 명분은 낭만주의의 정신과 궤를 같이 하고 있다.

이와 같은 낭만주의의 문제점들에도 불구하고 마지막으로 우리는 낭만주의가 던지는 메시지를 음미해 볼 필요가 있다. 소크라테스는 제자들에게 '비철학적인' 비극을 멀리하라고 가르쳤다. 그래서 당시 젊은 비극 작가였던 플라톤은 누구보다도 먼저 자기 작품을 불살라 버리고 충실한 소크라테스의 제자가 되었다. 이 에피소드는 상징적이다. 니체에 의하면, 이 소크라테스적 가르침은 역사적 의미를 갖는다. 인류 문명에서 아폴로적인 요소가 강화되고 디오니소스적인 요소가 약화된 것이 바로 이 소크라테스적 '편견'으로부터 비롯된 것이라고 보기 때문이다.

이성이 주도해 온 인류 역사는 오늘날의 첨단 과학 문명을 낳았으며, 인간은 그 어느 시대보다도 부유하고 안락한 삶을 살게 되었다고 할 수 있다. 그러나 동시에 현대는 정서적으로 메마른 시대이다. 인간은 '컴퓨터'라는 기계를 고안했고, 그 앞에서 인간은 기계를 닮아 간다. 대지는 감격의 대상이 아니라 투자의 대상으로 바뀌고, 인간의 가치는 그가 수행하는 기능으로 환원되었다. 아름다움, 감동, 경건, 순수성, 천진성, 자연스러움 등의 덕목 대신 경제성, 효용성, 실용성, 능률 등의 잣대가 우리들의 삶을 재단한다.

인간은 이성과 감성이 동거하는 역설적인 장이다. 따라서 이성과 감성 중 어느 것을 부정하는 것은 '인간 상실'이라는 어리석은 결과를 빚을 수밖에 없다. 추동력이 없는 자동차는 움직일 수 없고, 브레이크가 없는 자동차는 멈춰 설 수 없다. 마찬가지로 '뜨거운' 감성이 없으면 인간은 동면冬眠에 빠질 것이고, '차가운' 이성이 없으면 야만으로 돌아갈 것이다.

　우리가 사는 세계는 곳곳에서 이성주의와 낭만주의가 충돌함으로써 살상과 파괴가 끊이지 않고 있다. 형식적으로는 이성과 감성이 공존하면서도 조화 없는 공존이 문제이다. 감성 없는 이성은 대지를 사막화하고, 이성 없는 감성은 대지를 피로 물들인다. 낭만주의는 이성주의의 경직된 삶을 비춰 주는 거울이고, 이성주의는 낭만주의의 도취된 삶을 깨우는 죽비이다. 이성주의와 낭만주의가 단순히 공존하지 않고 조화를 이루는 성숙한 세상을 꿈꿔 본다.

6

부조리
상황

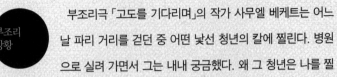

**부조리
상황**

부조리극 「고도를 기다리며」의 작가 사무엘 베케트는 어느 날 파리 거리를 걷던 중 어떤 낯선 청년의 칼에 찔린다. 병원으로 실려 가면서 그는 내내 궁금했다. 왜 그 청년은 나를 찔렀을까? 누구에게 원한 살 일을 했는지 생각해 보았다. 아무리 생각해도 없었다. 혹 그 청년이 정신이상자는 아닐까? 그러나 경찰에 의하면 그는 정신이상자가 아니었다. 그럼 뭘까? 왜 그는 나를 찔렀을까? 그 의문을 풀지 못하고는 견딜 수 없었다. 그래서 베케트는 감옥으로 그 청년을 찾아가 물었다. 청년의 대답은 "모르겠는데요."였다.

나중에 베케트는 "나를 미치게 한 것은 바로 그 대답이었다."라고 술회한다. "차라리 무슨 이유를 댔더라면, 그 이유가 아무리 황당한 것이라 해도 나는 오히려 안심했을 것이다. 그의 행동은 최소한 '이유'를 가진 것이니까. 그런데 모르겠다니, 그 무슨 어이없는 대답인가?"

베케트가 당한 황당한 사건은 부조리성이 단지 극중의 이야기가 아님을 시사한다. 우리의 삶 자체가 부조리한 것이다.

충족이유율 세상에 원인이나 이유 없이 발생하는 일이 있을까? 그런 일은 있을 수 없다. 어떤 일이 일어나면, 우리는 반드시 그 일이 일어날 만한 충분한 이유가 있을 것이라 믿는다. 라이프니츠가 말한 '충족이유율充足理由律'에 따른 믿음이다.

> 우리들의 추리는 두 가지의 커다란 원리에 바탕을 두고 있다. 첫 번째 원리는 모순율이고… 두 번째의 원리는 충족이유율이다. 이 충족이유율에 따라 우리는, 어떤 것이 이러하고, 이와 다를 수 없다는 충분한 이유가 없이는—설사 이 이유가 알려지지 않은 경우가 많다고 하더라도—어떤 사실이 실재하거나 실현될 수도 없고, 또 어떠한 말도 참일 수가 없다고 믿는다.[1]

그런데 왜 우리는 충족이유율에 따른 사고를 할까?(그런 사고를 할 만한 충분한 이유가 있어야 한다!) 그것은 우리 인간이 이성적 존재이기 때문이다. 세계는 이성적으로 납득할 수 있는 것이어야 한다. 이성은 원인이나 이유 없이 일어나는 사건을 결코 납득하지 못하는 것이다.

그렇지만 왜 세계는 이성적으로 납득할 수 있는 것이어야 할까? 사건들이 아무 이유 없이 발생하는 세계를 상상해 보자. (상상하기가 어려울 것이다.) 그 세계는 인간이 살 수 없는 세계일 것이다. 설사 산다 해도 인간은 아마 미쳐 버릴 것이다. 이성은 사건들이 일어나는 이유를 알아야 평온을 찾고 미래를 예측할 수 있다. 그런데 사건들이 아무 이유 없이 제 멋대로 발생하는 세계는 퍼즐 자체이다. 생각해 보자. 부딪치는 사건들이 모두 수수께끼인 세계에서 어떻게 제정신을 유지할 수 있겠는가?

무대 장치의 붕괴 충족이유율에 따라서 우리는 세계가, 그리고 그 안에 존재하는 모든 것들이, 그러한 방식으로 존재할 만한 이유가 있을 것이라 생각한다. 그리고 그 이유를 찾는다. 왜 세계는 존재하는 것일까? 새삼스럽게 '세계'를 발견한다. 자신을, 자신을 둘러싼 무대 장치들, 사람들, 해와 달과 별들을 발견한다. 시인은 늘 지나던 거리가 낯설게 느껴지는 사람이다. 우리도 가끔 시인처럼 익숙하던 일상의 무대가 낯설게 느껴진다. 카뮈는 그것을 '무대 장치의 붕괴'

라 표현하고 있다.

갑자기 무대 장치가 붕괴하는 경우가 있다. 기상, 출근, 회사나 공장에서의 4시간, 식사, 전화, 시간외 노동, 식사, 수면, 똑 같은 리듬으로 흘러가는 월 화 수 목 금 토―이런 길을 대개의 경우는 천천히 더듬어 가고 있다.

그러나 어느 날 '어째서?'라는 질문이 갑자기 고개를 추켜든다. 그리고 그렇게 되면 놀라움의 빛으로 물들여진 이 권태 속에서 모든 것이 비롯된다. '비롯된다,' 이것이 중요한 것이다.[2]

'어째서?'라는 커다란 의문부호가 일상의 무대를 붕괴시킨다. 기름칠이 잘 된 기계처럼 조용히 돌아가던 세계의 구석구석에서 신음소리 같은 잡음이 들리기 시작한다. 그러면서 우리는 당혹감에 빠져 두리번거린다. 엑스트라처럼 표정이 굳어지고, 두 손은 몸통에 매달려 어색하게 덜렁거린다.[3]

카잔차키스가 1943년에 발표한 『그리스인 조르바』의 조르바는 이성보다는 감성에 따라 사는 낙천적인 사람이다. 그는 과부를 혼자 자게 내버려 두는 것이야말로 사나이의 '치욕'이요 '죄악'이라고 생각하고, 언제나 사나이의 도리를 다하며 사는 자유분방한 인물이다. 그러나 그도 '어째서?'라는 의문부호에 부딪친다.

내가 넋두리를 늘어놓는 것을 보시고 내 머리가 좀 돈 것이 아닌가 생각하신다면 편지를 주십시오. 내가 칸디아의 상점에 들어가 케이블을 사려고 하다가 웃음을 터뜨리면, '형씨, 뭣을 보고 웃지요?' 하고 그들은 물어보곤 하지요. 하지만 그걸 어떻게 그들에게 설명합니까? 내가 웃는 것은 그 강철 케이블이 과연 좋은가 알아보려고 손을 뻗쳐 들어 올릴 때마다, 인류는 과연 무엇인가, 도대체 인간은 왜 이 세상에 나왔던가, 인간은 어디에 쓸모가 있는가 (쓸모가 있긴 어디 있겠습니까만) 하는 생각들을 하게 되는 까닭입니다.[4]

태생적 소외 우리는 누구나 자신의 의지와는 관계없이 세계 안에 던져진다. 이 '던져짐'은 두 측면에서의 태생적 소외를 전제한다. 첫째, 우리는 우리의 존재를 선택하지 않는다. 아무도 나의 태어남에 대해 나와 상의한 적이 없다. 나는 내가 세상에 나갈 것인지를 고민해 본 적도 없고, 그 일을 다른 사람에게, 특히 부모에게, 위임한 적도 재가한 적도 없다. 그렇게 나는 태어난다.

둘째, 우리는 우리가 태어날 세계를 선택하지 않는다. 그 세계는 산골일 수도 있고 대도시일 수도 있다. 뜨거운 아스팔트 위에서 연일 최루탄과 화염병의 대결이 벌어지는 독재 국가일 수도 있고, 구성원들의 '심판'에 의해 권력의 행방이 결정되는 민주 국가일 수도 있다. 전쟁의 포화 속에서 태어날 수도 있고, 부랑자의 신문지 위에서 태어날 수도 있다. 운 좋게 돈도 많고, 머리도 좋고, 인물도 좋은 집안에 태어날 수도 있다. 그래서 호의호식하고, 일류 대학을 나오고, 일등 배우자를 맞이하는 등 행복한 삶을 살 수 있는 조건들 속에 태어날 수도 있다. 그런가 하면 일생 동안 먹고사는 일에 매달려 비참하게 살아갈 수밖에 없거나, 선천적인 심신 장애 또는 불치의 병을 안고 태어날 수도 있다. 우리는 뷔페식당에서 좋아하는 음식을 고르듯 존재할 상황과 조건을 선택할 수 없다.

고해 더구나 삶은 고해苦海이다.

> 태어나는 것이 고통이요, 늙는 것이 고통이며, 병나는 것이 고통이요, 죽는 것이 고통이다. 불쾌한 것과 관련되는 것이 고통이요, 즐거운 것으로부터 이별하는 것이 고통이며, 탐하는 바를 얻지 못하는 것이 고통이다.[5]

스페인 속담에 "나는 세상에 태어날 때 울었지만, 지금 매일 그 까닭을 내 눈으로 보고 있다."는 말이 있다. 병에 걸리고, 불의의 사고를 당하고, 사랑하는 사람과 이별을 해야 하고, 어려운 시험을 통과해야 하며, 죽도록 사랑하는 사람과 백년해로를 약속하고도 이틀이 멀다 하고 싸워야 한다.

"지금 몇 시냐?"라고 반말로 물었다가 휘두른 철근에 맞아 죽는다. 한 평생 일하고 받은 퇴직금을 사기꾼에게 고스란히 빼앗긴다.

아버지가 보험금을 노리고 자식의 손가락을 자른다. 남편이 친구를 시켜 아내를 욕보이고 사진을 찍어 이혼 소송을 낸다. 아내가 정부와 짜고 남편을 독살한다. "기본 3만 원에 맥주도 마시고 영계하고 놀 수도 있다."는 꾐에 빠져 수백만 원을 뜯긴다. 깊은 잠에 빠져든 자정이 넘은 시각에 전화가 와서 받아 보면, 장난 전화다. "거기 중국집이지요?" 그 시각에 왜 중국집을 찾는가? "인생은 전쟁을 하는 것 같고 그 사는 날이 품팔이꾼의 생활과 같다."[6] 인생은 '모든 괴로움의 근본'인 것이다.

죽음 그러나 삶 자체의 괴로움보다 더 황당한 것은 죽음이다. 사람은 누구나 죽는다. 우리는 누구나 '죽음'이라는 시한폭탄이 장전된 위태로운 존재이다. 태어난 순서는 있어도 죽는 순서는 없다는 말처럼, 젊은 나이에 불의의 사고나 병으로 갑자기 세상을 뜨기도 하고, 70여 년을 힘들게 살다가, 늙고 병들어 죽는다. "의식할 수 있는 마지막 날, 마지막 시간, 마지막 분이 있을 것이다. 그것으로 그만이다. 삶의 가장자리에서 벗어난다."[7] 그리고 모든 '의미'가 사라진다.

죽음의 위력은 대단하다. 먼저 죽음은 예외가 없다. 아무리 돈이 많아도 누가 대신 죽도록 할 수 없다. 아무리 사랑하는 사람일지라도 대신 죽어 줄 수 없다. 죽을 때 아무것도 가져갈 수 없다. 아무리 돈이 많아도 죽을 때 한 푼도 가져갈 수 없다. 죽음은 우리가 가진 모든 것을 몰수해 가는 것이다. 죽음은 삶과의 영원한 이별을 수반

한다. 그래서 우리는 삶을 재수再修할 수 없다. 마음에 들지 않아도 다시 살아 볼 수 없다. 안톤 체호프의 말대로 "이미 살아온 하나의 인생은 초벌이고 다른 하나가 정서淨書라면 얼마나 좋겠"는가!? 그러나 인생은 왕복 차표를 발행하지 않는다.

허무 이러한 죽음의 성격은 삶의 의미까지 퇴색시킨다. 죽음 앞에서는 삶 속에서 이루어졌던 모든 일들이 무의미하게 변해 버린다. 성공도 실패도, 꿈도 절망도, 승리와 패배도, 사랑과 미움도 모두가 한 가지 회색빛으로 탈색해 버린다. 온갖 부귀영화를 다 누렸던 예루살렘의 솔로몬 왕도 삶의 허무를 되뇔 수밖에 없다.

> 헛되고 헛되며 헛되고 헛되니 모든 것이 헛되도다. 사람이 해 아래서 수고하는 모든 수고가 자기에게 무엇이 유익한고. 한 세대는 가고 한 세대는 오되 땅은 영원히 있도다. … 내가 해 아래서 행하는 모든 일을 본즉 다 헛되어 바람을 잡으려는 것이로다.[8]

이게 뭔가? 정말 삶은 '바람을 잡으려는 것' 외에 아무것도 아닐까? 이처럼 삶의 무대 장치가 붕괴하는 것을 목격하며 우리의 이성은 당황한다. 그리고 "그럴 리가 없다."고 판단한다. 공연히 낭비되는 도로徒勞로서의 삶은 이성적으로 용납되지 않기 때문이다.

존재의 의미 세계는 왜 존재하고, 인간은 왜 존재하는 것일까? 왜 인간은 이유도 모르고 태어나서 고된 삶을 살다가 죽음으로 생을 마감하는 것일까? 삶은 그저 헛된 것인가? 아니면 어떤 의미나 가치가 있는가? 이러한 물음들은 진정으로 중요하다. 존재하는 모든 것에 '생명'을 불어넣는 '존재의 비밀'이 무엇인가를 묻고 있기 때문이다. 이 물음들은 우주의 역사가 어떤 드라마이고 그 속에서 우리가 어떤 역할을 해야 하는지를 묻고 있다. 이 물음들은 우리가 자살하지 않고 살아야 할 이유가 무엇인지를 묻고 있는 것이다.

그럼 인생은 살 만한 가치와 의미가 있는가? 울고, 웃고, 수술하고, 나사를 돌리고, 곤충을 채집하고, 그림을 그리고, 땅을 파고, 씨를 뿌리고, 입 맞추고, 아이를 낳고 하는 인생사가 죽음과 더불어 꿈처럼 사라지고 마는 에피소드에 불과한 사건들이 아니라는 이유가 무엇인가?

아무것도 없다 유감스럽게도 근세에서 현대에 이르는 철학의 경향은 이 물음들에 대하여 비관적인 답을 한다. 근세 영국의 경험론자인 흄은 엄격한 이성주의자답게 회의주의자가 되었다. 그리고 보편적 인과율은 물론, '실체'니 '자아'니 하는 것들이 존재한다는 것조차 논리적으로 정당화되지 않고, "인간의 삶이 굴의 삶에 비추어 우주에 더 중요한 것은 없다."는 결론을 내린다.[9] 니체는 신의 사망을 선고하였고, 사르트르는 "실존은 본질에 앞선다."는 말로 인간을 인간답게 하는 '본질'이 주어진 것이 아니라 창조되는 것이라고 폭로하였다. 논리실증주의자들은 윤리적 명제, 종교적 명제, 미학적 명제, 그리고 형이상학적 명제들을 모두 '헛소리'로 분류하여 폐기하였다. 현대 철학의 영원한 영감인 비트겐슈타인은 진리 탐구를 비롯한 인간의 모든 노력들이 한낱 '언어놀이'라고 선언하였다. 콰인은 존재론적 상대주의로 진리를 상대화시켰으며, 현대 철학의 악동 로티는 진리의 상대화가 아니라 진리의 사망을 선고하였다. 파이어아벤트의 '아무거나 좋다'는 슬로건은 우리의 세계를, 적어도 이론적으로는, 무장 해제시켜 '지적 무정부 상태'로 만들어 버렸다. 이들에게 인생의 가치와 의미를 묻는 것은 쑥스러운 일이다.

그렇지만 과학이 있지 않은가!? 그렇다. 과학은 인과적 설명을 앞세워 돈이 되고, 권력이 되고, 삶의 조건을 개선시키고, 철학이 자멸의 길로 빠지는 동안 진리의 첨병을 자처하게 되었다. 그래서 우리로 하여금 "마치 고대인들이 신神과 운명運命 앞에서 멈춰 섰던 것처럼"[10] 과학 앞에 멈춰 서게 한다. 그러나 유감스럽게도 과학은 삶의 문제에 대하여 침묵한다. 원칙적으로 인과적 설명으로는 가치, 당위, 의미, 아름다움, 바람직함 등에 대한 삶의 물음들을 감당할 수 없기 때문이다.

부조리 부조리는 이성적 존재로서의 인간이 피할 수 없는 '존재론적 함정'일 수 있다. 인간의 이성은 존재의 의미에 대한 명증한 답을 요구하고, 이 요구에 답하고자 하는 어떤 명제도 이성이 거부할 수밖에 없기 때문이다.[11] 인간은 온 힘을 다 바쳐 하고 싶은 의미 있는 일을 찾으나, 그런 것은 없다. 사람들은 가장 중요한 일을 하는 듯이 생업에 종사하고 있으나, 어떤 일도 중요하지 않다. 사람들은 저마다 꿈을 가지고 있으나, 어떤 꿈도 공허하다. 뭔가 맞지 않는다.

설령 그 이유가 잘못되어 있다고 하더라도 어떻든 설명이 가능한 세계는 친숙해지기 쉬운 세계인 것이다.
그런데 반대로 환상과 빛을 갑자기 박탈당한 우주 속에서 인간은 자신을 이방인異邦人이라고 느낀다. …
이 단절을 느끼는 이것이 바로 '아무래도 조리가 맞지 않는, 필경 원리라는 것에 위배되었다고 느끼는 감각', 즉 부조리성不條理性의 감각인 것이다.[12]

이 부조리성을 깨달은 사람은 "이성으로는 설명될 수 없는 것으로 가득" 찬 세계의 이방인이 된다. 사실 모든 사람들은 본질적으로 이방인이다. 세계는 굳이 존재할 필요가 없는 '공연한 것'들의 집합인 것이다.

우리는 우리 자신 주체하지 못하는 거북한 존재의 무리였다. 우리는 너나 할 것 없이 누구나 거기에 있을 이유가 조금도 없다. 당황하고 어딘지 불안한 각 존재는 다른 존재와의 관계에서 서로 불필요한 존재라는 것을 느끼는 것이었다. '공연한 것', 이것이야말로 저 나무들, 저 철책들, 저 조약돌들 사이에서 내가 설정할 수 있는 유일한 관계였다. ⋯ 그 관계를 ⋯ 나는 필연성이 없는 것이라고 느꼈었다. ⋯

그리고 '나'도—힘없고, 피곤하고, 추잡하고, 먹은 것을 소화시키며, 우울한 생각을 참으면서 되씹고 있는—'나 역시 공연한 존재였다.' ⋯ 그 공연한 존재의 최소한 하나라도 소멸시키기 위해서 자살이나 할까 막연히 생각해 보았다. 그러나 나의 죽음 자체가 공연한 것이었을 것이다. 나의 시체도, 정원 깊숙이 그 미소하는 이 조약돌 위나 풀 사이에 흐를 피도 공연한 것이다. 그리고 썩은 육체는 그것을 받아들이는 땅속에서도 공연한 것이며, 또 깨끗이 씻기고, 껍질이 벗겨지고 이빨처럼 깨끗하고 청결한 나의 뼈도 공연한 것이었으리라. 나는 영원히 공연한 존재였다.

'부조리'라는 말이 지금 나의 펜 아래 태어난다. ⋯ 나는 '존재'의 열쇠, 저 '구토'의 열쇠, 그리고 나 자신의 생활의 열쇠를 발견했다는 것을 알았다.[13]

초청 받지 않은 잔치에 참여하는 것은 참을 수 없는 일이다. 그런데 세계 속의 어떤 것도 존재 잔치에의 초청장을 받지 못한 것이다. 세계 속의 어떤 사건도 무대외적 필연성에 의해 기획되거나 의도된 적이 없는 우연한 것들로서, 이래도 좋고 저래도 좋은, 아니 이럴 필요도 없고 저럴 필요도 없는 공연한 것들인 것이다. 게다가 그러한 삶이 고통스럽고, 고통의 의미마저 알 수 없는 것이다.

인간은 물론 다른 방법으로도 고통을 당했다. 인간은 주로 병든 동물이다. 그러나 그의 문제는 고통 그 자체가 아니라 '무슨 목적으로 우리가 고통을 당하나' 하는 절실한 질문에 대해 대답이 없다는 사실이다. 가장 용감함 동물인 인간, 그러나 무엇보다도 확실하게 고통을 당하게 되어 있는 인간은 고통을 그 자체로 부인하지 않는다. 그 고통의 의미가 분명하다면, 즉 고통의 목적이 드러난다면, 그는 고통을 바라고 심지어는 추구할 것이다. 고통 그 자체가 아니라 고통의 의미 없음이 … 인류 위에 내려진 저주였다.[14]

산정에 올려놓자마자 곧 산 아래로 굴러 떨어지는 무거운 바위덩어리를 산정에 올려놓는 일을 반복해야 하는 시지포스의 고통에는 이유가 있었다. 그는 적어도 신들의 노여움을 샀던 것이다. 그래서 그는 무익하고 희망이 없는 노동일망정 할 의미가 있었다. 그러나 인간의 고통은 무엇인가?

부조리는 삶의 열쇠 부조리는 본질적 인간 상황이다. 인간이 처한 피할 수 없는 운명이다. 그럼 뭔가? 절망인가? 그렇지 않다. 역설적으로 부조리는 오히려 삶의 비밀을 푸는 열쇠가 되기 때문이다.

첫째, 부조리 상황은 저주가 아니라 축복이다. 카뮈의 판단은 성급했다. 사실 삶의 문제에 관한 답을 안다면, 삶은 한없이 시시하고 싱거운 일상사로 전락할 것이다. 열차가 주어진 궤도를 따라 미끄러지듯이, 주어진 답에 따라 사는 것이 고작일 것이기 때문이다. 이 경우 삶은 고역苦役이나 노역奴役일 수 있다. 그렇지만 답을 모르기 때문에, 인간은 스스로 답을 만들어 가는 '창의적' 삶을 살아야 한다. 따라서 부조리는 인간 이성의 승리와 자부심의 증거일 수 있다. 이성은 비록 명증성의 요구로 인하여 감당할 수 없는 부조리의 바닥에 내동댕이쳐졌지만, 이성이 더 이상 하강할 수 없는 바닥에까지 이르렀기에 승리요, 부조리 상황 속에서도, 그리고 부조리 상황이기에 더욱, 스스로 삶의 의미를 창출해야 할 소임을 부여받았기에 자부심이다. 잘 닦인 길을 달리기는 쉽다. 그러나 시시하다. 길을 만들며 가기는 쉽지 않다. 그리고 길을 만들어 가는 쉽지 않은 삶을 살아야 한다는 사실은 인간이 그 만큼 고귀한 존재임을 함의하는 것이다.

둘째, 존재의 신비와 삶의 소중함은 모든 형이상학적 기반들이 붕괴된 부조리 상황에서도 거부할 수 없는 사실이다. 이러한 존재 각성으로 인하여 부조리는 오히려 그 신비로운 빛을 발하게 된다. 부조리에 의해 확보된 자유의 공간에서, 인간은 존재 각성에 걸맞은 삶을 선택할 수 있기 때문이다. 사실 '궁극적 진리'를 발견하는 것이 요원하다 할지라도, 우리의 무대 위에는 허무주의를 무색하게 하는 소중한 것들이 너무 많이 있고, 우리는 바로 이 소중한 것들을 위해서라도 삶을 소중하게 관리할 필요가 있는 것이다.

셋째, 삶의 문제에 대한 답을 모른다는 것은 답이 없다는 것을 함의하지 않는다. 오히려 충족이유율은 답이 있다고 말한다. (혹 답을 알 수 없는데도 여전히 답을 모색해야 한다는 것이 답이 아닐까?) 사실 인간이 부조리 상황에 빠지게 된 것은 명증성明證性에 집착하였기 때문이다. 명증성의 요구는 유아론적唯我論的 사유의 한계를 벗어날 수 없는 인간에게 불가능한 것을 요구한다. 그러나 가장 명석 판명한 관찰 명제조차도 이론 의존적이라는 것이 현대 인식론의 상식임을 주목해야 한다. 이론을 가설이라 비하하는 것이 능사는 아닌 것이다. 명증성에 대한 집착을 거두고, 증명적 추리가 아닌 비증명적 추리를 통하여 지식의 조각 그림을 맞춰 가면 된다. 실제로 우리는 가설에 의존하지 않고서는 살아갈 수 없다. 명증성을 고집하는 한, 우리는 한 발자국도 앞으로 나아갈 수 없다. 따라서 우리는 명증성의 요구에 의해 인간이 처한 부조리 상황을 인정하면서도, 명증성의 요구를 완화시킨 이성적 탐구를 통해 삶의 의미를 추구해 볼 수 있는 것이다.

넷째, 섣불리 허무주의에 압도될 이유도 없다. 자살하지 않을 이유가 없는 만큼 자살할 이유도 없다. 세계와 삶에 대한 최선의 가설을 얻을 수 있는 희망이 있는 한 우리의 삶을 허무주의에 넘겨줄 이유는 더욱 없다. 우리는 부조리를 받아들임으로써 세계와 삶에 대해 겸허한 자세를 가질 수 있으며 한계를 인지한 성숙한 삶을 열어 갈 수 있는 것이다. 오히려 허무는 극복해야 할 도전이지 '죽음에 이르는 병'일 수 없다. 허무를 극복하려는 의지 자체가 희망의 씨앗이 될 수 있다.

고통스러운 삶의 조건을 개선하기 위한 그 많은 각고의 노력들과 간절한 기도들이 무의미한 것일 수는 없다. 서쪽 하늘을 물들이는 장엄한 황혼에 취하고, 존재의 신비로움에 소름이 돋고, 밤하늘 가득 반짝거리는 별들을 바라보면서 형언할 수 없는 경외감에 전율한다. 부조리에도 불구하고 이 모든 것들은 우리들에게 거부할 수 없는 소중한 사실들이다. 심지어 패배와 이별과 고통도 소중하다. 그리고 이 소중한 것들을 소중하게 품는 삶은 그 자체로 의미 있는 삶일 것이다.

7

고통의
역설

구약성서 「욥기」의 욥은 "순전純全하고 정직하여 하나님을 경외하며 악에서 떠난 자"로서 여호와의 축복을 받아 풍족한 삶을 누리고 있었다. 그런데 그는 큰 시련을 만난다. 사탄이 욥을 칭찬하는 하나님에게 "주께서 그와 그의 집과 그의 모든 소유물을 울타리로 두르심 때문이 아니니이까 … 주의 손을 펴서 그의 모든 소유물을 치소서 그리하시면 틀림없이 주를 향하여 욕하지 않겠나이까."[1]라고 욥의 신앙을 폄하하자, 하나님이 사탄의 손에 욥을 맡겨 시험해 보도록 허락하였기 때문이다. 욥은 가축을 모두 빼앗기고, 종들도 모두 죽임을 당한다. 자식들이 몰살을 당하고, 스스로도 발바닥에서 정수리까지 악창이 나게 된다. 그 고통에 못 이겨 욥은 태어난 것 자체를 저주하게 된다.

나의 난 날이 멸망하였었더라면 … 어찌하여 내가 태에서 죽어 나오지 아니하였던가. 어찌하여 내 어미가 낳을 때에 내가 숨지지 아니하였던가. … 어찌하여 유방이 나로 빨게 하였던가. 그렇지 아니하였던들 이제는 내가 평안히 누워서 자고 쉬었을 것이니 … 어찌하여 곤고한 자에게 빛을 주셨으며 마음이 번뇌한 자에게 생명을 주셨는고 … 나는 먹기 전에 탄식이 나며 나의 앓는 소리는 물이 쏟아지는 것 같구나 … 평강도 없고 안온도 없고 안식도 없고 고난만 임하였구나.[2]

대다수 사람은 욥이 당한 것과 같은 고통을 견딜 수 없을 것이다. 사탄의 말대로 하나님을 욕하고, 태어난 것을 저주하다 못해 자살을 선택할 것이다. 그러나 욥은 오히려 시련을 통해 큰 깨달음에 도달한다. 전에는 "내가 주께 대하여 귀로 듣기만 하였사오나 이제는 눈으로 주를 뵈옵나이다."[3]라고 고백할 정도의 신앙에 이르게 된다. 어떻게 그럴 수 있을까?

쾌락주의의 역리　인간의 삶을 가장 강력하게 추동하는 것은 쾌락과 고통일 것이다. 우리는 행복, 기쁨, 재미, 감탄, 사랑, 황홀, 만족, 자부심 등 쾌락을 느끼게 하는 것을 좋아한다. 반면 불행, 슬픔, 부끄러움, 공포, 불안, 증오, 불만족 등 고통을 느끼게 하는 것을 싫어한다. 삶의 궁극적 목적이 행복이라고 한 아리스토텔레스의 말은 잘못일 수 있다. 그러나 우리는 그의 말이 참인 것처럼 산다. 행복하기 위하여 뼈 빠지게 일하고 오늘의 고통을 달게 받는다. 서점에는 행복한 삶을 위한 지침서들이 즐비하고, 지금 이 순간에도 영화, 비디오, 컴퓨터 게임, 놀이기구, 무도장, 텔레비전의 각종 쇼 및 오락 프로, 대마초와 필로폰 같은 마약 등이 쾌락을 미끼로 사람들을 사로잡고 있는 것이다.

그러나 쾌락주의의 역리는 쾌락이 쾌락으로 끝나는 것이 아니라 오히려 고통을 수반하는 경우가 많다는 것을 가르친다. '이 순간의 개인적 쾌락 추구'를 궁극적 목적으로 삼는 쾌락 지상주의자는 필경 '쾌락주의의 역리'에 부딪치게 마련이다. 주색잡기로 몸을 버리고 가산을 탕진한다. 순간의 쾌락으로 패가망신한다. 산해진미를 배불리 먹다 보면 비만해지고 각종 성인병에 걸린다. 마약에 취해 살다 보면 폐인이 된다.

물론 쾌락이 반드시 고통을 수반하는 것은 아니다. 그러나 쾌락과 부귀영화가 반드시 행복을 보장하는 것도 아니다. 이슬람 제국의 칼리프 압두르라흐만 3세(891~962)는 49년 동안 세계에서 가장 강력한 제국을 다스렸다. 그 제국의 1년 동안의 수익금은 오늘날을 기준으로 볼 때 3억 3천 6백만 달러에 이르렀으며, 당대의 어떤 나라보다 강력한 해군과 육군을 가지고 있었다. 한편 그는 제국 전역에서 가장 아름다운 여성 6,321명을 뽑아 모두 부인으로 삼아 618명의 자식을 두었다. 한마디로 그는 화려하고 영화로운 인생을 산 사람이었다. 그리고 2억 6천만 달러 정도의 돈을 모았다. 그러나 그가 죽고 나서 그의 유서가 공개되었는데, 다음과 같은 글귀가 쓰여 있었다. "49년 동안의 부귀영화를 누렸던 나의 재임 기간 중에 완전한 행복을 느꼈던 날들을 손으로 꼽아 보았는데 불행히도 단 14일밖에 되지 않았다."

또한 자기 자신만의 행복을 추구하는 사람보다는 오히려 다른 사람들의 행복을 위하는 사람이 차원 높은 행복을 맛본다. 이는 사회적 약자들을 위해 봉사하는 사람들이 한결같이 증언하는 사실이다. 「울지 마 톤즈」는 고 이태석 신부가 수단에서 한 봉사 활동을 그린 영화이다. 그는 암에 걸릴 정도로 고달픈 삶을 살았지만 누구보다도 행복한 사람이었다.

우리 삶의 문제는 쾌락이 부족한 데서 오는 것이 아니라, 고통이 많은 데서 온다. 대부분의 사람들은 어떤 종류의 고통을 안고 살아간다. 많은 사람들이 질병과 기아에 시달리고 있다. 지금 이 순간에도 얼마나 많은 사람들이 병상에서 신음하고 있을까? 사랑하는 사람과 결합할 수 있는 것은 단지 소수의 행운일 뿐이다. 죽도록 사랑한 끝에 결혼해도 순탄한 결혼 생활을 하기는 쉽지 않다. 파산하고, 실직하고, 낙방하고, 부도를 맞는다. 뜻하지 않은 사건이나 사고로 불구가 되고 유명을 달리한다. 억울한 누명을 쓰고, 송사에 휘말린다. 무시당하고, 따돌림 당하고, 인정받지 못하고, 대접받지 못한다. 탈법과 범법을 일삼는 사람이 출세하고 부귀영화를 누린다. 톨스토이가 죽음을 향한 고통 속에서 "나는 인류에게 남기고 싶은 말이 있다. 이 세상에서는 레오 톨스토이뿐만 아니라 수많은 사람들이 날마다 번민하고 있다."라고 말한 것은 그가 죽기 전날인 1910년 11월 6일이었다. 우리들은 고통 속에서 태어나 고통 속에 살다가 고통 속에서 죽는다.

삶은 쾌락이 부족해서 고통스러운 것이 아니라 고통스러운 일들로 넘치기 때문에 고통스러운 것이다. 따라서 쾌락이 부족하다는 것에 대해서 걱정 할 것이 아니라, 고통이 넘친다는 점에 대해서 걱정해야 한다. 쾌락보다는 고통에 주목할 필요가 있는 것이다. '쾌락은 좋은 것, 고통은 나쁜 것'이란 통념은 피상적이다. 신비로운 경지의 삶을 향유하기 위하여, 적어도 진정으로 행복한 삶을 위하여, 고통의 의미를 음미해 볼 필요가 있다. 고통의 역설을 모르면, 인생을 안다고 할 수 없다.

존재론적 기반 고통은 인간의 존재론적 기반이라 할 수 있다. 쿤데라는 대학생들의 필독서가 되다시피 한 그의 소설 『불멸』에서 이 점을 지적하고 있다.

나는 생각한다, 고로 존재한다는 치통을 과소평가하는 지식인의 말이다. 나는 느낀다, 고로 존재한다야말로 모든 생물을 포괄하는 훨씬 일반적으로 받아들여질 수 있는 진실이다. 나의 자아는 사유에 의해서는 당신의 자아와 본질적으로 구분되지 않는다. 사람은 많으나 생각은 적다. 우리 모두는 교환하고 차용하고 서로 상대의 생각을 훔치기도 하면서 거의 동일한 것을 생각하는 것이다. 하지만 만약 누군가가 나의 발을 밟는다면 고통을 느끼는 사람은 나 혼자이다. 자아의 토대는 사유가 아니라 고통, 즉 제 감정 중에서 가장 기초적인 감정인 것이다. 고통에 있어서는 고양이조차도 상호 교환 불가능한 자신의 유일한 자아를 의심할 수가 없다. 고통의 극에 달할 때, 세상은 자취 없이 사라지며 우리들 각자는 자기 자신과 홀로 남는다. 고통이야말로 자기중심주의의 위대한 학교인 것이다.[4]

물론 생각을 공유할 수 있다는 쿤데라의 견해를 정확하다고 할수는 없다. 언어로 표현되는 생각의 내용을 공유할 수는 있지만, '나의 생각'을 다른 사람들이 공유할 수는 없기 때문이다. 그러나 생각보다는 고통이 더 원초적인 자아의 토대라는 견해는 레토릭 이상의 진실을 말해 준다. 고통을 느끼지 못하면 살아 있다고 할 수 없다. 생각을 못해도 고통에 반응할 수 있는 한 살아 있다고 할 수 있다. 내가 느끼는 고통은 나만 알 수 있는 나의 고통이다. 쿤데라의 말처럼, 누군가 나의 발을 밟았을 때 고통을 느끼는 사람은 '나 혼자'인 것이다.

자아의 한계 자아의 한계는 찔러서 아픈 부분까지이다. 그래서 내가 어디까지 아파하느냐에 따라 나의 자아의 크기가 결정된다.

가장 작은 자아는 한 겹 피부로 둘러싸인 내 몸뚱어리이다. 내 가족의 불행도 나를 아프게 한다. 그만큼 자아가 확대된 것이다. 나의 친척과 나의 친구까지 포함할 정도로 자아가 확대될 수 있다. 그리고 내가 본 일도 없고, 일생 동안 한 번도 만날 일이 없을 수많은 타인의 고통을 내 것인 양 아파할 수도 있다. 가장 큰 자아는 존재 전체의 고통을 품은 자일 것이다. (만일 신이 존재한다면, 신이 가장 큰 자아를 가지고 있을 것이다.)

고통 감수성의 정도를 보아 사람의 됨됨이를 알 수 있다. 만인의 고통을 자기 것으로 여기는 큰 자아를 가진 사람은 큰일을 한다. 자신의 몸뚱어리 하나의 고통만 아는 외소한 자아의 소유자는 결코 큰일을 할 수 없다. 고통 감수성이 낮은데도 불구하고 큰일을 도모하는 사람은 성공하기 어렵다. 설사 도모하는 일을 이루더라도, 그것은 많은 사람에게 고통을 주는 결과를 가져오기 십상이다.

자아의 확대는 쉽지 않다. 그러나 자아의 확대는 자유나 권리가 아니라 의무라고 해도 과언이 아니다. 타인의 고통을 느낄 수 있음은 인간됨의 표지이기 때문이다. 만일 어떤 로봇이 인간의 고통을 느낄 수 있고 그로 인해 괴로워할 수 있다면, 그 로봇은 더 이상 로봇이 아니라 사람일 것이다. 반면에 어떤 사람이 타인의 고통을 지각하지 못한다면, 그가 사람인지 의심해 보아야 한다. 따라서 가능한 한 외소한 자아의 껍질을 깨고, 타인의 고통을 내 고통으로 느낄 수 있어야 한다.

> 잠자는 저 탄식 속에서 괴로워하는 그 얼은
> 우리의 것이 아니겠는가?
> 이 훈훈한 밤에 나지막이
> 겸허한 기도소리를 내는 건

내 그리고 네 얼이 아니겠는가?[5]

고문자, 살인자, 테러리스트, 독재자를 비난하는 이유는 많이 있을 것이나, 이들이 모두 아무 거리낌 없이 타인에게 고통을 가한다는 점에 주목할 필요가 있다. 그들을 어떤 특정한 죄목으로 단죄하는 것은 적절하지 않다. '타인의 고통을 느끼지 못한다.'는 죄목으로 그들로부터 사람의 자격 자체를 박탈해도 과히 잘못된 일은 아닐 것이다.

인간 존엄성의 징표 만성통증에 시달리다 못해 자살하는 사람들이 있다. 지체 부자유로 자살도 마음대로 할 수 없는 만성통증 환자는 의사에게 안락사를 시켜 달라고 호소한다. 왜 조물주는 인간이 고통을 느끼도록 만들었을까? 굳이 그래야 할 필요가 있을까? 흄은 인간이 굳이 고통을 느끼는 존재로 '고안'될 필요가 없었을 것이라고 생각한다. 인간은 "목마름, 굶주림, 피곤함 등 자연적 요구가 생기는 경우 고통을 느끼는 대신 쾌락의 감소를 느끼고 따라서 생존에 필요한 대상을 찾"는 방식으로 고안될 수 있기 때문에, 고통을 느끼는 고안만이 필연적인 것이라 생각하는 것은 잘못이라는 것이다.[6]

과연 흄이 말한 대로 인간이 쾌락만으로 생존할 수 있도록 고안될 수 있을까? 맹장염에 걸린 사람의 경우를 생각해 보자. 실제로 맹장염에 걸린 사람은 심한 복통으로 괴로워하고, 그래서 가능한 한 빨리 병원에 실려 가서 수술을 받아야 한다. 신속하게 수술을 받지 않으면 맹장이 터져 복막염으로 진행될 수 있기 때문에 시간을 다투어 치료해야 하는 병이다. 이 신속한 치료를 강요하는 것은 심한 복통이다.

그런데 심한 복통이 없이 맹장염에 걸린 환자가 신속하게 수술을 받게 하는 쾌락 원리는 어떤 것일까? 예컨대 맹장에 걸리지 않은 상태를 쾌락지수 5로 나타낼 때, 맹장이 걸린 상태는 가장 낮은 쾌락지수인 0, 즉 전혀 쾌락이 없는 경우로 '고안'할 수 있을 것이다. 그러나 쾌락이 전혀 없는 상태는 참을 수 없는 상태는 아니다. 만일 그것이 참을 수 없는 상태라면, '고통 부재'라는 전제와 모순된다. 그런데 쾌락이 전혀 없는 상태에서 쾌락지수를 높이기 위해 '가능하면 빨리' 병원으로 가는 일이 일어날 수 있을까? 그렇지 않다고 생각한다. 오히려 쾌락도 고통도 없는 상태를 즐기는 사람도 있을 것이다.[7]

물론 문제를 간단히 처리할 수는 있다. 마치 소화액이 음식을 소화시키듯 어떤 화학 물질이 맹장염을 치료하게끔 인간을 고안할 수는 있을 것이다. 사실 우리 몸은 스스로 치료하는 능력을 가지고 있다. 우리가 알지 못하는 사이에 세포들은 수많은 박테리아와 바이러스를 퇴치하고 있으며, 몸의 항상성恒常性을 유지하기 위해 각종 생리적 장치들이 작동하고 있다. 따라서 맹장염뿐만 아니라, 치통,

두통, 관절염, 암 등 모든 질병을 우리 몸이 '알아서' 치료하게 할 수도 있을 것이라는 생각을 해볼 수 있다.

과연 이러한 치료 기제가 가능할지 의문이다. 그러나 더 어려운 문제는 고통의 원인이 우리 몸의 밖에 있을 경우이다. 골목길에서 깡패를 만나 구타를 당하는 사람이 어떤 느낌을 갖도록 인간을 고안해야 할까? 뜻하지 않은 실직으로 가족을 부양할 수 없는 사람은 어떤 느낌을 갖도록 해야 할까? 사기꾼에게 전 재산을 빼앗긴 사람은 또 어떤 느낌을?

이러한 문제들에 부딪쳐서도 고통을 느끼지 않고 오히려 히죽히죽 웃도록 인간을 고안할 수는 있을 것이다. 그리고 그러한 문제들이 역시 고통을 수반하지 않는 방식으로 해결되는 세상을 고안할 수도 있을 것이다. 그러나 이 경우 인간은 무엇인가? '고통'이라는 도전이 없는 인간의 삶은 특별히 자부심을 느낄 만한 것이 못 될 것 같다. 고통이 없으면, 인간이 자신의 명예를 걸고 풀어야 할 '나의 문제'라고 할 만한 것을 찾을 수 없을 것이기 때문이다. 고통은 인간 존엄성의 징표인 것이다. 간디는 고통을 '인류의 표지'라고까지 말한다.

고통이란 인류의 표지標識다. 이는 영원의 법칙이다. 어머니는 그녀의 아이가 살 수 있게 하기 위해 고통을 받는다. 밀이 자란다는 것은 씨알이 죽는 것을 조건으로 한다. 고통의 불길을 거쳐서 정화淨化

됨이 없이 일어선 나라는 하나도 없다. … 우리의 존재에 대해서 불가결한 근원인 고통의 법칙을 없앤다는 것은 불가능한 일이다.

고마운 고통 니체는 "인생의 목적은 끊임없는 전진이다. 앞에는 언덕이 있고, 냇물이 있고, 진흙도 있다. 걷기 좋은 평탄한 길만이 아니다. 먼 곳으로 향해하는 배가 풍파를 만나지 않고 조용히만 갈 수는 없다. 풍파는 언제나 전진하는 자의 벗이다. 차라리 고난 속에 인생의 기쁨이 있다. 풍파 없는 항해, 얼마나 단조로운가! 고난이 심할수록 내 가슴은 뛴다."라고 말한다. 그러나 실제로 고통당하는 것을 좋아할 사람은 없다. 그래서 예수도 십자가에 매달리는 고통을 앞두고 "내 아버지여, 만일 할 만하시거든 이 잔을 내게서 지나가게 하옵소서."라고 기도한다.[8] 고통을 못 이겨 자살하는 경우는 흔하다. 사실 대부분의 자살은 어떤 종류의 고통으로 인한 것이다. 고통은 죽음보다 더 무서운 인류의 지배자인 것이다.

그러나 중요한 사실은 고통을 느낄 수 없으면 우리는 생존할 수 없다는 사실이다. "고통의 감각을 괴로워하지 말라! 고통과 고뇌는 우리의 육체를 유지하는 데 없어서는 안 될 조건이다."라는 톨스토이의 말처럼 고통은 인간의 생존 기제이다.

감기에 잘 걸리는 사람은 암에 덜 걸린다고 한다. 일반적으로 인체의 면역성은 병을 앓아야 생겨난다. 태풍이 불지 않는 해에 바다 양식장은 큰 피해를 입는다. 바다 밑이 뒤집어질 정도의 태풍이 몰아치지 않으면 양식장 근방에 고인 오염 물질이 부패하기 때문이다. 얼룩말의 집단은 사자들의 위협으로 인하여 더 건강해진다. 사슴도 늑대에 쫓기는 가운데 강한 근육과 심폐기능을 가진 후손을 선택하게 된다. 따라서 우리는 고통을 싫어하면서도 고통을 느낄 수 있음에 대하여 고마워해야 한다. 고통을 피하면서도 고통의 가치를 인정할 수 있어야 한다.

어리석은 고통 그러나 결코 고마워할 수 없는 고통이 있다. 어리석음으로 인한 고통이다. 미국 버지니아 시티에는 세계 최대 매장량을 가진 금광이 있었다. 이 금광이 있는 산은 원래 헨리 콤스톡이라는 사람의 소유였는데, 1885년 그는 1만 1천 달러를 받고 그 산을 팔아 버렸다. 그러나 그가 산을 팔고 얼마 지나지 않아, 그 산에 5억 달러 이상의 가치가 나가는 금맥이 있음이 밝혀졌다. 이 사실을 알고 콤스톡은 산을 팔아 버린 사실이 너무나 억울해서 한 달 뒤에 자살하고 말았다. 그러나 그가 산을 팔고 받은 1만 1천 달러는 당시로서는 적지 않은 돈이었고, 또 그에게는 이미 상당한 정도의 재산이 있었기 때문에, 5억 달러가 아니더라도 일생 동안 풍족하게 살 수 있었다.

콤스톡은 억울했을 것이다. 후회스럽고 안타까웠을 것이다. 그러나 자살까지 한 것은 어리석었다. 일반적으로 자신의 힘으로 어찌해 볼 수 없는 일은 담담하게 받아들일 수밖에 없고, 또 그래야 한다. 불구의 몸으로 태어난 것은 불행한 일이지만 어쩔 수 없다. 그 점에 대하여 괴로워 해봐야 전혀 도움이 되지 않는다. 이미 과거로 흘러 들어간 일들 역시 결코 되돌릴 수 없다. 따라서 과거의 일로 고통스러워 하는 것도 어리석은 일이다. 오히려 니체가 '운명애Amor Fati'라는 말로 권고한 것처럼, 자신이 내던져진 우연한 상황들을, 그 것이 비록 참을 수 없이 고통스러운 것일지라도, 마치 운명이나 되는 것처럼 받아들이고 살 필요가 있다.

우리는 흔히 오르지 못할 나무를 오르려다 고통을 당한다. 일류 대학에서 늘 1등을 하다가 2등으로 밀렸다고 고민하다가 자살한 다. 사촌이 땅을 사면 배가 아프다. 사소한 오해로 절교까지 한다. "탐욕자는 금을 얻어도 옥 못 얻음을 한하고, 공公이 되어도 제후諸 侯 못 됨을 불평한다."(『菜根譚』) 어리석음으로 고통을 자초하는 것 이다.

어리석음으로 인한 고통은 고통 그 자체일 뿐이다. 그러니 가능 하면 깨달음을 통하여 고통에서 벗어나도록 해야 한다. 불교는 바 로 이 점에 착안한 종교라 할 수 있다. 불교는 사람들이 어리석게도 업業을 자신의 본질로 착각하고 욕망과 집착에 따른 삶을 살기 때 문에 고통에서 벗어나지 못하는 것으로 보고, 존재와 생명의 여실 한 모습과 참되고 아름답고 영원한 삶에 대한 깨달음을 통해서 고 통으로부터 해탈할 것을 가르친다.

그러나 문제는 이 깨달음이 쉽지 않다는 것이다. 불자의 깨달음은 고사하고, 평범한 인간사에 대한 깨달음도 어렵다. 그래서 어리석음으로 인한 고통은 어쩌면 인간에게 거의 운명이라 할 수 있다.

고통의 신비 구약성서에 의하면, 이스라엘 민족은 하나님의 '택한 백성'이다. 그런데 왜 그들은 지금까지 그토록 모진 고난의 세월을 살아온 것일까? 그들은 바빌론 제국에서 70년을 나그네 생활을 하였고, 애굽에서 4백 년 이상 노예 생활을 하였다. 앗시리아의 침략, 로마의 정복, 40년의 광야 생활, 디아스포라, 대학살… 20세기에 들어와 겨우 떠돌이 생활을 면하고 팔레스타인 지역에 나라를 세웠으나, 주변의 이슬람 국가들과 분쟁이 끊이지 않아 '중동의 화약고'로 불릴 정도이다. 어떻게 하나님의 택한 백성이 그런 수난을 당할 수 있다는 말인가?

이러한 의문에 대하여 전 세계에 흩어져 살고 있는 유대인들의 성공 사례들을 댈 수 있다. 실로 유대인들의 활약상은 놀랍다. 수많은 신문, 방송, 잡지 등을 유대인이 보유하고 있고, 정치가 헨리 키신저, 심리학자 지그문트 프로이트, 철학자 루트비히 비트겐슈타인, 에드문트 후설, 바뤼흐 스피노자, 노암 촘스키, 에리히 프롬, 그리고 카를 마르크스도 유대인이다. 시인 하인리히 하이네, 작가 프란츠 카프카, 화가 마르크 샤갈, 음악가 레너드 번스타인, 펠릭스 멘델스존, 레오니트 크로이처, 아르놀트 쇤베르크, 아이작 스턴 등도 유대인이다. 수학자 게오르크 칸토어, 물리학자 알베르트 아인슈타인 등도 모두 유대인이다.

무엇보다도 노벨상을 받은 유대인이 현재까지 무려 179명에 달한다. 현재 미국 유명 대학 교수의 유대인 비율이 하버드 대학교 30%, 예일 대학교 28%, 보스턴 대학교 24%로 엄청나다. 미국 100대 기업의 40%가 모두 유대인의 소유이다. 세계 5대 메이저 식량 회사 중 3개가, 세계 7대 슈퍼메이저 석유 회사 중 6개가 유대인의 소유이다.

정말 놀라운 민족이 아닐 수 없다. 그러니 하나님의 택한 백성이 아니겠는가!? 그러나 이 견해는 "하나님의 택한 백성은 성공한다." 는 것을 전제하고 있다. 물론 이 전제는 참이라 할 수 없다. 무엇보다도 우리는 하나님이 일하는 방식을 알 수 없기 때문이다.

유대인이 하나님의 택한 백성인 이유는 고난과 신앙의 관계에서 찾아보아야 한다. 행복한 사람은 신앙을 가질 수 없다. 신앙생활을 한다 해도 신을 만나는 체험을 할 수는 없다. 진정한 신앙은 고난 속에서 피어난다. 고난 없는 신앙은 없다. 쓰라린 고통에도 불구하고 믿는 믿음이 진정한 의미의 믿음인 것이다. 비트겐슈타인도 이 점을 잘 지적하고 있다.

삶은 신에 대한 믿음에 이르도록 교육할 수 있다. 그리고 이것을 행하는 것도 역시 경험이다; 그러나 우리에게 '이 존재자의 존재'를 보여 주는 것은 눈으로 봄이나 기타 감각 경험들이 아니라, 오히려

예컨대 다양한 종류의 고통들이다.[9]

신앙인에게 가장 큰 축복은 신을 체험하는 것이다. 따라서 이스라엘 민족이 겪은 고난은 저주가 아니라 축복이 아니었겠는가!? 그래서 그들은 하나님의 택한 백성인 것이다. 유대인들의 성공은 하나님으로부터 받은 '고난'이라는 축복의 열매일 뿐이다.

행복할 때의 욥은 믿는 자이면서도 하나님을 만나지 못하였다. 그러나 모든 것을 무화시키는 고통 속에서야 비로소 하나님을 만난다. "고통은 심지어 야수까지도 영적으로 만든다."고 하이네가 노래했었다. 하물며 인간인데! 고통은 욥의 영혼을 깨웠다. 그리고 하나님을 만났다. "영혼은 하나님이 인간에게 나타나는 장소"[10]이기 때문이다. 이처럼 고통은 그 자체로 신비롭다.

성서에 의하면, 믿음이 없거나 죄를 지은 자들은 죽어서 지옥불에 떨어진다. 잘 믿는 사람도 이러한 지옥이 있다는 것을 믿기는 어려울 것이다. 그러나 우리는 지옥을 하나의 메타포로 이해해 볼 수 있다. 지옥은 왜 지옥인가? 고통스러운 곳이어서? 그렇지 않다. 지옥은 고통 속에서도 신을 만나지 못하는 사람들의 거주지이다. 고통 속에서도 신을 만나지 못하면, 삶은 고통 그 자체일 것이고, 따라서 지옥일 수밖에 없을 것이다.

사실 인류 역사 속의 위대한 인물들을 사로잡았던 주제는 쾌락이 아니라 고통이었다. 싯다르타는 부귀영화를 버리고 고행의 길에 나섰고, 고통을 통해 얻은 깨달음으로 고해苦海인 세상을 구제하려 했다. 예수도 고통 받는 자의 편에 있었다. 예수의 십자가는 고통의 상징이요 동시에 구원의 상징이다. 이 상징의 이중성은 중요하다. 인류를 고통과 죄[11]로부터 구원하는 방법이 고통이라는 것이기 때문이다. 고통은 인간의 문제를 푸는 열쇠인 셈이다. "크나큰 고통이야말로 정신의 최후의 해방자이다. 이 고통만이 어김없이 우리들을 최후의 깊이의 심연까지 이르게 한다."고 말한 니체도 이 점을 잘 알고 있었다.[12]

고통과 역사 발전 또한 인류의 역사는 고통과 고난을 극복하는 가운데 발전한다. '발전'이란 '어떤 상태가 보다 좋은 상태로 되어 감'을 뜻한다. 그럼 어떤 상태가 '보다 좋은 상태'일까? 쾌락이 증가된 상태도 보다 좋은 상태일 수 있다. 그러나 그보다 더 시급한 것은 당면한 고통의 감소이다. 당면한 고통을 제거하지 않고 쾌락을 증가시킴으로써 상태를 호전시키려고 하는 것은 어리석다. 샤르뎅이 지적하고 있는 것처럼 인간은 늘 문제에 부딪치고 그 문제를 해결함으로써 '보다 좋은 상태'로 나아간다.

바로 지금도 계속되고 있는 정복행위, … 우리는 출생하자 곧 전투에 참여한다. 우리는 우주적인 노력이 성공하기 위하여 모든 악을 거슬러 싸우는 전투자요 동시에 전쟁터로서 고통을 받지 않을 수 없다.

우리가 경험적인 견지에서 고찰할 때 세계는 무엇인가를 찾아 헤매는 거대한 암중모색이고, 위험을 무릅쓰고 나아가는 거대한 기상氣像이며, 또한 무엇을 취하려는 거대한 공격이기도 하다. 그러므로 세계는 수많은 실패와 손상을 거듭거듭 맛보는 쓰라린 대가로 진보하는 것이다. 수난자들—이들이 어떤 부류에 속하든지—은 이 엄숙하고 숭고한 조건을 채우고 있다. 그들은 쓸모없고 자질구레한 것들은 그만두고, 진전과 승리를 위해 상당한 대가를 지불하고 있다. 그들은 마침내 명예롭게 전장에서 쓰러진다.[13]

샤르뎅은 신의 창조 작업이 지금도 진행되고 있는 것으로 본다. 세계가 불완전하고 문제투성이인 것은 신의 창조 작업이 완성되지 않았기 때문이다. 따라서 기독교 신도들은 신의 창조 작업의 동참자요 협력자로서의 역할을 하는 영광스러운 삶을 살 수 있게 된다. 기독교 신도들은 고통을 무릅쓰고 세계의 불완전함으로 인해 발생하는 문제들에 대항하여 싸움으로써 세상을 '보다 좋은 상태'로 만드는 역할을 할 수 있기 때문이다.

역사는 신과 그 협력자들의 노력에 의해 신의 창조 작업이 완성되는 '오메가 포인트(플레로마)'를 향하여 나아가고 있다는 샤르뎅의 견해를 꼭 받아들일 필요는 없다. 그러나 적어도 인류의 역사가 고통과 고난의 극복을 통해서 발전한다는 점은 받아들일 수 있다. 인류의 역사는 좋은 문제에 신음하고 투쟁한 사람들로 인해 발전해 왔다고 할 수 있는 것이다.

알렉산더, 카이사르, 한니발, 칭기즈칸, 나폴레옹, 히틀러, 레닌, 모택동 같은 사람들은 모두 한 시대를 풍미하고 역사에 큰 족적을 남긴 사람들이다. 뉴턴, 보일, 파스퇴르, 에디슨, 다윈, 아인슈타인, 하이젠베르크 같은 사람들도 과학사에 빛나는 업적을 남겼다. 그러나 테레사 수녀, 간디, 링컨, 만델라, 그리고 죽음을 앞둔 사람들을 돌보는 호스피스 봉사자들, 장애인과 고아와 무의탁 노인을 돌보는 사람들, 사랑의 전화통 앞에서 절망을 달래는 상담자들 등 인류의 고통을 나누어 감수하려 한 이름 모를 수많은 영혼들의 역사적 자리는 다르다. 역사는 인류의 고통에 신음하고 싸우는 사람들로 인해 성숙해지는 것이다.

고통 제조기 쾌락을 목적으로 한 것은 아닐지라도 무심코 한 나의 행위가 다른 사람을 고통스럽게 할 수 있다. 성폭행은 한 여성의 삶을 망친다. 돈 많은 사람들이 부동산에 투기함으로써 부동산 값이 올라가고, 그래서 서민들은 내 집을 갖기가 어렵게 된다. 한 사람의 야망이 수많은 사람을 죽음이나 좌절로 몰아넣는다. 인신매매사범들은 미성년자와 부녀자들을 유인, 납치하여 다방, 단란주점, 윤락가 등에 팔아넘긴다.

도스토옙스키의 『카라마조프 형제들』에 끔찍한 이야기가 나온다. 농노제가 절정에 이르렀던 19세기 초의 러시아에 한 퇴직한 장군이 있었다. 그는 2천 명이나 되는 농노를 소유하고 있었고, 수백 마리의 사냥개도 기르고 있었다. 물론 개들을 기르기 위한 하인들도 백 명이나 되었다. 그런데 어느 날 여덟 살 먹은 농노의 아들이 던진 돌에 장군의 애견이 다리뼈를 다치는 일이 발생한다. 그 사실을 안 장군은 다음 날 아침 식객들, 사냥개들, 하인들, 몰이꾼들을 모두 집합시켰다. 물론 아이의 어머니는 사람들의 맨 앞줄에 서게 하였다. 그리고 아이를 옥獄에서 불러내어 발가벗겼다. "자, 저 놈을 쫓아라!" 장군의 명에 따라 몰이꾼들이 "뛰어, 뛰어!" 하고 소리쳤다. 아이는 뛰어 달아나기 시작했다. 그러자 장군은 "저 놈 잡아라!"라고 소리치며 사냥개들을 한꺼번에 풀어 주었다. 사냥개들은 아이의 어머니가 보는 앞에서 아이를 순식간에 갈기갈기 찢어 버리고 말았다.[14]

이 이야기는 인간이 얼마나 잔혹한 일을 할 수 있는가를 잘 보여주는 예이다. 그리고 우리는 이 예보다 더 심한 예들을 흔히 보고 듣는다. 인간은 고통 제조기이다. 심신 장애의 90% 이상이 사람의 실수로 인한 것이고, 세상의 고통 중 80%가 인간으로 인한 것이라 한다.

고통 감수성 일반적으로 고통은 병의 증상이다. 죽을병은 어떤 것인가? 그것은 증상이 없는 병이다. 암이 죽을병인 것은 그 증상인 고통이 나타나지 않기 때문이다. 간염도 그렇다. 간의 70%가 못쓰게 될 때까지 증상이 나타나지 않기 때문에 간질환으로 인한 사망률이 높다. 따라서 우리 몸이 건강을 유지할 수 있기 위해서는 병의 증상이 고통으로 나타나야 하는 것이다.

마찬가지로 사회적 병이 죽을병으로 진행되지 않기 위해서는 그 증상이 드러나야 한다. 다시 말해서 사회 구성원들 중에 사회적 병을 아파하는 사람들이 있어야 한다. 그런 사회는 비록 중병에 걸렸을지라도 소망이 있는 사회이다. 중병에 걸렸는데도 불구하고 신음소리가 들리지 않는 사회는 가망이 없는 사회이다. 그 사회는 죽을병에 걸린 것이다.

정부는 국민의 쾌락을 증진시켜 주기 위해 존재하는 것이 아니라 국민의 고통을 최소화하기 위해 존재한다. 홉스가 지적한 대로 정부가 없는 '자연 상태'는 만인 대 만인의 싸움으로 인해 지극히 소수의 강자들 외에 대부분의 사람들은 원초적 고통에서 헤어날 수 없게 된다. 무엇보다도 그 점 때문에 우리는 정부를 구성한 것이고, 사회적 고통을 관리하도록 위임한 것이다.

불행히도 우리의 현대사는 상당 부분 정부가 앞장서서 고통을 양산해 온 역사였다. 역대 대통령들의 운명이 어떻게 되었는가를 보면 잘 알 수 있다. 더욱 안타까운 것은 많은 세월이 흘러가면서 우리의 고통 감수성이 둔화되었다는 점이다. 우리는 아파할 줄을 모르게 되어 버렸다. 잘못된 것을 보고도 분노할 줄 모른다. 누군가 분노하고 아파하면, 벌레 보듯 한다. 공직자들은 오랜 부패의 타성에 젖어 자기들의 죄가 무엇인지도 모른다. 공직자가 자리를 이용해서 뇌물을 받고 공금을 횡령해도 비난은커녕 못 하는 자가 바보이다. "자라보고 놀란 놈 솥뚜껑 보고 놀란다."는 말은 옛말이다. 요즈음 우리는 아무것에도 놀라지 않는다. 별로 좋은 징조 아니다.

고통을 대접하라 고통은 싫다. 그렇다고 피할 수도 없다. 그러나 고통을 모르면 사람도 아니요 살아있다고도 할 수도 없다. 나아가 고통과 정면으로 마주침으로써 인간은 위대한 일을 성취할 수 있고 잘하면 존재의 신비에 접근할 수도 있다. 따라서 고통의 역설이 말해 주는 것은 분명하다. "고통을 대접하라."

고통은 기회이다. 고통은 우리를 어딘가로 안내하기 위해 우리를 찾아오는 것이다. 우리로 하여금 존재 각성에 걸맞은 삶을 살 기회를 주기 위해 방문하는 것이다. 그러니 고통이 아프게 속삭이는 말을 경청하자. 무엇이 문제인가? 어떻게 해야 하는가?

위대한 일을 성취하는 사람은 위대한 고통을 생산적 에너지로 전환할 줄 아는 사람이다. 위대한 고통은 인류인으로서의 삶이 나아갈 방향을 가리켜 주는 이정표이다. 따라서 우리는 역설적으로 이렇게 말할 수 있다. 위대한 고통에 아파하는 사람은 축복 받았다고.

8

가능한
최선의 사회

영화 「지붕 위의 바이올린」은 러시아의 아나테브카에 정착하여 살던 유대인들이 새 땅을 찾아 떠나는 장면으로 끝난다. 1917년의 러시아 혁명과 함께 강화된 탄압으로 인해 아나테브카는 유대인들이 더 이상 살 수 없는 땅이 되어 버렸던 것이다.

"랍비여, 우리는 평생 메시아를 기다려 왔습니다. 지금이 바로 그 분이 오실 때가 아닌가요?" 이 물음에 랍비가 답한다.

"이젠 다른 곳에서 기다려야 해. 자, 다들 짐을 꾸리세."

당시 유대인들을 포함한 150만 명이 러시아를 떠났다. 얼마나 많은 사람들이 지금 이 순간에도 '살 만한 땅'을 찾아 고달픈 디아스포라의 길에 올라 있을까?

철새들은 계절이 바뀔 때마다 대륙을 횡단하는 대이동을 한다. 좋은 날씨와 풍부한 먹이를 찾아가는 것이다. 철새들과는 달리 여러 가지 복잡한 이유에서이지만, 사람들도 흔히 대이동을 한다. 탈북자들의 경우에서 보는 것처럼 먹거리와 자유를 찾아 고향이나 고국을 버리는 사람들이 있다. 금지된 사랑을 이루기 위해 목숨을 걸고 국외 탈출을 기도하기도 한다. 종교적 이유나 정치적 이유로 수많은 사람들이 정든 땅을 버린다. 심지어는 지구가 황폐화될 날에 대비하여 나사NASA에서는 화성을 탐사하고 있다.

일반적으로 인간은 구약성서의 「창세기」에 그려진 '낙원에서 추방된 존재'로서의 삶을 산다. 그만큼 현실은 낙원과 거리가 먼 것이다. 그래서 자연스럽게 사람들은 지상의 문제들이 모두 해결된 곳으로서의 '낙원' 또는 '이상사회'를 그린다. 유대인들은 나라를 잃고 세계 각국으로 뿔뿔이 흩어져 살면서도 현세의 고통으로부터 구원해 줄 메시아가 올 것을 믿고 기다려 왔다. 기독교인들은 '구세주救世主' 예수의 재림을 기다리고 죽어서 천국에 갈 소망을 안고 산다. 불교도들은 아미타불阿彌陀佛의 이름을 염念하면 극락정토에 왕생하여 성불成佛할 수 있다고 믿고, 도솔천兜率天에서는 미래불인 미륵보살彌勒菩薩이 지상으로 내려갈 시기를 기다리고 있다고 믿는다. 마호메트의 낙원을 그리는 사람들도 있고, 남아메리카 아마존 강변에 있다는 황금의 이상향 '엘도라도'를 그리는 사람들도 있다.

인간은 누구나 자신의 소망이 이루어지기를 바라고 그러한 세계를 꿈꾼다. 이러한 꿈은 주어진 열악한 조건에 머물 수 없는 인간의 본능적 소망이라고 할 수 있을 정도로 인류 보편적이다. 이 장에서는 낙원 또는 이상사회의 모습을 그려보고 어떻게 하면 그런 사회를 이룰 수 있을지 생각해 보기로 한다.

모든 소망이 이루어지는 사회 이상사회는 어떤 곳일까? 오늘날 선진
국 중의 하나로서 후진국들의 부러움을 사고 있는 영국도 옛날에는
대부분의 사람들이 가난하고, 중노동에 시달리고, 자유를 박탈당하
고, 성적인 차별과 억압이 있었다. 다음은 중세 영국에서 불린 「큰
사탕바위 산」이라는 노래인데, 그들의 소망이 잘 담겨져 있다.

> 큰 사탕바위 산에는
>
> 경찰들이 모두 의족을 하고 있고
>
> 불도그들의 이빨은 모두 고무 이빨이고
>
> 암탉들은 반숙 계란을 낳는다네
>
> 농사꾼의 나무에는 과일이 잔뜩 열려 있고

헛간에는 건초가 가득하다네

아, 나는 그곳으로 갈 터이네

찬 서리 내리지 않는 그곳

비바람 불지 않는 그곳으로

술이 흐르는 작은 물줄기가

바위틈으로 졸졸 흘러내린다네…

거기에는 스튜와 위스키 연못도 있다네

거기에는 삽도 없고

도끼도 톱도 곡괭이도 없다네

나는 그곳에서 살려네, 하루 종일 잘 수 있는 곳

고된 일 만든 놈들을 목매다는 곳

큰 사탕바위 산에¹

'큰 사탕바위 산'에는 우선 먹거리가 지천으로 널려 있다. 나무에는 과일이 잔뜩 열려 있고 양고기와 양파와 감자의 요리인 스튜의 연못이 있어서 마음대로 떠먹을 수 있다. 술이 흐르는 물줄기가 있고, 위스키 연못도 있어서 취하도록 마셔도 호주머니 걱정할 것 없다. 그래서 먹고살기 위해 고된 노동을 할 필요도 없다. 하루 종일 잠을 자며 게으름을 피워도 된다. 계란을 요리하는 정도의 수고도 할 필요가 없다. 암탉들이 반숙 계란을 낳기 때문이다. '법'에 어긋난 짓을 하더라도 걱정할 게 없다. 경찰들이 모두 의족을 하고 있고,

불도그들의 이빨이 고무로 되어 있기 때문이다. 그곳에서 중형에 처해지는 사람들은 오히려 '고된 일 만든 놈들'이다. 중세의 영국인들은 이러한 곳을 이상향으로 그렸다.

모어가 그의 『이상사회』에서 그린 유토피아도 유사하다. 요강이나 만드는 데 쓸 정도로 황금이 흔하고, 온갖 쾌락을 추구하며, 화폐와 사유재산 제도가 없고, 누구나 골고루 돌아가면서 일하며, 예술과 문학을 탐구하는 지적인 활동을 하고, 각자 필요한 만큼 물건을 구하며, 똑같이 생긴 집들은 자물쇠가 없을 정도로 평화로운 그런 '이상 섬'이었다. 모든 소망이 이루어진 사회, 그런 곳을 이상사회로 그렸던 것이다.

이상사회의 역설 그러나 모어가 처음 사용한 '이상사회utopia'라는 말은 '어디에도 없는 곳'을 뜻한다. 모든 소망이 이루어지는 이상사회는, 아쉽지만, 지상에는 없는 곳이다.

뿐만 아니라 역설적으로 그러한 사회는 진정한 의미에서의 '낙원'일 수 없다. 모든 소망이 이루어지는 곳은 인간이 할 일이 없는 곳이기 때문이다. "동물원에 갇혀 있는 수사자를 본적이 있는가? 제 때에 먹이가 나오고, 암사자가 바로 옆에 있으며, 사냥꾼을 염려할 필요도 없으니, 녀석은 다 가졌어. 그렇지 않은가? 그런데 녀석은 왜 저렇게 지루해 보이는가?"라는 하인라인의 물음은 시사하는 바가 크다.

지혜를 다하고 땀 흘려 일해야 자그마한 소망이라도 이룰 수 있고, 또 그런 가운데 보람과 행복을 맛보며 사는 게 인생살이이다. 그런데 소망을 품기만 하면 이루어질 경우, 인간은 소망을 품는 수고 외에는 아무것도 할 일이 없다. 그런 곳이 이상사회일까? 염세주의자 쇼펜하우어도 그렇지 않다고 역설한다.

인간이 원하는 것마다 다 성취된다면 인간은 자기의 생활을 어떻게 메워 나갈 것이며, 그들은 그들의 시간을 무엇에다 쓴다는 말인가? 만약 인간 족속을 게으름뱅이들이 사는 천국으로 옮겨 놓았다고 하자. 모든 것이 스스로 자라나고, 비둘기의 불고기가 날아다니고, 어느 남자든지 손쉽게 애인을 찾아 수중에 넣을 수 있는 곳이라면, 아마 인간은 싫증이 나서 죽든가 그렇지 않으면 스스로 목을 매어 죽어 버릴 것이다. 혹은 전쟁과 교살과 살인이 일어나 마침내 인류가 현재 자연이 인간에게 과課하고 있는 그 이상의 고통을 자신에게 가하게 될 것이다.[2]

쇼펜하우어가 지적하고 있는 것처럼 '모든 소망이 이루어지는 사회'는 인간이 살기에 적합한 곳이 아니다. 그러한 곳에서는 인간이 견딜 수 없기 때문이다. 그래서 역설적으로 이상사회는 우리가 지향하는 곳이지만, 도달해서는 안 되는 곳이다. (인류의 종말은 어쩌면 우리의 모든 소망이 이루어진 때일 수 있다.)

그렇다면 우리는 기이한 결론에 도달하지 않을 수 없다. 이상사회는 문제가 없는 사회가 아니라 문제가 있는 사회라는 것이다. 문제 있는 사회가 이상사회? 그럼 문제투성이의 현 세계도 이상사회라는 말인가? 그렇지는 않다. 적어도 우리는 현 세계보다 더 좋은 세계를 그려 볼 수 있기 때문이다.

가능한 최선의 사회 독일의 수학자이자 철학자인 라이프니츠에 의하면, 우리가 사는 세계는 여러 가능한 세계들 중에서 최선의 것이다.

> 신은 무수히 많은 가능한 우주를 가지고 있는데도, 그 중에서 단 하나의 현실적인 우주, 곧 이 지구촌을 선택하게 된 데는, 신의 충분한 배려가 있었을 것으로 추측된다. … 신은 그 지성과 의지와 힘에 의하여 다른 것 전부를 다 젖혀놓고 하필이면 이 세계를 선택한 것이다. 그러니 곧 여기가 최선의 세계일 수밖에 없다.[3]

비록 우리가 사는 세계가 고통으로 가득하다 할지라도, 그 세계가 가능한 최선의 세계라는 것이 라이프니츠의 견해이다. 신은 가능한 모든 세계에 대한 완전한 지식을 가지고 있는 전지全知한 존재이며, 할 수 없는 일이 없는 전능全能한 존재이고, 무한히 선한 존재로서 당연히 가능한 최선의 세계를 창조할 것인데, 현실 세계는 바로 신이 창조하였기 때문이다. 그럼 어떻게 신이 창조한 세계에 고통과 악과 불완전한 것들이 존재할 수 있는가? 그러나 이는 어쩔 수 없다. 다른 가능한 세계들은 더 불완전하기 때문이다. 그래도 우리의 세계는, 낙원은 아닐지 모르지만, 가능한 모든 세계들 중에서 가장 나은 세계인 것이다.

라이프니츠의 견해는 신의 존재를 전제하고 있다. 따라서 신의 존재를 받아들이지 않거나 라이프니츠가 생각하는 것과 같은 신의 존재를 인정할 수 없을 경우 이 세계가 가능한 최선의 세계라는 그의 견해를 받아들일 이유가 없다. 나아가 설사 신의 존재를 가정할지라도, 고통으로 가득한 이 세계가 가능한 최선의 세계라는 라이프니츠의 견해는 운명론의 냄새가 짙다. 그리고 운명론은, 우리가 제2장에서 연구한 것처럼, 약효를 기대할 수 없는 견해이다.

그러나 신의 존재를 인정하지 않더라도, '가능한 최선의 세계'라는 개념은 이상사회를 구상하는 데 유용한 듯싶다. 예컨대 국가 대표 축구팀이 월드컵 본선에 오르지 못했을지라도, 감독과 선수들이 최선을 다했다고 인정될 경우, 결과는 아쉽지만 우리는 그들을 비난하지 않는다. 어떤 선수가 실책을 하여 자살골을 먹었다 해도, 그 실책이 그의 체력 및 실력과 당시의 상황에 비추어 최선을 다한 결과일 경우 그로서도 어쩔 수 없었고, 따라서 우리는 그를 나무랄 수 없다.

마찬가지로 사람들이 최선을 다하면서 산다고 가정할 경우, 우리의 세계가 '낙원'이 아니란 점에 실망할 필요는 없을 것 같다. 오히려 우리는 문제가 있지만 좌절하지 않고 그러한 문제를 풀어 가고자 하는 꿈과 지혜와 정열을 가지고 산다는 점에서 자부심을 가질 수 있고, 그런 의미에서 그 세계가 우리에게 가능한 최선의 세계라고 말할 수 있을 것이다. 모든 소망이 이루어진 곳으로서의 이상사회를 꿈꾸는 대신, 눈높이를 낮추어 우리 인간에게 가능한 최선의 사회로서의 이상사회가 어떤 곳이며 그 사회를 어떻게 이룰 수 있을지 고민해 보기로 한다.[4]

절망에서 희망으로: 브라질 우리 인간에게 가능한 최선의 사회, 우리가 꿈꿀 수 있는 이상사회의 최소한의 요건은 먹는 문제 걱정이 없는 사회이다. 1998년 브라질은 IMF의 도움을 받았으나, 2002년 말에 외채는 외환 보유고의 6배로서 연간 수출총액의 3.5배였다. 1997년 우리나라가 IMF의 지원을 받았을 때 총외채는 외환 보유고보다 많았지만 수출 총액 대비 70~80% 정도였음에 비추어 볼때, 2002년의 브라질 국민이 느껴야 했던 절망감이 어느 정도였을지 짐작하고도 남는다. 이러한 절망의 나락에서 초등학교밖에 나오지 않은 노동자당의 루이스 이나시오 룰라 다 실바가 대통령에 당선되었다. 61.4%의 국민이 그를 해결사로 선택하였던 것이다. 그리고 재임을 거쳐 2010년 임기를 마치기 직전에 실시된 여론 조사에서는 83%의 국민이 그를 지지한 것으로 나타났다. 그가 브라질의

절망을 희망으로 바꾸었기 때문이다.

가난한 농부의 아들로 태어나 일곱 살 때 거리에서 땅콩과 오렌지를 팔고, 구두닦이를 하고, 세탁소 점원 노릇을 하고, 학력도 턱없이 부족한 룰라가 어떻게 그런 엄청난 일을 해낼 수 있었을까? 그것은 2억의 인구 가운데 6천만 명이 넘는 극빈곤층을 지원함으로써 가능한 일이었다. 그는 부자의 것을 빼앗아 가난한 사람들에게 나누어 주는 혁명의 방법을 쓰지 않았다. 그는 부자와 빈자 모두가 이기는 복지 정책을 썼다. 예컨대 그는 '볼사 파밀리아Bolsa Familia' 프로그램을 실시하였다. 가난한 사람들에게 최소한의 재정적 지원을 해주면서 자립을 위한 교육을 시키는 프로그램이었다. 여기에도 단서를 붙였다. 지원금을 받으려면 아이들을 반드시 학교에 보내야 하고, 결석률이 15%를 넘으면 지원이 중단되게 한 것이다. 그 결과 가난한 사람들이 배워서 일자리를 갖게 되고, 생활 형편이 서서히 개선되어 중산층으로 변해 갔으며, 이는 소비를 촉진시켜 기업의 매출을 신장시키고, 마침내 국부를 창출하기에 이르렀다. 부자도 빈자도 국가도 모두 이익을 보게 된 것이다. 브라질은 2006년 1월 IMF의 빚을 모두 갚았다. 그리고 세계 8위의 경제 대국이 되었다.

룰라는 부자의 파이를 빼앗아 빈자에게 주는 방식을 택하지 않았다. 그는 또한 부자의 잔칫상에서 떨어진 부스러기를 빈자에게 나누어 주는 방식도 택하지 않았다. 복지는 가난한 사람들에게 베푸는 시혜나 동정이 아니다. 복지는 가난한 사람들도 인간으로서의 최소한의 품위를 지키고 살 수 있게 하는 것이다. 그는 빈자가 인간으로서의 품위를 지키며 먹고 살 수 있게 함으로써 진정한 복지를 이루었다. 그리고 그것은 결과적으로 가진 자들에게도 이익이 되는 길이었다.

법과 제도의 청정 국가 싱가포르 먹는 문제가 해결되었다고 이상사회가 되는 것은 아니다. 이상사회는 구성원들이 무질서와 폭력의 위험 없이 안전하게 살 수 있는 곳이어야 한다.

서울 면적의 반이 조금 넘는 땅, 서울 인구 반을 조금 넘는 인구의 국가도시인 싱가포르는 우리나라와는 비교할 수 없이 오랫동안 식민 지배를 받았다. 포르투갈, 네덜란드를 거쳐 영국에 넘어갔다가, 제2차 세계대전 기간에는 일본, 그리고 전쟁 후에 다시 영국의 식민지가 되었다가, 1959년에야 독립하였던 것이다.

독립국 싱가포르의 앞날은 암담하였다. 빈곤, 혼란, 일탈 행위, 공직자의 부정부패, 그리고 인종 갈등… 문제들이 난마처럼 얽혀 있었다. 모두들 절망하였다. 사람들은 나라가 망할 것이라는 생각에 울었다. 그러나 리콴유 자치정부 총리는 절망하지 않았다. 그 스스로도 싱가포르를 '존재할 수 없는 나라'라고 칭하면서도, 조국을 회생시키기 위한 정책들을 담대하게 추진해 나갔다.

싱가포르 인구의 76%는 중국인이고, 14%는 말레이인이다. 인도인도 있고 소수민족도 있다. 이처럼 인종이 다양하기에 언어도 다양하고 종교도 다양했다. 인종 간에 갈등이 일어날 수밖에 없고, 국론 통일이 될 수 없었다. 리콴유는 이 문제를 언어로 풀었다. 그는 영어를 싱가포르의 공식어로 정하고, 각 인종의 모국어를 제2언어로 낮추었다. 인구 분포를 고려하면 중국어를 공식어로 채택해야 할 것이다. 그러나 이 경우 다른 인종들은 여러 면에서 불이익을 당할 것이고, 그로 인해 내부 갈등이 끊이지 않을 것이다. 그래서 그는 과감하게 영어를 공식어로 정했던 것이다.

2011년 10월 국제투명성기구는 '세계부패지수보고서'를 발표했다. 각국의 정치가와 공무원들의 청렴도를 10점 만점으로 평가하는데, 싱가포르는 9.3점을 받아 덴마크, 뉴질랜드와 함께 청렴도가 가장 높은 국가로 선정됐다. 그 비결은 무엇일까? 싱가포르인들이 청렴해서? 그렇지 않다. 어느 나라나 마찬가지로 싱가포르 역시 공무원들은 부정부패를 일삼았고, 각종 반사회적 일탈 행위가 만연되어 있었다. 리콴유는 이 문제를 법과 제도로 풀었다.

마약 범죄자는 이유를 묻지 않고 사형에 처해진다. 쓰레기를 길에다 버리는 경우 초범은 5백 싱가포르 달러(1싱가포르 달러는 약 700원 정도)의 벌금이 부과되고 재범은 1천~2천 싱가포르 달러의 벌금형에 처해지며, "나는 쓰레기를 버리는 잘못을 저질렀습니다."라고 인쇄된 재킷을 입고 반나절 이상 거리 청소 작업에 동원되고, 심지어 TV 뉴스에 등장하기도 한다. 침을 뱉는 것도 적발 횟수에 따라 5백~2천 싱가포르 달러 상당의 벌금형에 처해지며, 화장실에서 용변을 보고 물을 내리지 않아도 벌금이 부과된다. 공원의 새들에게 먹이를 주는 것도 벌금형이다. 함부로 먹이를 주게 되면 새들이 해충구제를 제대로 하지 않기 때문이다. 세계에서 가장 먼저 운전 중 휴대폰 사용을 처벌하기 시작하였으며, 음주운전의 경우 초범인 경우에도 1천~5천 싱가포르 달러의 벌금과 함께 징역형과 사회봉사 명령을 받게 된다.

공무원들의 부정부패를 근절시키기 위해 리콴유는 부패행위조사국을 설치하였다. 공무원들의 자산은 모두 공개되고, 자산 형성 과정이 투명하게 설명되어야 한다. 설명이 안 된 재산은 부정축재로 간주되어 몰수되고, 관료는 해직될 뿐만 아니라 민간 기업에도 취직할 수 없게 된다.

이러한 엄격한 법과 제도 덕으로 싱가포르는 세계 제1의 청렴 국가가 된 것이다. 싱가포르의 준법 정신과 공무원들의 청렴은 외국기업들로 하여금 안심하고 투자할 수 있게 하였다. 영어가 공용어인 점도 유리하게 작용하였다. 1959년 리콴유 총리가 취임할 때 싱가포르의 1인당 국민 소득은 4백 달러였으나, 그가 퇴임하던 1990년에는 1만 2천 2백 달러였다. 2012년 현재 1인당 국민 소득은 5만 714달러로 미국, 일본, 독일, 프랑스보다 높은 세계 5위로 도약하였다.

행복한 나라 부탄 먹는 문제와 안전 문제의 걱정이 없는 사회는 살

만한 사회일 것이다. 그러나 배만 부르면 될까? 타율적으로 지탱되는 법질서가 우리 인간에게 어울리는 것일까? 부탄의 예를 가지고 생각해 보자.[5]

국민의 97%가 행복해 하는 나라 부탄은 경제적 풍요와 타율적 법질서가 이상사회의 필요조건도 아닐 수 있음을 보여 준다. 인도의 북부 히말라야 산맥 근처의 산악지대에 있는, 우리나라의 5분의 1 면적에 인구가 고작 63만 5천 정도인 작은 나라이다.

부탄의 1인당 국민 소득은 2천 달러가 채 되지 않는다. 일하는 사람의 90%가 기계의 도움 없이 고된 노동을 해야 하는 농민이고, 대부분의 도로는 산악지대를 돌고 도는 위험한 비포장도로이며, 국민 대다수가 오두막 같은 집이나 야크 천막에 산다. 1980년대에 80%였던 문맹률이 교육 혁명을 통해 낮아졌다고 하지만 아직 40%나 되고, 대학 졸업자는 전체 인구의 2%에 불과하다. 평균 수명은 43세에서 66세로 끌어 올렸지만, 유아 사망률은 아직 4%에 이른다. 미국 같은 강대국과는 관계를 맺지 않은 채, 수교 중인 국가는 21개국에 불과하며, 이중 인도가 유일한 우방이다. 인도는 부탄의 군사 안보를 대신해 주고 있고, 경제도 총 수출량의 80%를 담당하고 있어서, 사실상 인도의 종속국이다. 이런 나라가 어떻게 세계에서 가장 행복한 나라일 수 있을까?

무엇보다도 부탄의 왕들이 지혜롭다는 점을 들 수 있다. 1972년에 16세의 어린 나이로 국왕의 자리에 오른 제4대 국왕 직메 싱게 왕축은 4년 후에 "나는 GDP가 아닌 GNH를 기준으로 나라를 통치하겠다."고 발표하였다. 다른 모든 나라들이 국내총생산GDP과 국민총생산GNP에 매달리고 있는 상황에, 국민총행복Gross National Happiness을 내세운 것이다. 그리고 헌법에 GNH를 실현할 네 가지 가이드라인까지 못 박아 두었다. 지속 가능하고 공평한 사회 경제 발전, 히말라야 자연 환경 보호, 유형·무형 문화재의 보호와 추진, 그리고 좋은 통치로 국민총행복을 추구한다는 것이었다.

왕의 지혜를 따라가 보자. 어떻게 하면 국민총행복을 높일 것인가? 빈곤의 문제를 해결하기 위해서 경제는 발전해야 한다. 그러나 경제는 행복의 한 요소일 뿐이다. 그리고 경제는 지속 가능하고 공평한 발전이어야 한다. 강대국과 손을 잡고 개발을 서두르면, 환경이 파괴되고, 경제적 이익만을 추구하는 그릇된 가치관이 국민의 마음을 피폐하게 만들어 결국 불행을 자초하게 될 것이다. 따라서 부탄의 가장 큰 자원인 산림을 보존하고 이용함으로써 지속 가능한 발전을 도모해야 한다. 산림은 물을 저장하여 일 년 내내 최대 수출 품목인 전기를 생산할 수 있게 한다. 부탄은 이 전기의 85%를 인도에 수출하여 예산을 확보한다. 그래서 아예 산림이 국토의 60%를 밑돌지 못하도록 헌법에까지 명시하였다. 히말라야 자연 환경도 보호하고 지속 가능한 경제 발전을 할 수 있게 한 것이다.

왕은 또한 유형·무형 문화재의 보호가 국민의 행복에 중요하다는 것을 알았다. 모든 공무원은 전통 의상을 입는다. 그러니 공무원들은 비싼 옷이 아니더라도 잘 입는다고 생각한다. "외화를 가져오는 사람보다 밭에서 일하는 사람이 더 소중하다."고 생각한 왕은 너무 많은 관광객들이 모여들면 환경은 물론 문화와 전통이 파괴될 것이라 판단하여, 모든 관광객에게 하루 체류 비용 240달러를 내게 하여 관광객 수를 제한하였다. 부탄에는 종교의 자유가 있다. 그러나 국민 대다수는 불교도이다. 그들은 "지금의 삶은 일시적인 것이며 사후에는 내세가 존재하고, 내세에서 자신이 어떻게 될지는 살아 있는 동안 좋은 일을 하느냐, 하지 않느냐에 달려 있다."는 윤리관을 가지고, 살생하지 않고, 남의 것을 탐내지 않고, '가진 것을 베풀라', '만족함을 알라.'는 부처의 가르침을 실천하는 삶을 산다. 그리고 이러한 종교 문화는 굳이 법으로 규제하지 않더라도, 국민들 스스로 다투지 않고 서로 돕는 인간관계 속에서 행복해지게 하는 것이다. GNH를 목표로 할 때 이러한 불교 문화는 보존되고 보호되어야 할 윤리의 근간인 것이다.

왕은 좋은 정치의 본보기를 보여 준다. 부탄의 3대 국왕 직메 돌지 왕축은 농노를 해방시키고 귀족계급 소유의 땅을 일반 국민에게 배분해 주었으며, 1952년 국민의회(국회)를 만들었다. 국민 모두가 '국왕'을 '신'으로 여겼던 시대였다. 4대 국왕 직메 싱게 왕축은 땅이 없는 국민에게 자신의 소유지를 분할해 주어 자립을 지원했으며, 2008년 절대군주제를 폐지하였다. 이는 전 세계 역사상, 혁명이나 외압 없이 왕이 스스로 물러난 최초의 일이었다. 5대 국왕도 동

부탄에서 땅을 갖지 않은 사람들에게 자신의 소유지를 나눠 주었다. 가난한 국민의 형편을 생각하여 무상교육과 무상의료를 실시하고 있다. 세계 최초의 금연 국가이며, 노숙자가 없는 나라이다.

이와 같은 국민총행복을 위한 왕의 지혜와 지도력은 가시적 결과를 낳는다. 국민들은 왕을 진정으로 따른다. 직접 왕을 만날 수도 있다. 서로 신뢰하고, 도움이 필요할 때는 언제고 누군가 도움을 줄 것이라 믿는다. 도로에는 신호등이 없지만 사고가 없고, 사람들은 아무데서나 길을 걷거나 건너는데 차들이 기다려 준다. 가난하지만, '조금만 더, 조금만 더!' 하고 점점 많은 것을 바라기보다 '이것으로 충분하다.'고 만족해 한다. 공무원들은 절대 뇌물을 받지 않는다. 국민들의 입에서는 미소가 떠나지 않고 행복해 한다. 첫눈이 오늘날은 휴일이다! 신비롭게 행복한 '샹그릴라' 부탄, 현재 지상에 존재하는 가능한 최선의 사회가 아닐까?

드림 소사이어티 부탄은 우리에게 먹는 것이 다가 아니라는 것을 가르쳐 준다. 사실 먹는 것이 다라면, 인간은 다른 동물과 다름없다. 먹는 것은 생존을 위한 최소한의 필요조건이지, 인간적 삶의 지상 목표가 될 수는 없다. 미국인들의 소득별 행복지수에 의하면, 연봉 7만 달러의 소득층이 가장 행복한 것으로 조사되었다. 연봉 7만 달러면, 가난 걱정은 덜었으되 여유를 부릴 수 있는 소득은 아니다. 그런데 이들이 고소득층보다 더 행복하다는 것이다. 그리고 경제적으로 여유로워졌을 때 사람들이 덜 행복하게 느낀다는 사실은 경제적 여유가 가능한 최선의 사회의 충분조건이 아니라는 사실을 말해 준다.

또한 부탄은 싱가포르처럼 타율적으로 법질서를 유지하는 것이 능사가 아님을 가르쳐 준다. 법이 많은 나라가 좋은 나라일 수 없다. 법이 많다는 것은 문제가 많다는 것을 뜻한다. 법질서의 유지는 필요하다. 그러나 마소를 다루는 채찍으로 질서를 유지하는 것은 인간성에 반하는 일이다. 인간은 자율적으로 행동하는 이성적 존재이기 때문이다. 리콴유의 싱가포르는 조화를 연상시킨다. 싱가포르의 질서에는 생명력이 없다. 법과 제도의 나사가 풀리면, 언제 다시 자연 상태로 돌아갈지 모를 불안한 질서이다. 타율적으로 강요해야 법질서가 유지되는 사회가 이상사회일 수는 없다.

그럼 부탄은 이상사회인가? 그렇지 않다. 은둔 왕국이 계속 은둔할 수는 없다. 지금까지 부탄 국민은 자연 속에 묻혀 살고, 전통 문화를 유지하고 있고, 불교의 가르침을 따르고 있으며, 왕의 지혜로운 통치에 순응하며 살아왔다. 그러나 벌서 은둔은 깨어지기 시작하고 있고, 앞으로는 더욱 그러할 것이다. 도시화가 진행되면서 깊은 산 속에 흩어져 살던 젊은이들이 도시로 몰려들어 도시 실업률이 30%로 치솟는 가운데 범죄가 급증하기 시작하였다. 왕은 스스로 물러나 국민들로 하여금 민주 정치를 하도록 하였지만, 이는 부탄으로 하여금 다른 모든 민주주의 국가가 겪는 진통을 겪게 할 수 있다. 국민들은 자유와 인권을 부르짖을 것이고 권력 다툼으로 자칫 국가를 위기에 몰아넣을 수도 있으며, 산업화와 근대화를 외치는 정치가가 집권할 경우 GNH보다는 GDP를 더 중요히 여기는 일이 벌어질 수도 있다. 불교에 대한 신앙도 언제까지 유지될지 알 수 없다. 사람들의 지적 수준이 높아짐에 따라 종교적 신념이 흔들리게 되면, 불교적 윤리관도 흔들릴 수 있다. 이처럼 은둔 왕국이 개방될 경우 부탄은 여전히 행복한 나라일 것인가?

세계 최대의 미래 문제 연구 집단인 코펜하겐 미래학 연구소 소장을 역임하고, 전 세계 100여 개 이상의 기업과 정부 기관의 전략 부문 컨설팅을 수행하고 있는 롤프 옌센은 1999년에 출판된 그의 『드림 소사이어티』에서 미래 사회는 '드림 소사이어티'가 될 것이라고 예측하고 있다. 그가 그리는 미래 사회의 시민들은, 비록 가설이기는 하지만, 성숙한 삶이 어떤 것인지를 보여 주는 것 같다.

우리가 상품을 구매하는 원칙은 보통 가격과 품질이다. 싸면서도 좋은 물건을 선호한다. 그러나 옌센에 의하면, 미래 사회에서의 상품 구매 취향은 전혀 달라진다. '싸고 좋은 물건'이 아니라, '가격이 비싸더라도 이야기가 있는 좋은 물건'을 선호하게 된다. 드림 소사이어티에서는 전설, 의식, 이야기의 가치가 다시 인정되며, 물질적 풍요가 더 이상 삶의 전부나 목적이 아니기 때문이다.

예컨대 지금도 덴마크에서는 방목한 암탉이 낳은 달걀이 달걀 시장의 50% 이상을 차지한다. 소비자들은 달걀이 생산되는 이야기에 대해 기꺼이 15~20% 정도 비싼 가격을 지불하는 것이다. 코펜하겐 공항은 1996년 그린란드의 빙원 일부를 수입하여 수십만 년 세월에 관한 이야기로 탈바꿈 시켰다. 빙원 속의 거품에는 피라미드가 만들어지기 전 시대의 공기가 담겨 있다! 새로운 음료수에 수십만 년 전의 오염되지 않은 신선한 공기… 별것 아닌 상품이던 각얼음의 상품 가능성이 확장되었다. 빙하기의 각얼음을 주문하라. 그러면 음료수가 딸려올 것이다. 이렇게 이야기가 상품이 된 것이다.

영리를 목적으로 한 기업도 소비자들의 취향을 따르지 않을 수 없다. 기업들은 물질적 필요 이상을 만족시키는 상품을 배달해야 한다. 21세기의 성공 기업은 감성적 필요를 만족시키는 기업일 것이다. 소비자들은 쇼핑 바구니를 가지고 매일 투표하게 되기 때문이다.

이야기란, 가치에 대한 진술이라고 정의된다. 다른 말로 하면, 이야기는 과학적 진리에 적용되는 기준의 영향을 받지 않는다는 것이다. 이야기에는 우주나 지구에 관한 것에서부터 우리가 누구이며 또 상대방은 누구인가에 대한 일상의 세세한 부분까지 포함된다. 이런 이야기들은 말이나 글의 형태 또는 이미지를 통해 영화로도 전해질 수 있으며, 우리 주위를 둘러싼 상품들을 통해서도 전달될 수 있다.[6]

그래서 감동적인 이야기의 후광에 싸인 운동선수, 연예인, 정치가, 기업인이 성공하고, 삶의 의미, 목적, 가치를 논하는 연극, 영화, 드라마, 소설, 철학이 삶의 중심이 된다. "가장 훌륭한 이야기를 가진 전사가 세계를 지배한다. 그리고 세계 시장도."[7]

드림 소사이어티 정도면 그래도 살 만한 사회일 것 같다. 시민들이 경제 문제에 초연한 자세로 삶의 진정한 가치를 추구하는 듯한 모습을 보이고 있기 때문이다. 그들의 선택은, 그것이 상품이 되었든 정치가가 되었든, 탁월할 것 같다. 그리고 그러한 선택은 사회를 더욱 이상사회에 가깝게 변화시킬 것 같다.

그러나 과연 미래 어느 때 옌센이 말하는 드림 소사이어티가 올까? 만일 그런 사회가 도래한다면, 그것은 대다수의 구성원들이 삶의 진정한 가치를 추구할 정도로 성숙해진 다음일 것이다. 그렇지만 어떻게 해야 구성원들이 드림 소사이어티의 시민들처럼 성숙해질 수 있을까? 옌센은 이 물음에 답하고 있지 않다. 아니 이 물음 자체를 묻지 않고 있다. '경제적 필요로부터 자유로워짐에 따라' 그러한 변화가 오는 것처럼 말하고 있지만, 경제 문제가 해결된다고 사람들이 성숙해지는 것은 아니다. 나아가 드림 소사이어티가 우리가 추구하는 진정한 이상사회의 모델이 되는지도 의문이다. 우리 인간에게 가능한 최선의 사회는 그 정도에 그치지 않을 것이라고 생각할 만한 이유가 있기 때문이다.

인간형 함석헌은 1958년 8월에 쓴 「생각하는 백성이라야 산다」에서, 우리 민족의 역사, 특히 6·25 동란을 되돌아보면서, "우리나라의 백 가지 폐가 간난에 있다 하지만, 간난 중에도 심한 간난은 생각의 간난이다."라고 지적하고, "깊은 종교를 낳자는 것, 생각하는 민족이 되자는 것, 철학하는 백성이 되자는 것"이 우리 민족의 역사적 과제라고 말하고 있다.[8] 우리나라가 살만한 나라가 되기 위해서는 씨올, 곧 대중이 깨어나야 한다는 것이다.

그러나 왜 하필 대중인가? 힘깨나 가진 사람들이나 지식인의 사회적 역할을 촉구하지 않고 왜 대중이 깨어나야 한다고 말하는 것일까? 이 물음에 답하기 위해서 먼저 대중이 사회적으로 어떤 위치를 차지하고 있는지 알아볼 필요가 있다. 인간형을 놓고 생각해보자.

사람들은 성별로 분류할 수도 있고, 소득을 기준으로 분류할 수도 있으며, 피부색으로 분류할 수도 있다. 그러나 우리의 탐구를 위해서는 '진리에 대한 열정'과 '판단 능력'을 기준으로 분류하는 것이 좋겠다. 이 경우 인간은 다음 네 유형으로 분류된다.

진리에 대한 열정 (가슴, 감성)	판단력 (머리, 이성)	인간형
○	○	구도자
○	×	독단주의자
×	○	반사회적 인격 장애인
×	×	대중

진리에 대한 열정으로 가슴이 뜨거우면서도 냉철하게 올바른 판단을 할 수 있는 사람, 즉 가슴은 뜨겁고 머리는 차가운 구도자가 있다. 진리에 대한 열정은 있으나 올바로 판단할 줄을 모르는, 즉 가슴도 머리도 뜨거운 독단주의자가 있다. 진리에 대한 열정이 없이 머리만 잘 돌아가는, 즉 차가운 가슴과 차가운 머리를 가진 반사회적 인격 장애인이 있다. 마지막으로 진리에 대한 열정도 약하고 판단 능력도 떨어지는, 즉 가슴도 머리도 미지근한 대중이 있다.[9] 이들이 각각 어떤 사람들인지 살펴보자.

구도자 '구도자' 하면, 하얀 수염에 회색의 도포를 입은 노인이나 속세를 버리고 수행의 길에 들어선 '수도자' 같은 사람을 떠올릴 것이다. 그러나 필자가 말하는 구도자는 이러한 이미지와 관계없다. 그런 사람일 수도 있지만, 학생일 수도 있고 평범한 직장인일 수도 있으며, 청소부, 어부, 변호사, 정치인, 언론인, 학자, 또는 시인일 수도 있다.

구도자의 가장 두드러진 특징은 진리에 대한 열정을 가졌다는 점이다. 진리를 추구하고, 진리를 위해 헌신하고, 진리로 세상을 구하고자 한다. 이익이 된다고 옳지 않은 일을 하지도 않고, 손해를 볼지라도 옳은 일을 택하고자 한다.

그러나 어떤 것이 옳고 어떤 것이 그른가? 세상은 사이비 지혜와 정보로 넘친다. 온갖 종류의 이론과 사상이 진리임을 자처한다. 그러나 구도자는 쉽사리 현혹되지 않는다. 명철한 판단력으로 조금이라도 의심할 이유가 있는 것은 받아들이지 않는다. 그리고 마침내 깨달음에 도달한다. 인간을 포함한 모든 존재는 무한히 신비롭고, 인간의 삶은 더 없이 소중하다는 것을 깨닫는다. 이 깨달음은 그의 삶을 신비롭고 고귀한 빛으로 감싼다. 그 깨달음이 골수까지 스며들어, 비록 신을 믿지 않을지라도, 마치 신이 존재하는 것처럼, 그래서 그에게 인류를 위한 소명召命이 주어진 것처럼, 선의지를 가지고 세상을 가능한 최선의 사회로 만드는 일에 헌신하게 된다. 구도자는 다음 롱펠로의 시에 나오는 옛날 목수처럼 산다.

옛날 옛적 집 지을 때에
목수들은 지극한 정성을 다 했다네
아주 작은 데는 물론 안 보이는 데까지
사방에 신들이 있기 때문에

옛날 목수들은 적당히 일하지 않았다. 그들은 설계도에 따라 마땅히 해야 할 일을 하였다. 마치 신이 보고 있어서 그러는 것처럼, 스스로 감독하며 일하였다. 신의 눈에 벗어나는 일이 없도록 힘과 정성을 다하여 성실하게, 철저하게 일하였던 것이다.

이처럼 구도자는 이미 깨어 있다. 그래서 나라를 살리기 위해서는 마땅히 구도자에게 호소해야 할 것 같다. 그러나 스스로 구도자로서 글을 쓰고, 가르치고, 투쟁하면서도 함석헌은 그 한계를 알고 있었다. 무엇보다도 구도자들의 수가 얼마 되지 않기 때문이다. 헨리 데이비드 소로는 그의 『월든』에서 깨어 있는 사람을 만난 적이 없다고까지 말하고 있다.

수백만 명의 사람들이 육체노동을 해낼 만큼은 깨어 있다. 하지만 백만 명 중 한 사람만이 효과적인 지적 활동을 할 만큼 깨어 있으며, 1억 명 중 한 사람만이 시詩적인 또는 신神적인 삶을 살 수 있을 만큼 깨어 있다. 깨어 있다는 것은 살아 있는 것을 의미한다. 나는 이때까지 완전히 깨어 있는 사람을 만난 적이 없다. 그러니 내가 어떻게 그의 얼굴을 들여다볼 수 있었겠는가?[10]

'깨어 있음'에 관한 소로의 기준은 너무 높음에 분명하다. 그러나 이 기준을 많이 낮추더라도 구도자의 수는 눈에 띄지 않을 정도일 것이다. 의인 열 명이 없어서 소돔과 고모라가 망할 정도였던 것이다.[11]

물론 비록 구도자가 소수일지라도, 나라를 경영할 기회가 주어지면, 큰 역할을 할 수 있을 것은 분명하다. 플라톤은 『국가론』에서 이상국가의 모델을 제시하면서 소크라테스의 입을 빌려 다음과 같이 말하고 있다.

철학자들이 각국의 왕이 되지 않는 한, 또는 오늘날 왕이라고 불리고, 통치자라고 불리는 사람들이 진실로, 또는 충실히 철학을 연마하지 않는 한, 즉 정치적 권력과 철학적 정신이 한 몸이 되도록 많은 사람들의 소질이 현재와 같이 이 두 가지 방향으로 따로따로 나아가는 것을 강제적으로라도 금지시키지 않는 한, 친애하는 클라우콘이여, 그 나라에는 불행이 그칠 날이 없을 것이고 또 인류에게도 마찬가지라고 나는 생각하네.[12]

철학자가 그렇게 대단한가? 앞뒤가 꽉 막힌 독단주의자도 있는데? 그렇다. 철학 한다고 다 철학자인 것은 아니다. (철학자가 아니라고 해서 철학을 하지 못하는 것도 아니다.) 몰겐버거에 의하면, 철학자에는 다섯 부류가 있다. 철인왕, 천재, 분석가, 교육자, 사이비 철학자가 그들이다. 그래서 여기서 플라톤이 말하는 '철학자'는 철인왕의 자질을 가진 자, 즉 '철학적 지혜를 갖춘 구도자적 정신의 소유자'를 지칭하는 것으로 보아야 한다.

플라톤에 의하면, 정의롭지 않은 힘이나 힘없는 정의로는 이상사회를 이룰 수 없다. 오직 힘 있는 정의만이 이상사회를 이룰 수 있다. 즉 '정치적 권력과 철학적 정신이 하나'가 되어야만 이상국가를 건설할 수 있는 것이다. 이상과 현실이 유리된 상태에서는 인류의 불행을 막을 수 없고, 오직 철학적 이상과 정치 권력의 통일체로서의 '철인왕'만이 인간 사회의 문제를 해결하고 이상사회를 이룰 수 있다는 것이다. 다시 말해서 구도자들 중에서 나라를 지혜롭게 이끌어 갈 수 있는 정치 지도자를 국민이 대통령으로 선택해야 한다는 것이다.

옳은 말이다. 그러나 구도자가 철인왕의 자리에 오르기 위해서는 국민이 선택해 주어야 한다. 그러나 깨이지 않은 국민은 그러한 선택을 하지 못한다. 그들은 자기 지역 출신이라면 눈감고, 아니 눈뜨고, 국회로 보낸다. 문제는 역시 대다수 국민의 깨어남인 것이다.

독단주의자　진리에 대한 열정은 있지만, 옳고 그름에 대한 판단력이 없으면 독단주의자가 된다. 그리고 독단에 빠지게 되면 대단히 위험한 상황이 전개될 수도 있다. 일반적으로 독단주의자는 개인을 위해서나 사회를 위해서 백해무익한 인간군이다.

로렌스는, 1914년 제1차 세계대전이 발발하자 영국 정부의 명에 따라 오스만 제국의 지배로부터 아랍인들을 해방시키기 위한 혁명 전선에 뛰어든 전사요 소설가이다. 그는 자신의 참전 경험을『지혜의 일곱 기둥』에 담아 출판하였는데, 아랍인들을 이해할 수 있게 하는 중요한 관찰을 담고 있다.

셈족의 시각에는 아예 중간이란 것이 없었다. 그들은 단색으로, 보다 더 정확히 말하자면 흑백으로 세상을 바라보는 민족이었다. 또한 우리 근대사의 가시면류관이라고 할 수 있는 모든 의심을 경멸하는 독단적인 민족이었다. 그러므로 우리가 겪는 형이상학적인 문제들, 내면적인 회의들을 전혀 이해하지 못했다. 그들이 알고 있는 것은 오직 진실과 거짓, 믿음과 불신뿐이었으며, 우리처럼 세세하게 따지거나 구별하면서 망설이지 않았다. … 그들의 사고는 아주 쉽게 극단으로 치달았다. … 때때로 이렇게 양쪽 극단을 오고 갈 때면 아주 변덕스러운 것처럼 보이기도 했다. 하지만 그들은 결코 타협하는 법이 없었다. 그들은 부조리한 결과를 초래하는 여러 가지 모순된 논리들을 추구하면서도 그 부당함을 깨닫지 못했다. 그 엄청난 간격을 의식하지도 못한 채, 태연하게 극단에서 극단으로 오고 가는 것이다. … 그들에게 모든 일들은 피할 수 없는 것이었으며, 죽음은 고통이 아니었다.[13]

로렌스의 증언이 옳다면, 20세기 초임에도 불구하고 아랍인들의 이성은 미성년 상태에 있다고 할 수 있다. 그들은 모순도 느끼지 못하고, 신념의 정당성을 검토할 줄도 모른다. 그들은 '근대사의 가시면류관'일 뿐만 아니라, 인류를 독단과 미망으로부터 해방시키고, 마침내 인류 보편적인 진리와 가치의 추구를 가능하게 한 '회의'를 할 줄 모르고, 걸핏하면 독단으로 치닫는다는 것이다.

로렌스의 증언을 인용하여 아랍인들의 독단적 자세를 언급하는 필자를 오해하지 않기 바란다. 필자는 아랍인들이 독단적임을 지적하자는 것이 아니라, 의심할 줄 모를 경우 누구나 독단에 빠질 수 있음을 말하고자 하기 때문이다.

로렌스의 말대로 회의는 인류 역사 속에서 빛나는 '근대사의 가시면류관'이다. 철저한 회의를 통해서 인류는 비로소 독단의 미몽에서 깨어날 수 있었기 때문이다. 데카르트는 '근세 철학의 아버지'로 불린다. 굳게 믿고 있는 신념일지라도 의심하지 않고서는 '진리'에 도달할 수 없다는 것을 그가 가르쳤기 때문이다. 데카르트가 의심을 통해서 과연 '진리'에 도달하였는지에 대하여는 논란이 있다. 그러나 여러 논란에도 불구하고 철저한 의심 없이는 진리 탐구를 할 수는 없다는 데카르트의 가르침은 빛난다. 철저하게 의심할 수 있어야 알곡과 쭉정이를 구분할 수 있기 때문이다.

예컨대 우리는 끊임없이 형이상학적 물음을 묻는다. 세계는 왜 존재하는가? 인간은 무엇인가. 물질인가, 아니면 영혼이기도 한가? 인간의 운명은 결정되어 있는가? 아니면 모든 것이 우연인가? 죽으면 끝인가? 이 모든 고통의 의미는 무엇인가? 아니 삶 자체에 의미가 있는가? 인간이 추구해야 할 궁극적 목적이나 가치가 있는가? 있다면 무엇이고, 없다면 삶은 한 토막 소극笑劇에 불과한 것인가?

우리는 이러한 형이상학적 물음들을 묻고 또 묻지 않을 수 없다. 단지 궁금해서가 아니라, 이러한 물음들에 대한 답이 없이는 존재를 이해할 수 없고, 어떻게 살아야 하는지 알 수 없기 때문이다. 그래서 이러저러한 답들을 내놓는다. 그러나 이러한 물음들에 대한 어떠한 답도 논리적으로 정당화될 수 없는 형이상학적 가설에 불과하다. 이 점을 놓쳐서는 안 된다. 가설은 물론 참일 수도 있고 거짓일 수도 있다. 그래서 어떤 형이상학적 가설이 마음에 들어 받아들이더라도, 거짓일 가능성에 마음을 열어 두어야 한다. 그렇지 않고 형이상학적 가설을 의심의 여지가 없는 진리라고 확신하고, 어떤 이유로도 그 확신을 굽히지 않게 되면 독단주의자가 되는 것이다.

독단과 같은 "자기 집착은 광기의 첫 번째 증상이다. 사람이 자기 자신에 집착하면 거짓을 참으로, 허상을 실재로, 폭력과 추함을 미와 정의로 받아들인다."[14] 독단은 광기의 사촌이다. 그리고 광기는 참담한 재앙을 부른다. 십자군 전쟁이 그랬고, 히틀러의 나치즘이 그랬고, 마르크스의 공산주의가 그랬다. 그리고 지금도 세계는 독단적 신념의 충돌로 테러와 전쟁이 끊이지 않고 있는 실정이다.

우리는 사실 누구나 자신이 몸담고 살아온 문화로부터 무심코 주입받은 신념들에서 벗어나기 어렵다. 집집마다 가풍이 다르고, 지방마다 풍습이 다르며, 나라마다 전통과 관습이 고유하고, 시대마다 그 정신이 색다르고, 세대 간의 차이도 크고, 무엇보다도 세계관과 가치관의 차이가 있다. 그런데 내 신념만 옳고 내 행위만 정당하며, 나의 신념과 다른 신념을 잘못된 것이라고 고집하는 것은 어리석음 중의 으뜸이 아닐 수 없다. 나의 신념을 의심할 줄 모르고 다른 사람의 신념만 문제 삼는 것은 불필요한 갈등과 고통으로 안내하는 독단의 이정표인 것이다.

독단주의자가 깨어나기는 대단히 어렵다. 깨어나기 위해서는 먼저 잘못된 생각을 버릴 줄 알아야 하는데, 바로 그걸 할 수 없는 사람들이기 때문이다. 당연히 함석헌은 이들에게 기대를 걸 수 없다.

반사회적 인격 장애인　이상사회를 향한 도정에서 가장 두드러지게 문제되는 사람들은 반사회적 인격 장애인들이다. 그들은 누구 못지 않게 머리도 좋고 배울 만큼 배웠지만, 본질적으로 진리에 대한 열정이 없는 사람들이다. 그들의 삶을 추동하는 원리는 진리나 정의가 아니라 이익과 쾌락이다. 그래서 그들은 아무 가책을 느끼지 않고 자신들의 이익을 위해 공동체에 해를 입히는 행위를 서슴지 않는다. 그들은 법과 규범을 준수하지 않으며, 거짓말을 입에 달고 있고, 기분 내키는 대로 행동하고, 필요할 때는 언제나 '아니면 말고' 식의 공격을 일삼는다. 타인은 물론 자신의 안전을 무시하는 무모한 짓을 하고, 자신의 과오에 대하여 반성하지 않고 오히려 합리화하고 책임지려 하지 않는다. 그들은 "맑은 물에는 고기가 없다."고 하면서 흙탕물을 일으킨다. 그들은 사과상자를 애용하고, 여기저기 봉투를 뿌려 일탈 바이러스를 확산시킨다. 정직하고 성실하게 사는 사람들을 '앞뒤가 꽉 막힌 사람'이라 젖혀놓고, 서슴지 않고 은밀한 거래를 주고받을 수 있는 '탁 트인 사람'들과 연대한다. 그들은 무력으로 정권을 찬탈하고, 이에 저항하는 양민을 가차 없이 탄압하거나 학살한다. 그들은 수단 방법을 가리지 않고 부를 축적하고, 축적된 부로 새로운 부를 창출한다. 그 결과 사회는 소득의 면에서뿐만 아니라 기회와 삶의 질 등 여러 면에서 양극화되고 차별화 된다. 연일 언론에 보도되는 부정, 부패, 횡령, 사기, 살인, 강간 등 사회적 문제의 대부분은 이들 반사회적 인격 장애인들이 저지른 짓들이다. 이들은 나라를 망치는 주범들인 것이다.

반사회적 인격 장애인들이 깨어나기는 어렵다. 그들이 깨어나기를 바라는 것은 하이에나가 초식동물이 되기를 바라는 격이다. 그들은 진리에 대한 열정 자체가 없기 때문이다.

대중 대중은 진리에 대한 열정이나 판단력을 종잡을 수 없는 인간상이다. 그들은 착하지만 나약하다. 그들은 진리의 편에 서기도 하지만, 진리에 헌신하기보다는 쾌적과 안락을 추구한다. 자신과 직접적인 관계가 없는 골치 아픈 일은 피하고, 모나지 않게 둥글둥글 산다. 그들은 세상 사는 지혜와 상식을 중요시하고 유행을 좇는다. 그들은 쉽게 체념하고 빨리 잊어먹는다. 그들은 공동체적 삶의 중요성에 공감하면서도, 공동체를 위해 자신들의 쾌적과 안락을 희생하기에는 소극적이고 게으르다.

그래서 대중은 대체로 '공동체'라는 차에 공짜로 올라 탄 무임승차자의 삶을 산다. 경치 좋은 곳을 유람하는 나그네처럼 산다. 무임승차자로서의 삶이 공동체를 취약하게 만들고, 그 결과가 부메랑이 되어 자신에게 돌아온다는 사실에 대하여도 생각하지 않고, 생각하더라도 "될 대로 되겠지 뭐…." 하고 신경을 끈다. 사회적 일탈 행위를 못 마땅해 하면서도, 무력감에 빠져 저항하지 않고 묵인하거나 못 본 채한다. 침묵하는 익명의 군중이다.

> 나는 솜 하나 속옷 하나 만들지 못하는
> 평생을 분주하고 눈치 빠른 짐승.
> 찬 바람 조금 불어도 신음하는 피와
> 젖은 빗소리 한 번에 움츠러드는 살
> 이악스런 평계의 식솔은 항상 울어서
> 드넓은 네 곁에는 갈 시간도 없구나.[15]

'대중'이라 불리는 대부분의 착해빠진 사람들이 사는 방식이다. 이러한 대중의 속성은 그들이 올바른 판단을 할 줄 모른다는 것과 깊은 관계를 가지고 있다. 이성보다는 감성에 호소하고, 설사 이성적으로 판단하고자 하더라도 오류를 범하기 십상이다. 귀가 얇아 대중매체가 전하는 것을 곧이곧대로 믿고, 고정관념, 통념, 전통, 상식 등 각인된 이념이나 가치를 전제하여 판단한다. 그들은 멀리 그리고 깊게 내다 볼 줄을 모르며, 흔히 가까이에 있는 작은 이익에 집착하여 멀리 있는 큰 이익을 놓친다. 판단력의 결여로 그들은 일관성 있는 행동을 하기가 어렵다. 그래서 그들은 진리와 허위, 정의와 불의, 신성과 타락, 선과 악, 이성과 비이성, 자유와 굴종의 양극 사이를 별 갈등 없이 중용의 진자振子처럼 흔들린다. 그들은 대세에

쉽사리 휩쓸린다. 아무런 내적 갈등이 없이 대세에 따라 자신의 입장을 바꾸기도 한다. 그래서 그들은 독재 정권에 맞선 혁명의 대열에 서기도 하지만, 독재 정권의 들러리가 되기도 한다.

함석헌은 이러한 대중이 깨어나야 나라가 산다고 말한다. 무엇보다도 대중은 국민의 대다수를 차지하고 있고, 독단주의자나 반사회적 인격 장애인들과는 달리 본질적으로 순박하고 가변적 성향의 인간상이기 때문이다. 그렇지만 어떻게 해야 대중이 깨어날 수 있을까?

단막극 2010년 12월 튀니지의 남동부 지방도시인 시디 부지드 거리에서 대학을 졸업하고도 취직을 못해 무허가 노점상을 하던 20대 청년이 경찰의 단속에 항의해 분신자살을 했다. 이 사연이 SNS와 인터넷을 통해 알려지자 젊은 층이 분노했고, 극심한 생활고와 장기 집권으로 인한 억압 통치, 집권층의 부정부패 등 현 정권에 대한 불만이 쌓여 있던 시민들이 합세하면서 독재 타도를 외치며 전국적인 민주화 시위로 확산됐다. 결국 지네 엘아비디네 벤 알리 대통령은 2011년 1월 14일 사우디아라비아로 망명해야 했다.

튀니지 혁명은 아프리카 및 아랍권에서 쿠데타가 아닌 민중 봉기로 독재 정권을 무너뜨린 첫 사례로서, 인근 이집트, 알제리, 예멘, 요르단, 시리아, 이라크, 쿠웨이트 등 독재 정권에 시달리던 아프리카 및 아랍 국가로 민주 시위가 확산되는 계기를 만들었다.

이러한 재스민 혁명[16]이 가능한 것은 대중이 일어섰기 때문이다. 청년이 분신할 수밖에 없는 이유에 대중이 공감하고 분노하고 한 목소리로 이를 규탄하였기 때문이다. 역시 대중의 힘은 대단하다.

그러나 이를 보고 튀니지의 대중이 깨어났다고 생각하는 것은 잘못이다. 대중 가운데 오랫동안 축적되어 온 독재 정권에 대한 불만 에너지가 어떤 계기로 폭발한 것일 뿐이다. 대중은 기본적으로 착하고 악의가 없으며, 옳은 것을 위해 자신을 희생할 용기는 없지만 정의가 승리하기를 바라는 마음은 가지고 있고, 대세를 추종하는 경향이 있어서, 역사적 격변기에 어떤 계기가 주어지면 마치 구도자적 정신의 소유자나 되는 것처럼 행동할 수 있다. 그러나 대중은 곧 그들의 안일한 일상으로 돌아가고 만다. 대중의 삶은 단막극인 것이다.

2012년 10월 현재 그리스는 위기에 봉착해 있다. 유럽중앙은행, 유럽연합 회원국들 그리고 IMF로부터 구제 금융을 제공받아야 할 정도의 경제난에 봉착했을 뿐만 아니라, 구제 금융 대가로 고강도 긴축 정책을 해야 하는 문제로 그리스 사회는 붕괴의 일보 직전에 놓이게 된 것이다.

그리스가 부도가 난 이유를 캐보면 안타까움을 금할 수 없다. 1999년 재정이 불안하다는 이유로 유로존 가입을 거절 받았던 그리스가 2001년 드디어 유로존 가입에 성공하여 경제 부흥의 기회를 맞았었다. 전에는 해외에서 돈을 빌릴 경우 10~18%의 이자를 내야 했지만, 유로존에 가입 후에는 2~3%의 이자만 내면 되었기 때문이다. 그런데 문제는 여기서부터 시작되었다. 그리스 정부는 공무원들의 월급을 2배 이상 올리고 2004년부터 2009년까지 5만의 공무원을 증원하는 등 재정을 펑펑 써댔다. 그 와중에 글로벌 금융 위기가 찾아와서 그리스에 관광객이 줄어들었다. 게다가 그리스 국민은 세금을 제대로 내지 않았다. 다시 재정 위기에 봉착할 수밖에 없게 된 것이다.

노동자들의 임금이 대폭 삭감되고 실업률이 폭등하고 복지 급여 지급이 중단됐다. 대학 교수의 딸로 27년간 간호사로 일했던 헬렌 파풋시는 노숙자들 무리에 섞여 작은 플라스틱 그릇에 담아 주는 무료 급식 수프로 매일 저녁 끼니를 때운다. 이 수프가 그녀의 유일한 하루 한 끼 식사이다. 자살, 격렬한 가두시위, 파업이 이 나라의 일상이 되었다. 그리스의 자랑인 노老 작곡가 미키스 테오도라키스가 젊은이들과 함께 의회에 쳐들어가 "혁명!"을 외치는 장면이 별로 놀랄 일이 아니게 된 것이다.

신화의 나라, 비잔티움 문명으로 빛났던 나라, 민주주의, 올림픽, 서양 철학, 서양 문학, 역사학, 정치학, 수많은 과학적·수학적 원리, 희극이나 비극 등 서양 문명의 발상지, 근대까지 로마인으로 자처하였고 지금도 '로마인'은 자신들을 가리키는 것으로 자부하는 나라, 소크라테스, 플라톤, 아리스토텔레스의 나라 그리스가 어찌 된 일인가? 왜 정부는 빌린 돈으로 돈 잔치를 벌였던가? 왜 국민은 제대로 세금을 내지 않았는가? 그리고 온 국민이 위기에 처한 나라를 구하기 위하여 지혜를 모으고 허리띠를 조여야 할 시기에, 정부의 긴축 정책에 반대하여 시위와 파업을 일삼는 것은 또 뭔가?

이처럼 깨어나지 않은 대중의 삶은 본질적으로 단막극이다. 어떤 계기에 구도자적 정신으로 불탔던 대중도 다른 계기에는 구도자적 정신을 배반할 수도 있고, 설사 운 좋게 배반의 유혹을 피할 수 있다 하더라도 결국 죽어 버리고 만다. 그리고 그의 자리에 다시 원시인이 들어선다. 구도자적 정신문화가 정착되어 있지 않은 한 이 원시인은 다시 선배 원시인과 크게 다르지 않는 평범한 대중의 길을 갈 수밖에 없는 것이다.

역사 발전 이처럼 대중이 단막극과 같은 삶을 사는 한 이상사회에 대한 꿈은 꿈에 불과하지 않을까? 그렇지 않다. 인류의 역사가 발전해 온 것을 보면 알 수 있다. 먼 옛날, 원시시대에 인간의 삶은 다른 동물들의 삶과 다르지 않았다. 그런데 동물들의 삶은 그때나 지금이나 마찬가지이지만, 인간의 삶은 전혀 다르다. 원시의 밀림으로부터 현대의 대도시를 향하여 인류 역사는 눈에 띄게 발전해 온 것이다.

첫째, 지적 탐구가 박진성迫眞性을 기대할 수 있게 되었다. 과학·기술이 발달하고, 탐구의 방법론이 정립되어 다양한 학문이 구체적 결실을 산출할 수 있게 되었고, 시간과 공간의 제약을 받지 않고 지식과 지혜를 공유하고 발전시킬 수 있게 되었다.

둘째, 삶의 질이 향상되었다. 의식주의 문제가 개선되었고, 질병에 대처할 능력이 향상되었으며, 자동차, 크레인, 세탁기, 청소기, 농기구 등 '기계 노예'의 등장으로 육체노동에서 해방되어 여가를 즐길 수 있게 되었고, 원하면 언제라도 영화, 드라마, 음악, 미술 등의 문화생활을 향유할 수 있게 되었다.

셋째, 인간의 존엄성이 제고되었다. 노예제도가 사라졌고,[17] 대다수의 나라에서 정치 체제가 민주화되어 가고 있으며, 자유와 평등은 상식이 되어 있고, 인권은 불가침의 기본권으로 자리 잡아 가고 있다. 인종차별,[18] 여성차별, 장애인 차별 등의 구습이 일소되어 가고 있고, 경제 성장만 외치던 정치인들이 사회적 약자를 위한 복지 정책을 앞 다투어 내놓고 있다. 누구나 자아실현을 꿈꿀 수 있게 되었으며, 진리와 정의가 존중되어 가고 있고, 갈등 해결 방법이 폭력적인 것으로부터 이성적인 것으로 전환되어 가고 있으며, 개성, 특이성 등이 존중되고, 다른 것에 대한 관용의 덕이 확산되어 가고 있다.

넷째, 충돌을 일삼던 국가들 간에 공동 운명체라는 생각이 확산되어 가고 있다. 전쟁터였던 유럽이 연합하여 사실상 국경이 소멸되는 등의 세계화가 진행되고 있고, 국가 간의 무역 장벽이 무너지고 있으며, UN의 역할, NGO의 활동이 확대되었고, 환경 문제를 공유하게 되었다.

물론 아직 많은 문제점들이 있다. 살인, 방화, 사기, 불법, 부정, 부패 등의 뉴스가 넘치고, 국회 청문회가 두려워 국무총리나 장관의 꿈을 접는 일이 허다하다. 지구촌 곳곳에서 테러, 내전, 국가 간의 분쟁이 끊이지 않고, 하루 1달러가 없어 열 살 미만의 어린이가 5초에 한 명씩 굶어 죽어 가고 있으며, 여전히 국가의 운명이 독단과 독재에 휘둘리는 나라들이 많다.

그럼에도 불구하고 인류 역사가 발전해 왔다는 사실은 부인할 수 없다. 바로 이 점을 각별히 주목해야 한다. 역사가 발전해 왔다는 사실은, 대중이 깨어나기가 그토록 어려움에도 불구하고, '가능한 최선의 사회'라는 이름의 항구에 도달할 수 있다는 희망을 던져 주기 때문이다.

역사 발전의 동력 인간이 지구상에 나타난 것은 기껏해야 300만 년 전이다. 그런데 개미들은 1억 3천만 년 전에 나타나, 지표의 모든 동물 생물체량의 15~20%(열대 지역에는 평균 약 25%)를 차지할 정도로 번성하여 왔다. 그들의 독특한 생존 전략 덕분이다. 개미들은 각각 역할이 미리 정해진 채로 태어난다. 일을 담당하는 일개미와 국방을 담당하는 병정개미가 대부분인데 이들은 암수의 구별이 없다. 아주 소수가 암개미와 수개미로 태어나, 수개미는 결혼 비행에서 암개미에게 정자를 준 후 바로 죽고, 정자를 받은 암개미는 여왕개미가 되어 30년 동안 알만 까면서 산다. 개미 사회는 마치 하나의 유기체인 것처럼 일사불란하게 협력하는 철저한 분업 사회인 것이다.

그러나 개미 사회의 번창이 개미 사회 구성원들 모두가 열심히 자기 일을 하기 때문이라고 생각하는 것은 잘못이다. 전체 구성원의 3분의 1은 잠을 자거나 빈둥거린다. 또 다른 3분의 1은 쓸데없는 일을 벌이거나 사고를 치거나 심지어는 다른 개미들의 일을 방해한다. 나머지 3분의 1이 이런 사고뭉치들의 실수를 바로잡으면서, 도시를 건설하고 관리한다.[19]

인간 사회도 이와 유사하다. 인구의 대다수를 이루고 있는 대중은 역사의 강물로서 흘러갈 뿐 스스로 강줄기를 바꾸는 역할은 하지 못한다. 공동체에 백해무익한 반사회적 인격 장애인들이 역사 발전에 공헌할 리는 만무하다. 그리고 자신만의 신념에 집착하는 독단주의자들은 다른 사람들과 공존할 줄 모르고 충돌을 일삼으니, 이들도 역사 발전에 볼일이 없다. 그럼 어떻게 해서 역사는 발전하는 것일까?

역사 발전의 동력은 구도자일 수밖에 없다. 그들의 진리에 대한 열정은 인류의 위대한 조상들이 쌓아 올린 지혜의 사다리를 오르게 한다. 이 사다리를 오름으로써 그들은 수많은 선각자들이 평생을 바쳐 거둔 수확을 자신의 것으로 만들어 가는 정신적 진화를 거듭한다. 그래서 그들의 자아는 자신의 한 겹 피부를 넘어서서 세상의 고통에 신음할 수 있을 정도로 확대된다. 그들은 자신들만의 인생을 살기보다는 인류로서의 삶을 살고자 하고, 이를 위해 인류를 계몽하려고 하고 사랑할 수 있는 데까지 사랑하려 하는 인류인이 된다.[20]

비록 구도자들은 소수이지만, 시공을 초월한 구도자들의 연대는 거대하다. 그리고 그들의 목소리는 어떤 이유로도 거부할 수 없는 진리에 뿌리를 내리고 있어서, 지축地軸을 흔들 수 있는 힘을 가지고 있다. 옛날 목수의 정신에 사로잡힌 구도자들은 시를 쓰고, 소설을 쓰고, 작곡하고, 그림을 그리고, 실험하고, 발명하고, 발견하고, 설계하고, 집을 짓고, 강의하고, 노숙자들에게 밥을 퍼주고, 인권 유린을 고발하고, 복지 예산을 늘리고, 시위하고, 파업하고, 댐을 건설하고, 발전소를 만들고, 장학금을 내놓고, 기도하고, 탱크 앞을 막아선다. 이렇게 구도자들은 자신들의 삶 전체로 대중에게 호소한다. 대중의 자존심을 건드린다. 그러면 대중의 흔들리는 진자振子가 구도자들의 편으로 기운다. 방관자이던 대중이 축적된 내부의 압력을 견디지 못하고 쓰나미처럼 자신들의 제방을 무너뜨린다. 그들은 마치 모두 구도자나 된 것처럼 행동한다. 세계관과 가치관이 바뀌고, 법이 개정되고, 제도가 개선되고, 정권이 바뀌고, 혁명이 일어난다. 이처럼 구도자들이 혼신의 힘을 다해 앞장서 가면, 대중의 가슴도 뛰고, 역사를 영원히 보존할 가치가 있는 아름다운 모습으로 바꾸어 가는 일들이 일어난다. 역사는 그렇게 발전하는 것이다.

이러한 구도자가 없는 세상은 생각만 해도 끔찍하다. 도서관도 없고 학교도 없을 것이다. 컴퓨터도 없고, 자동차도 없고, 병원도 없고, 냉난방 설비가 갖추어진 아파트도 없을 것이다. 인권도 없고 자유도 없고 복지도 없을 것이다. 고대 원시사회 그대로일 것이다.

구도자적 정신문화 역사는 그렇게 발전한다. 그러나 역사 발전은 단막극에 그칠 수 있다. 역사 발전을 거들었던 대중은 곧 안일한 일상으로 돌아가고, 불원간 세상을 뜨기 때문이다. 따라서 역사 발전이 단막극에 그치지 않게 하기 위해서는 구도자적 정신이 지배적인 문화가 되어야 한다. 그래야 새로 태어나는 원시인이 밀림에 길들여지기 전에 구도자적 정신문화의 세례를 받을 수 있는 것이다. 구도자적 정신이 지배적인 문화가 되지 않는 한, 가능한 최선의 사회를 향한 역사 발전의 발걸음은 언제라도 멈춰질 수 있고, 최악의 경우 역사는 뒷걸음질 칠 수도 있다. 그러한 구도자적 정신문화에 젖어 살지 않는 한 대중은 언제라도 독단주의자나 반사회적 인격 장애인의 손에 놀아날 수 있기 때문이다.

문화는 제2의 DNA이다. 대중이 근본적으로 구도자적 정신의 소유자가 될 수는 없을지 모른다. 그러나 그가 구도자적 정신문화를 호흡하고 살게 되면, 비록 완전한 구도자가 되지는 못할지라도, 시장이나 일터나 투표장에서 구도자적 정신으로 역사 발전을 거들 정도의 성향은 갖게 될 수 있다.

학교에서, 법정에서, 신문에서, 드라마에서, 시와 소설에서, 구도자적 정신이 대중의 폐부를 파고들도록 해야 한다. 구도자적 정신 문화가 토양이 되고 대기가 되어야 한다. 그래서 진리를 열망하고, 옳은 것을 추구하고, 정의로운 일에 헌신하는 구도자적 정신문화 속에서 가능하면 많은 원시인이 자연스럽게 구도자적 정신의 소유자로 진화할 수 있게 해야 하는 것이다.

존재 각성 바이러스 구도자적 정신이 지배적인 문화로 정착되기까지는 많은 세월과 노력이 투자되어야 할 것이다. 필자는 이 일정을 당길 수 있는 한 방안을 제시하고자 한다. 그것은 존재 각성 바이러스를 유포시키는 일이다.

인간은 누구나 신비로운 우주의 거주자이며, 그것도 다른 존재와는 달리 자신의 신념과 소망으로 삶과 문화·문명과 역사를 창출하는 존엄한 존재라는 것, 인간은 누구나 소우주이고, 유한한 시간을 사는 대체 불가능한 유일자라는 것, 삶은 무상으로 주어진 놀라운 선물이라는 것, 그리고 이러한 인간의 삶은 어떤 보화와도 바꿀 수 없는 소중한 것이라는 사실 또는 존재 각성 바이러스를 온 세상에 유포시키고 감염시키면 된다.

사람들이 이렇게 존재의 신비, 인간의 존엄성, 그리고 삶의 소중함을 깨닫게 되면, 즉 존재 각성을 하게 되면, 일은 의외로 쉽게 풀릴 수 있다. 존재 각성을 한 사람은 인간으로서 품을 수 있는 최상의 자긍심으로 속이 꽉 차 있기 때문이다.

자수성가하였다는 사실에 자긍심을 느낄 수 있다. 우리나라 축구가 월드컵 4강에 올랐다는 점에 대하여 자긍심을 가질 수 있다. 원조를 받던 나라에서 원조를 주는 나라로 변했다는 사실에 대하여 자긍심을 가질 수 있다. 그러나 존재 각성을 통해 맛보는 자긍심은 다른 어떤 자긍심보다 근본적이고 원초적이다. 우연한 조건들에 의존하지 않는 자긍심이기 때문이다. 모든 면에서 탁월한 능력과 인간적 매력을 지닌 사람뿐만 아니라, 단지 살아 있다는 사실 외에 아무것도 내놓을 것이 없는 사람도 존재 각성을 통해서 인간임에 대한 자긍심을 맛볼 수 있다. "비록 자신을 표현할 만한 것이 살과 뼈밖에 없을 때조차도, 우리는 우리가 경험하는 기쁨보다 더 우월할 존재"[21]인 것이다.

존재 각성을 통한 자긍심이 없으면, 삶은 무대 내적 가치에 영혼을 파는 굴욕으로 점철될 수 있다. 삶은 진흙과 모래로 지은 우상의 숭배로 전락할 수 있다. 허무주의의 먹이가 되고, 기껏해야 먹은 것으로 비료를 생산하는 데 그칠 수 있다.

존재 각성을 통하여 자신을 존중하고, 존엄한 인간으로서의 자긍심을 갖게 되면, 인간사人間事를 보는 눈도 달라지고 사는 방식도 달라질 수밖에 없다. 우선 주어진 모든 것에 대하여 감사하는 마음이 생기지 않을 수 없다. 그리고 자신의 행동 방식, 하는 일, 인간관계 등은 물론, 법, 제도, 정책, 도덕, 규범, 관행, 관습 등을 존재 각성의 거울에 비춰 봄으로써 옥석을 가릴 수 있는 눈을 갖게 된다.

그래서 소극적으로는 언제나 자신이 하는 일이 존엄한 인간으로서의 가치를 손상시키는 것이 아닌지 물을 수 있다. 상대적이고 유한한 가치를 위해 절대적이고 무한한 가치인 영혼을 파는 것은 아닐까? 고가의 명화로 도배를 할 수는 없다. 자신이 귀공자임을 모르고 길거리에서 소매치기나 비렁뱅이 노릇을 해서 되겠는가?

히틀러의 과오는 존엄한 인간으로서의 존재 가치를 손상시키는 데 있었다. 36년간의 일본의 식민 통치, 6·25 전쟁, 군사 독재정치 등도 모두 존엄한 인간의 가치를 크게 훼손하는 범죄였다. 룰라와 리콴유는 빈곤과 무질서를 퇴치하였지만 그것은 소극적 문제 해결에 그치는 것이었다.

또한 적극적으로는 어떻게 해야 존엄한 인간으로서의 가치를 향상시킬 수 있는지를 궁리할 수 있다. 이태석 신부는 존엄한 인간으로서의 가치를 향상시키는 길을 갔다. 시인 천상병이 먹고 사는 일에 매달리는 대신 시인의 길을 간 것도 그렇다. 마이크로소프트 창업자 빌 게이츠와 버크셔 해서웨이의 워런 버핏 회장 등 수많은 백만장자들이 '기부선언' 프로그램을 시작하여 전 재산의 절반 이상을 기부하기로 한 것도 그렇다.

브라질과 싱가포르가 부족한 것은 적극적 문제 해결을 도모하지 않았다는 데 있다. 부탄이 선택한 행복은 적극적 문제 해결에 미치지 못한다. 그것은 일종의 눈 먼 행복이기 때문이다. 눈과 귀가 막힌 국민의 행복이 존엄한 인간으로서의 가치를 높이는 행복이라고 할 수는 없을 것이다. 옌센의 드림 소사이어티도 최선의 사회는 아니다. 구성원들이 존재 각성을 통해서가 아니라, 물질적 풍요 속에서 여유를 가지고 멋진 이야기의 상품을 선택하는 데 그치고 있기 때문이다.

존엄한 인간으로서의 자긍심에 넘친 사람의 삶은 이렇게 달라질 수밖에 없다. 그는 아무렇게나 살 수 없다. 자신의 삶이 적어도 존재 각성에 걸맞은 것이 아니면, 만족할 수 없는 것이다. 그래서 그의 삶은 인간으로서의 자긍심에 걸맞은 일들로 빛나게 된다. 구체적으로 어떤 일을 해야 하는가? 이렇게 묻지 않아도 된다. 존재 각성으로 얻은 자긍심 그 자체만으로도 족하다. 삶이 생명과 향기로 넘친다. 단지 살아 있다는 것만으로도, 아침에 눈을 뜨는 것만으로도, 그리고 인간으로 태어난 사실만으로도 기쁨을 느낄 수 있다. 공장에서 나사를 깎든, 연구실에서 현미경을 들여다보든, 길거리에서 청소를 하든, 그의 삶은 이미 신비와 축복과 감사와 행복으로 넘칠 것이고, 자연스럽게 세속적 가치와 의미의 볼모가 되지 않고 가능한 최선의 사회를 이루는 방식으로 행동하게 된다.

꿈같은 사회 우리가 꿈꿀 수 있는 가능한 최선의 사회는 어떤 모습일까? 물 좋고 공기 좋고, 앞에는 맑은 개울물이 흐르고, 뒤에는 울창한 숲이 우거져 있다. 의식주 걱정이 없고, 편리한 대중교통 수단, 완벽한 의료보험 제도가 있다. 범죄와 폭력으로부터 안전하고, 독단, 불신, 테러, 전쟁 등이 발을 붙일 수 없다. 좋아하고 보람된 일이 있어 유쾌하게 노동하고 성취감을 느끼며 자아를 실현할 수 있다. 인간선택의 원리가 보편화되어, 장애인, 아동, 여성, 노인, 이민자 등 사회적 약자를 위한 복지제도가 정착되어 있고, 잘 나지는 못했어도 소외되거나 인권 침해를 당하지 않고, 보호받고, 존중받고, 다 같이 자유와 평등을 누릴 수 있다. 언론은 신속 정확한 보도와 날카롭고 균형 잡힌 논평으로 민심의 향방을 선도한다. 정치인들은 나라 전체의 고통을 앓는 큰 자아를 가지고 법과 제도를 정비하고, 공직자들은 청렴하고, 신속하고 공평무사하게 일을 처리해 준다. 법조인들도 권력과 돈의 영향을 받지 않고 진실과 정의가 살아 숨 쉴 수 있도록 이해관계와 갈등을 합리적으로 해소 또는 해결해 준다. 소질과 능력을 최대한 발휘할 수 있게 하는 교육 기회가 주어지며, 구도자적 정신문화 속에서 자연스럽게 존재 각성을 할 수 있게 된다. 다양한 개성들의 조화와 협력, 세계와 삶에 대한 깊은 이해, 차원 높은 문화생활, 다양한 여가 활동과 취미 생활이 가능하다. 종교의 자유는 다양한 종교 생활을 보장하고, 서로 다른 종교들은 독단에서 벗어나 공존한다. 그리고 성숙한 사람, 향기로운 사람, 아름다운 사람, 멋진 사람들이 이웃이다.

이 정도면 꿈같은 사회일 것이다. 그러나 우리 인간이 과연 이러한 사회를 이루어 살 수 있을까? 시인 김관식은 기이한 행적으로 가는 곳마다 화제를 낳은 것으로 유명하다.

느릿느릿한 강경 사투리로 "이놈들아! 이놈들아!" 하고 소리치면서, 거리를 휘젓고 다니다가, 다방에 들어가 문단 선배들의 얼굴을 대할라치면, 그가 노대가인 박종화든 김동리·황순원·조연현이든 박 군·김 군·황 군·조 군 하고 불렀다. "동리 군, 자네 내 술값 좀 대게.""조 군, 자네는 왜 그리 비비 꼬였나." 그러면 그들은 고개를 돌려 못 들은 체하든지 눈살을 찌푸리며 자리를 떠 버렸다.[22]

김관식 시인이 왜 "이놈들아!"를 외치며 거리를 휘젓고 다녔으며, 선후배 문인들에게 언어 폭력을 행사했는지는 알 수 없다. 그러나 우리는 짐작할 수 있다. 질곡의 시대를 건너는 시인이 고통스러워하지 않을 수 있겠는가? 그러한 시대에 '고통 없는 시인'이라는 표현은 모순일 것이다.

그러나 시인이 고통스러워 하는 사회는 죽은 사회는 아니다. 시인의 고통은 적어도 가능한 최선의 사회로 인도할 고통 감수성이 살아 있다는 증거이기 때문이다.

우리의 현실은 이상사회가 되기에는 아직 너무나 많은 문제가 널려 있고 고통이 넘친다. 그러나 이 점은 곧 우리가 할 일이 많다는 것을 뜻하고, 따라서 우리의 상황이 최악인 것은 아니다. 이 현실을 극복하고자 하는 의지를 가지고 있는 한, 우리는 이미 이상사회로 가는 큰 걸음을 옮겼다고 할 수 있다. 이상사회에의 꿈은 적어도 꿈꾸는 자가 있어야 이루어지기 때문이다. "이 세상의 지도가 유토피아라는 땅을 포함하지 않는다면, 지도를 들여다볼 가치란 전혀 없다."고 오스카 와일드는 말하였다. 그러나 지도를 들여다보기를 주저 말자. '완성된 곳으로서의 이상사회'는 지상에 없지만, '완성되어 가고 있는 곳으로서의 이상사회'는 지상에 있기 때문이다. 지옥 속에서도 천국의 꿈을 꿀 수 있는 한 지옥은 더 이상 지옥이 아니다. 천국과 지옥의 선택은 우리의 꿈과 의지와 노력에 달려 있는 것이다.

9

불멸

노 시인 괴테와 스물세 살의 처녀 베티나와의 사랑 이야기는 유명하다. 그러나 과연 베티나가 괴테를 사랑했을까? 그녀는 결혼한 후에도 남편과 함께 괴테를 방문하여 괴테의 부인과 몸싸움을 함으로써 괴테에 대한 변함없는 사랑을 과시하였다. 그러나 그것이 사랑이었을까?

그들이 처음 만났을 때 괴테는 적어도 육체적으로 너무 늙어 있었다. (그는 이빨이 빠져 있었다.) 사실 그들이 어떤 '관계'를 가졌다는 기록은 없다. 베티나가 처녀 때 단 한 번 그녀의 가슴이 괴테 앞에서 노출되었다는 이야기가 전해질 뿐이다. 이런 정도를 가지고 '사랑'이라 할 수는 없을 것이다. 그리고 베티나는 괴테뿐만 아니라 40세의 베토벤과도 친교를 맺고 있었다.

설득력 있는 하나의 가설은 그녀가 괴테를 통해서 불멸을 추구했다는 것이다.[1] 그녀는 시성詩聖과의 '특별한' 사귐을 통해서 불멸의 반열에 들고자 했던 것이다. 사실 괴테는 '불멸'하고 있고, 역사의 회랑回廊에는 괴테 앞에 가슴을 드러낸 채 고개를 숙이고 서 있는 베티나의 모습도 보인다. 그러나 그렇다고 해서 베티나가 불멸의 반열에 들었다고 할 수 있을까?

베티나뿐만 아니라 괴테도 또는 그 누구도 문자 그대로의 '불멸'은 할 수 없다. 인간은 누구나 죽고, 죽으면 그만이기 때문이다. 몸은 죽어도 영혼은 살아남는다는 견해가 있지만, 그것은 진위를 알 수 없는 믿음일 뿐이다.

사실 인간이 죽는 존재라는 것은 참으로 다행스러운 일이다. 인간이 죽지 않고 영원히 산다고 가정해 보자. 삶은 지옥일 것이다. 우선 지구는 인간으로 켜켜이 뒤덮일 것이다. 악당들, 파렴치한들, 사기꾼들, 구역질나는 사람들, 꼴 보기 싫은 사람들이 우글거릴 것이다. (그들의 숫자가 계속 불어날 테니 말이다.) 그들이 싫어서 자살하고 싶어도 안 된다. 아무리 칼로 배를 찔러도 아프기만 하지 죽지는 않기 때문이다. 또한 일한다는 것이 무의미해질 수 있다. 아무리 굶어도 죽는 일은 일어나지 않을 것이기 때문이다. 일을 해도 무슨 일을 하며 살 것인가? 아무리 재미있는 일일지라도, 같은 일을 영원히 하는 것은 참을 수 없는 일이다. 그렇지만 이 일 저 일 바꿔 가며 해도 언젠가 창의성은 바닥이 날 것이다. 끔찍한 일이다. 참으로 고통스럽고, 지루하고, 저주스러운 삶일 것이다.

인간은 모두 죽는다. 얼마나 다행스러운 일인가! 죽음으로 인하여 삶은 최초의 기회요 마지막 기회이며 단 한 번의 기회가 된다.

어느 날 죽음의 사자가 찾아올 것이다. 삶을 접어야 할 때이다. 죽음의 사자를 어떻게 맞이할 것인가? 그 앞에 어떤 계산서를 내놓을 것인가? 타고르의 그릇은 '모든 가을날과 여름날 밤의 향기로운 열매들'과 '분주한 삶에서 얻은 모든 수고와 이삭'으로 차 있다.

죽음이 당신의 문을 두드리는 날, 그대는 무엇을 내놓으시겠습니까?

오, 나는 나의 손님 앞에 삶으로 가득 찬 그릇을 차려 놓겠습니다.

결코 빈손으로 죽음을 떠나보내지 않을 것입니다.

내 생명의 마지막 시간에 죽음이 나의 문을 두드리는 날, 나는 모든 가을날과 여름날 밤의 향기로운 열매들을, 분주한 삶에서 얻은 모든 수고와 이삭을 죽음 앞에 바칠 것입니다.[2]

타고르처럼 죽음 앞에 안일과 쾌락의 찌꺼기가 아니라 향기로운 열매들을 바칠 수 있기 위해서는, 역설적으로, 인간은 불멸할 것처럼 살 필요가 있다. 영원히 살아남을 수밖에 없는 그런 삶을 살아야 한다. 단 한 번뿐인 소중한 삶을 일회용 비닐우산 취급해서야 되겠는가?

밀란 쿤데라는 그의 소설 『불멸』에서 길과 도로의 차이를 말한다.

길: 사람들이 걸어가는 대지의 벨트 … 도로는 그 자체로는 어떤 의미도 갖지 않는다. 단지 그것이 두 지점을 연결해 준다는 의미뿐. 길은 공간에 대항 경의이다. 길의 한 토막토막이 그 자체로 하나의 의미를 지니고 있으며 우리의 발걸음을 멈추게 한다. 그러나 도로는 신난 듯이 공간의 가치를 저하시켜, 오늘날의 공간이란 인간의 이동의 한 장애요 시간 손실일 뿐 다른 그 무엇이 아니게 되었다.

길들은 경치에서 사라지기 전, 먼저 인간의 마음에서 사라져 버렸다. 인간은 자신의 인생 역시 길처럼 보지 않고 도로처럼 본다. 한 지점에서 다른 한 지점으로 이어지는 선처럼, 육군 소위에서 장군으로, 부인에서 미망인으로 이어지는 선처럼 보는 것이다. 그리하여 삶의 시간은 점점 더 빠른 속도로 극복해야만 할 하나의 장애가 되어 버리는 것이다.[3]

존재 각성이 되지 않은 삶은 도로 같은 삶이다. 삶을 충분히 음미하지 못하는, 탄생과 죽음 두 끝을 연결하는 도로나 다름없는 삶이다.

존재 각성이 된 삶은 길과 같은 삶이다. 삶의 맛을 제대로 보는 삶이다. 존재 각성을 해야 햇살과 바람이 깊게 스민 신비로운 존재의 맛을 볼 수 있다. 정호승 시인의 시 「밥그릇」(부분)의 맛을 볼 수 있다.

개가 밥을 다 먹고

빈 밥그릇의 밑바닥을 핥고 또 핥는다

…

햇살과 바람이 깊게 스민

그릇의 밑바닥이 가장 맛있다

밥만 먹어서는 삶의 맛을 제대로 못 본다. 밥 너머 존재의 밑바닥을 핥아야 한다. 햇살과 바람이 깊게 스민 존재의 밑바닥이 가장 맛있기 때문이다.

일찍이 소크라테스는 "음미되지 않는 삶은 살 가치가 없다."고 말하였다. 구도자는 부조리해 보이는 존재와 삶의 밑바닥을 깊이 음미함으로써 그렇지 않은 사람들보다 몇 곱절 삶의 깊은 맛을 향유한다. 나아가 그는 이러한 '철학적 음미'를 통해서 불멸하기도 한다. 구도자는 신이 없다 할지라도 신적 의미로 충만한 삶을 살아 인류의 가슴속에 살아남는다. 그렇게 그가 돌아갈 흙처럼 불멸한다.

이 시점에서 나는 형이상학에의 유혹을 느낀다. 바로 이러한 삶이 조물주가 기뻐할 수 있는 가능한 최선의 삶일지도 모른다고.

주

제1장 인간, 무엇인가?

1 1,800년 전까지의 나의 조상이 64억이고, 한 세대(30년)만 더 거슬러 올라가면 나의 조상은 128억이 된다. 인류의 역사를 몇 만 년으로만 제한해도 나의 조상은 상상을 불허하는 숫자가 됨을 알 수 있다.

2 장 디디에 뱅상, 『인간 속의 악마』(류복력 옮김, 푸른숲).

3 도스토옙스키, 『지하실의 수기』, 〈세계문학전집 8〉(동서문화사), 480~487쪽.

4 배영기, 『인간에 관한 종합적 이해』(세화), 68~69쪽 참조.

5 Francis Crick, 『생명의 출현』(홍영남 옮김, 아카데미서적), 48쪽 참조.

6 '인간선택'이라는 표현은, 필자가 알기로는, 필자가 처음 사용하는 것이다.

7 1996년 10월 23일, 요한 바오로 2세는 진화론에 대한 교황청의 입장을 묻는 과학아카데미의 질의에 대해 "새로운 지식으로 이제 인간이 생명의 초기 형태로부터 천천히 발전한 산물이라는 찰스 다윈의 진화론이 가설 이상이라는 사실을 인정하게 됐다."는 내용의 답변서를 보냈다. 이탈리아의 과학자이며 신학자인 안토니오 지치치는 "진화론에 대한 교황의 언급은 과학과 신앙이 다 같이 하나님의 선물이라는 점을 확인시켜 주는 것"이라고 말하고 "어떠한 과학적인 발견도 인간에 대해 하나님이 존재하지 않는다고 결론을 내리도록 한 적이 없다."고 지적했다.(안영진 기자, 1996년 10월 27일자 『한겨레』에서 발췌)

8 예수회 수사이면서 고생물학자인 테이야르 드 샤르뎅을 비롯한 신학자들과 과학자들이 이 이론을 지지하고 있다. 로마 가톨릭교회는 물론 개신교 신학교에서까지 널리 가르쳐지고 있다.

9 마종기, 「깨꽃」, 『새들의 꿈에서는 나무 냄새가 난다』(문학과지성사), 40~41쪽.

10 로캉탱은 사르트르의 소설 『구토』의 주인공이다.

11 헨리 데이빗 소로우, 『구도자에게 보낸 편지』(류시화 옮김, 오래된미래), 98쪽.

12 비트겐슈타인, 『논리·철학 논고』(이영철 옮김, 천지).

13 이진수 시인의 시 「파행」 중에서.

14 인체를 분해하면, 60%의 수분과, 비누 7개에 해당하는 지방, 7.6cm 길이의 못 한 개를 만들 수 있는 철분, 연필 900자루를 만들 수 있는 탄소, 2,200개비의 성냥을 만들 수 있는 인, 조그만 곳간을 칠할 정도의 석회, 한 숟가락 정도의 유황과 30g 정도의 비철금속 등으로 되어 있다.[정강홍, 『인체기행』(국제신문, 1996), 11~12쪽]

제2장 어떻게 살아야 하는가?

1 천승세 외, 『천상병을 말하다』(도서출판 답게), 22~23쪽.

2 천상병, 「그날은」 중에서.

3 천상병, 「귀천」 중에서.

4 레이 몽크, 『루드비히 비트겐슈타인: 천재의 의무』(남기창 옮김, 문화과학사), 814쪽.

5 수수께끼는 "아침에는 네 발, 점심때는 두 발, 저녁에는 세 발인 동물은 무엇인가?" 였다. 오이디푸스는 '인간'이라 답하였다.

6 아우렐리우스, 『명상록』 8권 3절.

7 Laplace, P. S., *A Philosophical Essay on Probabilities* (New York: Dover, 1851).

8 Rita L. Atkinson 외, 『심리학 개론』(홍대식 옮김, 박영사), 474~475쪽 참조.

9 Edmund Bergler, *The Superego* (New York: Grune and Stratton, 1952), p. 320.

10 일리인, 『인간의 역사』(동완 옮김, 동서문화사), 389~390쪽 참조.

11 세네카는 한때 제자였던 네로 황제의 핍박을 견디다 못해 젊은 부인과 자살하기로 하였다. 절친한 친구에게 부탁하여 팔의 동맥을 잘랐다. 그러나 워낙 노인이라 혈관이 경화되어 출혈이 적어서 죽지 못했다. 허벅지 동맥을 잘라도 안 되어 독약을 먹었다. 그래도 죽지 않았다. 마침내 뜨거운 욕탕에 몸을 담그고서야 천천히 죽어 갈 수 있었다.

12 Teilhard de Chardin, *The Divine Milieu* (trans. by B. Wall, A. Dru, N. Lindsay, D. MacKinnon), p. 62. '플레로마'는 그리스도 안에서 만물이 완성되는 세계의 최후 상태를 말한다.

13 파스칼의 『팡세』에 나오는 구절로서 '파스칼의 내기'로 잘 알려진 논증이다.

14 이 논증의 구조 분석 및 평가에 대해 관심 있는 독자는 필자의 『논리와 비판적 사고(쇄신판)』(철학과현실사), 361~365쪽을 참조.

15 이 점에 대하여는 제8장의 「독단주의자」에서 자세히 논한다.

16 Desmond Mpilo Tutu, "God Is Clearly Not a Christian: Pleas for Interfaith Tolerance," *God Is Not a Christian: And Other Provocations*(ed, John Allen) (New York: HarperOne, 2011), pp. 12~14.

17 카잔차키스, 『희랍인 조르바』(박석기 옮김, 삼성출판사), 277쪽.

18 위의 책, 276쪽.

19 구약성서 「전도서」 9:7~10.

20 기독교적 서양 문화는 전자에 가깝고, 불교적 동양 문화는 후자에 가깝다고 할 수

있다.

21 세네카, 「행복한 생활」 중에서.

22 2013년 현재 미국의 수감자는 230만 명 정도로, 100명 중 한 사람이 수감되어 있는 셈이다. 우리나라는 1,000명 중 한 사람이 수감되어 있다.

23 레이먼드 J. 코르시니 외, 『다섯 명의 치료자와 한 명의 내담자』(이혜성 옮김, 이화여자대학교 출판부), 42~43쪽.

24 요한 바오로 2세, 『나의 소명, 천품 그리고 신비』 참조.

25 몽크, 『루드비히 비트겐슈타인: 천재의 의무』, 243쪽.

26 필자, 「황야의 이리 연대」, 『철학과현실』 83호(2009 겨울, 철학문화연구소), 163쪽.

27 보르헤스, 「성(城)과 책」 중에서. 『계간수필』 68호(2012 여름), 74쪽에서 재인용.

28 작곡 의뢰인은 폰 발제그―스투파흐 백작이었다. 그는 20세의 젊은 나이로 죽은 그의 부인을 추모할 목적으로 「레퀴엠」을 작곡 의뢰하여, 그것을 자작으로 가장하여 봉헌할 생각이었다고 한다.

29 'Requiem'은 라틴어로 '안식'을 뜻한다.

제3장 자아의 나무

1 생텍쥐페리, 『인간의 대지』(안응렬 옮김, 삼성출판사), 427쪽.

2 카잔차키스, 『희랍인 조르바』, 77~78쪽.

3 이 학생은 과연 자신이 물리학에 대한 강한 문제의식을 가지고 있는지 고민해 보겠다는 답장을 해왔다.

4 애플사의 광고 '다르게 생각하기' 중 「미치광이들」. 1999년 4월 28일자 'EBS 포커스'에서 재인용.

5 에드 레지스, 『누가 아인슈타인의 연구실을 차지했을까?』(김동광·박진희 옮김, 지호), 17-20쪽.

6 위의 책, 17쪽.

7 위의 책, 39쪽.

8 에라스무스, 『바보예찬』(문경자 옮김, 랜덤하우스중앙), 89쪽.

9 필자, 『논리와 비판적 사고(쇄신판)』, 23쪽.

10 판단의 방법론은 위의 책에 체계적으로 개진되어 있다.

11 폴임, 『세계사 1000장면』(우리문학사), 127쪽 참조.

12 유대인의 교육에 대해서는 다음을 참조하라. 루스 실로, 『유태식 육아법』(박인덕 옮김, 언어문화사); 박미영, 『유대인 부모는 이렇게 가르친다』(생각하는백성).

13 함종규, 『한국 교육과정 변천사 연구』(숙명여자대학교 출판부), 196쪽에서 재인용.

14 구학서 편저, 『이야기 세계사』(청아), 67쪽 참조.

15 신약성서 「마태복음」 7:12.

16 공자, 『논어』 「위령공」.

17 정언명령(categorical imperative)은 칸트 철학의 꽃이라 할 수 있는 도덕적 행위 원리이다. "만일 훌륭한 피아니스트가 되기를 원하면, 하루에 여섯 시간씩 연습해야 한다!"와 같은 '가언명령(hypothetical imperative)'과는 달리, 정언명령은 다른 의도를 전제하지 않는다. 칸트에 의하면 정언명령에 따른 행위만이 도덕적 가치가 있는 행위이다. 예컨대 무임승차는 정언명령에 따른 행위가 아니다. "나는 다른 사람이 나의 차비를 부담하게 한다."는 준칙을 일반화할 수 없기 때문이다. 이 준칙을 일반화하면 내가 다른 사람의 차비를 부담하는 모순된 결과를 빚는 것이다.

18 필자, 「감동의 묘약」, 『철학과현실』 90호(철학문화연구소, 2011 가을), 155쪽.

19 미셸 푸꼬, 『광기의 역사』(김부용 옮김, 인간사랑), 216~217쪽.

20 방민호·박현수·허혜정 편, 『시를 써야 시가 되느니라』(예옥), 42쪽.

21 밀란 쿤데라, 『소설의 기술』(권오룡 옮김, 민음사), 14~15쪽.

22 키케로, 『스토아 철학자들의 역설』 8. 에라스무스, 『격언집』(김남우 옮김, 아모르문디), 260쪽에서 재인용.

23 에라스무스, 『바보예찬』, 110~111쪽.

제4장 진리란 무엇인가?

1 일리인, 『인간의 역사』(동완 옮김, 동서문화사), 139쪽.

2 베르톨트 브레히트가 1931년에 쓴 희곡 「어머니」에 나오는 노래이다. 브레히트, 『살아남은 자의 슬픔』(김광규 옮김, 한마당), 74~75쪽.

3 데카르트, 『성찰』 II.

4 이 점은 우리 시대에도 마찬가지이다. 그러나 인조인간이 보편화된 미래의 어느 때에는 모자와 외투 속에 사람이 있다는 판단이 경솔한 것일 수 있다.

5 '현상계', '법칙계', '형이상학계'와 같은 표현들은 지식의 대상을 분류하기 위한 것일 뿐이지, 필자가 이러한 세계들의 존재를 전제하고 있는 것이 아니다. 이러한 세계들이 따로 존재한다는 견해는 '실재론'이라는 형이상학 이론에 속한다.

6   D.M. Armstrong, "The Nature of mind," in C. V. Borst(ed.), *The Mind/Brain Identity Theory* (New York: St. Martin's Press, 1970), pp. 68~69.

7   생텍쥐페리, 『어린왕자』(전성자 옮김, 문예출판사), 17~18쪽.

8   William Thomson, Lord Kelvin, 『대중 강연 및 연설』 중에서.

9   브라운, 『과학, 인간을 만나다』(김동광 옮김, 한길사), 179쪽.

10 Daniel J. Boorstin, *The Discoverers* (New York: Vintage Books, 1985), 407쪽에서 재인용.

11 폴 데이비스, 『현대물리학이 탐색하는 신의 마음』(과학세대 옮김, 한뜻), 16쪽. 데이비스는 필자가 위에서 '형이상학계'라 지칭한 곳을 말하고 있다.

12 1995년 4월 26일자 『동아일보』 참조.

13 홍영남, 「생명공학의 현주소와 미래의 전망」, 『철학과현실』(1998 겨울호, 철학문화연구소), 61쪽.

14 비트겐슈타인, 『논리·철학논고』, 6.52.

15 H.G. 쉔크, 『유럽 낭만주의의 정신』(이영석 옮김, 대광문화사), 221쪽에서 재인용. 뉴턴의 시대만 해도 물리학을 포함한 모든 학문의 총칭은 '철학'이었다. 그래서 키츠는 '과학' 또는 '물리학'이라는 말 대신 '철학'이라는 말을 쓰고 있는 것이다. 라미아는 그리스 신화에 나오는 미모의 여인으로, 주신 제우스의 수많은 연인들 중 하나였다.

16 '존재의 집'은 하이데거의 표현이다.

17 윌리엄 제임스, 『종교적 경험의 다양성』(김재영 옮김, 한길사), 133쪽에서 재인용.

18 위의 책, 116쪽.

19 에머슨의 말. 제임스, 『종교적 경험의 다양성』, 91쪽에서 재인용.

제5장 낭만주의의 거울

1   헤겔, 『역사철학강의』(김종호 옮김, 삼성출판사), 70쪽.

2   Arthur Schopenhauer, *The World as Will and Representation*, trans. E. F. J. Payne, I, p. 109 참조.

3   쇼펜하우어, 『쇼펜하우어 인생론』(김재혁 옮김, 육문사), 289~290쪽.

4   니체, 『권력에의 의지』(강수남 옮김, 청하출판사), 606~607쪽.

5   니체, 『비극의 탄생』(학원출판공사), 19쪽.

6   니체는 이성주의를 다음과 같이 조롱하고 있다. "소크라테스처럼 이성을 폭군으로 삼을 필요가 있을 경우에는, 어떤 다른 것도 덩달아 폭군 노릇을 할 위험이 적지 않을 것이 틀림없다. 합리성이 그 당시에는 구세주로 여겨졌었다. 소크라테스도 그렇

거니와, 그의 '환자들'도 자기들 마음대로 자유롭게 합리적이 되고 안 되고 할 수는 없었다.—그것은 예의상 갖추어야 하는 것이었으며, 최후의 수단이었다. … 플라톤 이후의 그리스 철학자들의 도덕주의는 병리학적인 조건 속에 있었다. 그들의 변증법 존중도 마찬가지였다. 이성=미덕=행복이 의미하는 것은 이것뿐이다. 소크라테스를 모방하여 영원한 햇빛—이성의 햇빛을 창출해 내어 어둠의 욕망과 맞서야 한다는 것. 어떻게 해서든 신중하고, 명철하고, 총명해야 한다는 것. 본능과 무의식에 굴복하는 것은 모두 타락의 길을 걷게 될 터이니까….'[프리드리히 니체,『우상의 황혼·반그리스도』(송무 옮김, 청하), 21쪽,「소크라테스의 문제」, §10.]

7 니체,『차라투슈트라는 이렇게 말했다』(학원출판공사), 162~163쪽.

8 니체,『비극의 탄생』, 21쪽.

9 '미네르바의 올빼미'는 헤겔이 그의『권리의 철학』서문에서 "미네르바의 올빼미는 황혼녘에만 난다."라고 한 말에서 나온 것이다. 철학이 단지 지난 일에 대해서 말할 뿐 시대에 앞선 통찰을 보여 주지는 못한다는 점을 꼬집기 위해 한 말이다. 미네르바(Minerva)는 로마 신화에서 올빼미와 관련된 지혜의 여신이다.

10 니체,『비극의 탄생』, 38쪽.

11 차라투스트라는 "너희는 행할지어다."를 떨쳐버리고 "나는 하고자 한다."에 따라 사는 용맹한 사자가 될 것을 가르친다.『차라투슈트라는 이렇게 말했다』, 179쪽 참조.

제6장 부조리 상황

1 라이프니츠,『단자론』, §31.

2 알베르 카뮈,『시지포스의 신화』(김욱 옮김, 풍림출판사), 23쪽.

3 이 당혹감을 파스칼은 그의『명상록』에서 다음과 같이 표현하고 있다. "내가 인간의 기만이나 비참함을 보고 있을 때, 내가 말없이 이 우주 전체를 관찰할 때, 빛이 그 자신에게만 내맡겨져 있는 인간을 관찰할 때, 우주의 이 구석에서 방황하며, 누가 그를 거기에 갖다 놓았는지, 그가 왜 그곳에 와 있는지, 그가 무엇이 될지, 그가 언제 죽는지, 이 모든 것을 인식할 수 없이 버려져있는 인간을 관찰할 때, 나는 마치 자고 있는 어떤 사람이 황량하고 무시무시한 섬으로 보내져서 그가 깨어났을 때 자기가 어디에 있는지 알 길이 없고 그곳에서 달아날 수 있는 가능성마저 없음을 깨달았을 때처럼 아연 실색하게 된다."

4 조르바의 말. 카잔차키스,『희랍인 조르바』(박석기 옮김, 삼성출판사), 173~174쪽.

5 Christmas Humphreys, *Buddhism, An Introduction*, Penguin Books, 1990, p. 81.

6 구약성서「욥기」7:1.

7   Thomas Nagel, *The View from Nowhere* (New York: Oxford University Press, 1986), p. 225.

8   구약성서 「전도서」 1:2~14.

9   David Hume, "Of Suicide," Essays, p. 583.

10 비트겐슈타인, 『논리·철학 논고』(이영철 옮김, 천지), 6.371~6.372.

11 부조리라고 하는 말이 옳은 것은 이 세계가 이성으로는 판단되지 않으며, 더욱이 인 간의 마음속에는 명증(明證)을 요구하는 열렬한 소망이 울려 퍼지고 있고, 이 양자 가 서로 대립하고 있는 상태에 있기 때문이다.[알베르 카뮈, 『시지포스의 신화』(김 욱 옮김, 풍림출판사), 33쪽]

12 카뮈, 『시지포스의 신화』, 13쪽.

13 사르트르, 『구토』(중앙문화사), 163쪽.

14 F. Nietzxche, *Zur Geneologie der Moral*, III, p. 28.

제7장 고통의 역설

1   구약성서 「욥기」 1:11~12.

2   「욥기」 3:3~26.

3   「욥기」 42:5.

4   밀란 쿤데라, 『불멸』(김병욱 옮김, 청년사), 25~257쪽.

5   베를렌(Paul Verlaine), 「이건 안타까운 도취」 중에서.

6   David Hume, *Dialogues Concerning Natural Religion*, ed. by H. D. Aiken (New York: Hafner, 1969), p. 74 (Part XI).

7   실제로 고대의 쾌락주의자들은 고통도 없지만 쾌락도 없는 '고요하고 평안한 마음 의 상태(ataraxia)'를 삶의 목적으로 여겼다.

8   신약성서 「마태복음」 16:39.

9   루트비히 비트겐슈타인, 『문화와 가치』(G. H. 폰 리히트 엮음, 이영철 옮김, 천지), 198쪽.

10 Paul Tillich, *A History of Christian Thought* (a Touchstone Book, 1967), p. 111.

11 고통의 영자인 'pain'의 어원은 'poena'라는 라틴어인데, 죄에 대한 '벌'을 뜻하는 말이다.

12 니체, 「화려한 지식」 중에서.

13 Teilhard de Chardin, "La signification et la valeur constructrice de la souffrance,"

1933, *L'energie humaine*, vol. 6 of the Oeuvres de Pierre Teilhard de Chardin, p. 63.

14 도스토옙스키, 『카라마조프 형제들』(채대치 옮김, 동서문화사), 270~271쪽 참조.

제8장 가능한 최선의 사회

1 소피 그리예 그림/안나 파츄스카 글, 『사회주의』(오월), 20쪽.

2 쇼펜하우어, 『철학적 소고』(곽복록 옮김, 학원출판공사), 296쪽.

3 라이프니츠, 『단자론』, §53, §54, §55 참조. 최재근 외, 『라이프니츠와 單子 形而上學』(원광대 출판국), 200쪽에서 재인용.

4 앞으로 '이상사회'라는 표현은 '가능한 최선의 사회'의 뜻으로 사용될 것이다.

5 부탄에 관한 자료는 사이토 도시야, 오하라 미치요, 『행복한 나라 부탄의 지혜』(홍성민 옮김)를 중심으로 필자가 정리한 것이다.

6 롤프 옌센, 『드림 소사이어티』(서정환 옮김, 리드리드출판), 75쪽.

7 위의 책, 65쪽.

8 함석헌, 『함석헌 다시 읽기』(노명식 엮음, 인간과자연사), 592~605쪽.

9 이러한 분류에 오해의 소지가 있음을 인정하자. 첫째, 사람들이 정확하게 이 네 유형들 중의 어느 하나에 속하는 것으로 분류되는 것은 아닐 것이다. 둘째, 사람에 따라 진리에 대한 열정의 정도도 다르고 판단력의 정도도 다를 것이다.

10 헨리 데이빗 소로우, 『월든』(강승영 옮김, 이레), 106쪽.

11 구약성서 「창세기」 18장~19장.

12 플라톤, 『국가론』, 제5권 제18절(윤용석 옮김, 학원출판사), 283쪽.

13 T. E. 로렌스, 『지혜의 일곱 기둥 1』(최인자 옮김, 뿔), 43~46쪽.

14 미셸 푸꼬, 『광기의 역사』(김부용 옮김, 인간사랑), 39쪽.

15 마종기, 「목화밭에서」의 한 구절. 마종기, 『새의 꿈에서는 나무 냄새가 난다』(문학과지성사), 81쪽.

16 튀니지에서 흔히 볼 수 있는 꽃의 이름을 따 서방 언론이 붙인 이름이다.

17 1086년의 기록(Domesday Book)에 의하면, 영국인의 10%(어떤 곳은 20%)가 노예였다. 유럽인들은 15세기 중엽부터 노예 매매를 시작하여 1867년까지 1,400만 명의 아프리카 흑인들을 '신세계'에 노예로 팔았다. 1841년 인도에는 약 8만에서 9만 명의 노예가 있었다. 우리나라도 신라 시대부터 18세기 중엽까지 전 국민의 1/3부터 1/2이 종이었다. 불과 100년 전만 해도 부자 주인의 무덤에 10명의 종이 생매장되어 주인이 가는 저승길에 동행하는 일이 있었다고 한다. 고구려 시대에는 많을 때에

는 100명까지 순장(殉葬)하였다고 한다.[이기백, 『한국사 신론』, 일조각, 49쪽 참조]

18 마틴 루서 킹이 "I have a dream."을 외친 지 45년 만에, 흑인 로자 파크스 여사가 버스 안에서 백인에게 자리를 양보하지 않았다고 경찰에 체포되던 때로부터 53년 만에, 그리고 링컨 대통령이 흑인은 노예일 뿐 사람이 아니라는 사회 통념을 무너뜨리고 노예해방을 선언한 1862년으로부터 146년 만인 2008년 흑인 버락 오바마가 44대 미국 대통령이 되었고, 4년 후 재선되었다.

19 베르나르 베르베르, 『상상력 사전』(이세욱 · 임호경 옮김, 열린책들), 77~78쪽 참조.

20 제2장 참조.

21 헨리 데이빗 소로우, 『구도자에게 보낸 편지』(류시화 옮김, 오래된미래), 98쪽.

22 최하림, 『시인을 찾아서』(프레스21), 10쪽.

제9장 불멸

1 쿤데라, 『불멸』, 61~115쪽 참조.

2 타고르, 『기탄잘리(Gitanjali)』, 90.

3 쿤데라, 『불멸』, 283쪽.